侯芳　祝爱民　著

数字经济时代服务型制造企业创新能力提升机制研究

武汉大学出版社
WUHAN UNIVERSITY PRESS

图书在版编目(CIP)数据

数字经济时代服务型制造企业创新能力提升机制研究 / 侯芳,祝
爱民著 . -- 武汉 ：武汉大学出版社，2024.12. -- ISBN 978-7-307-
24633-1

Ⅰ. F426.4
中国国家版本馆 CIP 数据核字第 20243WD310 号

责任编辑:喻　叶　　　责任校对:汪欣怡　　　版式设计:马　佳

出版发行：**武汉大学出版社**　　(430072　武昌　珞珈山)
　　　　(电子邮箱：cbs22@ whu.edu.cn　网址：www.wdp.com.cn)
印刷:湖北云景数字印刷有限公司
开本:720×1000　　1/16　　印张:17.75　　字数:286 千字　　插页:1
版次:2024 年 12 月第 1 版　　　2024 年 12 月第 1 次印刷
ISBN 978-7-307-24633-1　　　定价:78.00 元

序　言

数字经济以数字技术为着力点，通过企业数字化转型网络化产业链供应链，增强企业创新能力，推动经济社会全面发展，畅通经济循环。产业融合是全球产业演化的重要趋势之一，服务型制造既是产业融合的重要模式，也是传统制造业转型升级的重要方向。制造业是国民经济的主体，是立国之本、兴国之器、强国之基。新一代信息技术与制造业深度融合，重构了制造业的生产方式和企业形态，拓展了多元化的制造模式。先进制造业与现代服务业有效融合重构了价值链、重整了多元异构资源和要素，囊括了生产关系、经济关系和社会关系，是基于生产技术导致的生产力、生产关系、基础设施、资源配置等多要素的社会技术变迁。本书聚焦数字经济时代服务型制造企业创新能力提升机制，以新时代社会经济环境分析入手，层层递推，结合当下制造企业的丰富实践，分析我国服务型制造企业发展状况。

企业对数字资源的整合涉及企业内外诸多因素，需要从成本控制和组织结构角度分析企业数字资源循环迭代周期，研判系统状态，拓展和落地旨在实现更多成员在更大范围内的协作与资源配置，优化交易成本。同时调整企业组织形式，使其能够实时根据应用需求进行场景化重构，满足我国服务型制造企业改进创新能力需要。数字技术使得制造企业聚焦于提升其核心能力而将其他业务或服务剥离，交易成本中连接成本、创新成本和信息成本相较于传统企业组织有了巨大变化。企业不再是协作的基本单位，任何能够提供一定资源、完成必要功能的节点都可以成为数字经济时代的价值主体。社会经济系统复杂性不仅从外部渗透进入企业组织，企业内部多种逻辑矛盾也在加剧。社会经济系统复杂性通过经济建构的实践、观念、价值、规则、制度、运作逻辑等渗透进入企业组织，企业组织需要在自身承载能力和外部社会经济环境适应性的均衡状态迭代优化。具有生态属性的网链组织形式是服务型制造企业组织的一种结构性机制，是适应数字经济的可行选项之一，其本质是通过结构机制与能力机制耦合，优化存量、调整增量实现企业组织变革，是依据生产要素在生产过程的上下游关系和空间布局形成的关联网链。从数字化转型实践可知，实施数字化转型的企业内部面临生产模式、商业模式、流程再造模式、规则设计、企业基础能力和动能转换以及产品和服务智能化等方面的变化，外部面临资源配置结构、产业链供应链网络组织、价值创造模式、产业技术和数字技术创新模式、价值链融合效应和制度复杂性等的影响。加快推动企业数字化转型，夯实数字基础设施建设，有助于发挥数据要素的创新驱动作用，培育服务型制造企业、创造新需求和发展空间，实现数字技术对经济社会发展的放大、叠加、倍增作用。

　　本书认为，首先，提升有组织自主创新水平、整合多源创新模式、面向网络化产业链价值链配置创新资源、调控交易成本是数字经济时代服务型制造企业创新能力提升的首要问题。其次，数字经济重塑了企业组织环境，颠覆了传统产业分工。服务型制造企业组织形式决定了结构上企业能否嵌入产业生态系统、实现资源和信息的网络虚拟集聚，企业面向更多样的商业模式创新环境和路径，泛在组织形式对企业创新能力和治理水平提出了新要求。最后，服务型制造是实现我国制造业智能化、数字化升级的重要模式，有助于构建全产业链开放协同的治理模式，加快培育"专精特新"小巨人，推动我国制造业战略性重组，构建智能制造系统，提升质量品牌。服务型制造企业创新能力拓展了产业链和创新链融合发展空间，构建科创载体平台，全面提升我国制造业在全球产业链的位置。

　　得益于国内外访问学习的经历，作者逐渐认识到创新理论的重要性，认识到为国奉献的前辈、学科前沿的学者、实现技术突破的企业家、营造良好发展环境的政府工作人员，以及更多年轻有为的工程师和管理者为我国制造业的发展和破局所付出的艰苦努力。本书的研究较为粗浅，但是辽宁装备制造产业发展与企业成长研究中心希望将其作为一个起点和契机，重塑东北地区产业优势，助力新兴产业健康发展，推动地方区域经济振兴。

　　本书的撰写得到了国家自然科学基金（项目编号：71401109）、教育部人文社会科学基金（项目编号：13YJC630048，19YJC63005，21YJA630127）、辽宁省教育厅高等学校基本科研项目（项目编号：LJKR0073）、辽宁省"百千万人才工程"人选项目（项目编号：LNBQW2018Q0145）、辽宁省装备制造业发展研究基地、辽宁省装备制造管理工程重点实验室、辽宁省级重点新型智库的支持，在此深表感谢。

　　沈阳工业大学管理学院研究生刘亦婷、于文成、刘硕、陈捷飞对本书撰写提供了帮助，作者心怀感激。

目　　录

第一章 经济背景

一、经济发展状况

党的二十大报告指出，"中国共产党的中心任务就是团结带领全国各族人民全面建成社会主义现代化强国、实现第二个百年奋斗目标，以中国式现代化全面推进中华民族伟大复兴"。《中国经济报告（2023）》指出，建设现代化经济体系，既是实现高质量发展的必由之路，也是现代化建设的战略目标任务。只有形成现代化经济体系，才能更好顺应现代化发展潮流和赢得国际竞争主动，也才能为其他领域现代化提供有力支撑。任泽平等（2022）认为，中国式现代化更强调经济发展的质量、平衡、安全和可持续性，内涵更加丰富、完善和完整，符合外部环境新变化、国内经济发展新阶段的新要求。胡鞍钢（2022）认为，经济现代化是中国式现代化的经济基础，也是中国式现代化的重要组成部分。所谓经济现代化主要是指各种现代经济要素的生产函数连续发生变化的过程，从低级到中级再到高级水平跃迁，从量变到部分质变，再从量变到完全质变的过程。进入新时代，习近平总书记在党的十九大报告中指出，从现在到 2020 年，是全面建成小康社会决胜期。21 世纪中叶建成社会主义现代化强国的"两阶段"战略，从 2020 年到 2035 年基本实现社会主义现代化；从 2035 年到 21 世纪中叶，把我国建成富强民主文明和谐美丽的社会主义现代化强国。党的十八大以来，中国式经济现代化的历史进程，在中国共产党党史、新中国史、改革开放史、社会主义发展史、中华民族发展史上具有里程碑意义。习近平总书记指出，十年来，我们采取一系列战略性举措，推进一系列变革性实践，实现一系列突破性进展，取得一系列标志性成果……攻克了许多长期没有解决的难题，办成了许多事关长远的大事要事，经受住了来自政治、经济、意识形态、自然界等方面的风险挑战考验，党和国家事业取得历史性成就、发生历史性变革。① 吴善超（2022）认为，百年变局下，文明塑形、创新发展、全球治理、科技产业变革与中国式现代化处于历史交汇期，世界从和平发展主导期进入新的动荡变革期。世界文明演进经历了农业文明到工业文明，正孕育形成知识文明（数字文明）新形态；文明互鉴与文明冲突并存。传统的破坏性攫取不可再生自然资源的经济增长模式难以为继，推进数字化、网络化、智能化、绿色化转型和高质量发展成为趋势。当今世界政治经济秩序面临深度调整，全球治理的复杂性、不稳定性、不确定性、不安全性、剧烈冲突性持续增加，全球化面临新一轮挑战，科技与人才竞争成为大国战略博弈的焦点。我们正处于新一轮科技革命和产业变革期。

党中央全面统筹推进我国社会主义现代化"五位一体"总体布局、协调推进"四个全面"战略布局，胜利完成了"十二五""十三五"规划，如期实现了第一个百年奋斗目标，站在中国式经济现代化新的起点上，为全世界所瞩目、所公认。根据"十二五""十三五"规划全面建成小康社会的主要经济目标和量化指标进行事后评估，对党的十八大以来中国式经济现代化做出量化评估和定性评价，共分为九个主要方面，尤其是从国际比较视角看，充分反映中国式经济现代化加速赶上并在许多方面超过西方式现代化。在世界上创新中国式现代化道路和发展模式，最好的方法就是"让数据说话、让事实证明、让实践检验"。我们提出并贯彻新发展理念，着力推进高质量发展，推动构建新发展格局，实施供给侧结构性改革，制定一系列具有全局性意义的区域重大战略，我国经济实力实现历史性跃升。从十年区间（2012—2021 年）视角看，国内生产总值从 54 万亿元人民币增长到 114 万亿元人民币，我国经济总量占世界经济的比重达到 18.5%，提高 7.2%，稳居世界第二位；人均国内生产总值从 39800 元人民币增加到 81000元人民币。谷物总产量稳居世界首位，十四亿多人的粮食安全、能源安全得到有效保障。制造业规模、外汇储备稳居世界第一。城镇化率提高 11.6%，达到

---

① 高举中国特色社会主义伟大旗帜　为全面建设社会主义现代化国家而团结奋斗［R/OL］.（2022-10-16）［2024-02-01］. https：//www.gov.cn/gongbao/content/2022/content_5722378. htm.

64.7%。

我国经济保持了中高速增长，在世界主要国家中名列前茅。GDP 从 2012 年 53.85 万亿元人民币上升至 2021 年 114.37 万亿元人民币，年增速 6.6%，高于世界平均水平 2.9%。按购买力平价（2017 年国际元）计算，从 14.04 万亿国际元上升至 24.86 万亿国际元，占世界 GDP 总量比重从 13.6%上升至 18.5%。标志性历史事件：2016 年中国 GDP 超过欧盟，2017 年中国 GDP 超过美国，已经从世界第三位跃居世界第一位，结束了美国自 1890 年 GDP（1990 年国际元）取代中国成为世界第一大经济体 127 年的历史，也标志着中国进入世界经济舞台中心，形成中国、美国、欧盟三大经济体新格局，也充分反映了"东升西降"新格局。采用购买力平价进行国际比较的主要依据是联合国、欧盟委员会、经济合作与发展组织、国际货币基金组织、世界银行五大机构明确要求国际比较（ICP）按照购买力平价方法（PPP，不变价国际元），参见表 1.1。图 1.1 是 UNCTAD 2022 统计给出的 2021 年世界主要经济体进出口贸易概况，其中，中国贸易为总量。世界银行数据显示，中国对世界经济增长的贡献超过了七国集团（2013—2021 年）的总和。UNCTAD（2022 年）年度报告显示，2022 年全球实际国内生产总值增速从 2021 年的 5.7%降至 2022 年的 3.3%。UNCTAD 2023 统计手册（Handbook of Statistics 2023）显示，2023 年全球实际 GDP 增速为 2.2%。高盛发布的《2024 年中国经济展望》报告显示，中国的经济增长会有所放缓，从 2023 年的 5.3%降到 2024 年的 4.8%，这种减速是经济发展进入更稳定阶段的一个标志，见表 1.2。高盛报告认为导致经济增长放缓的原因很多，比如房地产市场持续低迷、人口结构老龄化加剧、债务水平较高、企业和普通人缺乏信心、各种国际政治的不确定性和外部挑战。

表 1.1 　　　　**2012—2021 年中国、美国及世界经济增长指标**

	中国	美国	世界
GDP（2017 年国际元）万亿国际元			
2012 年	14.04（13.6%）	17.51（16.9%）	103.58（100%）
2021 年	24.86（18.6%）	20.93（15.6%）	133.86（100%）

续表

	中国	美国	世界
2012—2021 年均增速（%）	6.6	2.0	2.9
2012—2021 年对世界 GDP 增长率贡献（%）	35.7	11.3	100.0
人均 GDP（2017 年国际元）			
2012 年	10371（18.6%）	55796（100%）	14611（26.2%）
2021 年	17603（27.9%）	63069（100%）	17081（27.1%）
2012—2021 年均增速（%）	6.1	1.4	1.8
劳动生产率（国际元）			
2012 年	18798（15.6%）	120694（100%）	34308（28.4%）
2021 年	32976（24.5%）	134363（100%）	41656（30.8%）
2012—2021 年均增速（%）	6.4	1.2	2.1

数据来源：World Bank Open Data | Data

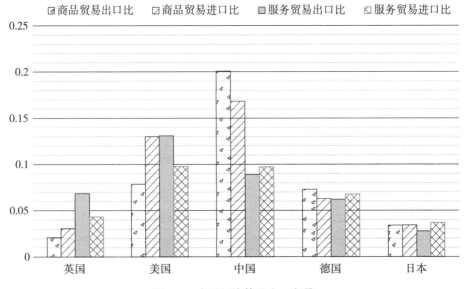

图 1.1 主要经济体进出口贸易

表 1.2   高盛全球投资研究对 2024 年中国经济展望

		2021 年	2022 年	2023 年	2024 年预测	2025 年预测
国内生产总值	%同比	8.4	3.0	5.3	4.8	4.2
国内需求	pp	6.6	2.5	6.0	5.1	4.3
消费	%同比	9.0	1.8	7.3	5.6	5.1
固定资本形成总额	%同比	3.2	3.3	3.5	4.5	4.0
净出口	pp	1.9	0.5	-0.7	-0.3	-0.1
货物出口（名义美元）	%同比	29.6	5.9	-3.4	3.1	3.0
货物进口（名义美元）	%同比	30.6	0.8	-6.4	4.0	3.0
通货膨胀						
消费者物价指数	%同比	0.9	2.0	0.3	1.3	2.0
生产者物价指数	%同比	8.0	4.1	-2.9	0.6	1.5
其他						
活期账户	%GDP	2.0	2.2	1.9	1.6	1.5
美元人民币（eop）	等级	6.35	6.98	7.30	7.15	7.10
公开市场操作（OMO） 7 天回购利率（eop）	%	2.20	2.00	1.70	1.60	1.60
社会融资总量（TSF） 股票增长（eop）	%	10.3	9.6	9.3	10.0	9.5
增扩财政赤字	%GDP	11.2	12.4	11.0	11.0	10.4

资料来源：Haver Analytics，Goldman Sachs Global Investment Research

我国经济实力实现了历史性跃升。国家财政实力进一步增强。2021 年，我国一般公共预算收入突破 20 万亿元人民币大关，达到 20.3 万亿元人民币。我国企业已进入世界舞台中心。中国在《财富》杂志 500 强的企业数，实现了集体崛起、迅速崛起，已经从 2012 年的 73 家上升至 2021 年的 135 家（含香港），见图

1.2。2023年，加上台湾地区企业，中国共有142家公司上榜，大公司数量继续位居各国之首。2023年《财富》世界500强排行上榜9家中国汽车企业，中国跻身全球最大汽车企业行列。2022年度，比亚迪以其新能源技术优势，销售收入达到630亿美元，从2021年度排行榜第436位跃升到2022年的第212位。宁德时代以其488亿美元的销售收入第一次进入《财富》世界500强排行榜，排名就达到第292位。2023年，中国142家上榜公司2022年营收总额超11.7万亿美元，营收总额提升1.7%。《2024全球独角兽企业500强报告》显示，2024年全球独角兽企业500强总估值近30万亿元（同比涨幅为7%），中美占比74.6%，中美双强的格局依然没有改变。但是，中美全球独角兽企业500强数量占比从2020年的81.8%下降到2024年的74.6%。从估值分布来看，2024年全球独角兽企业500强共分为14个估值区间。主要分布在［200亿元，300亿元）估值区间，数量有186家，数量占比为37.2%；估值合计为4.45万亿元，估值占比为14.89%。其中，估值在5000亿元以上区间的超级独角兽数量合计有4家，分别是中国字节跳动、美国SpaceX、美国OpenAI与中国蚂蚁集团。从赛道分布来看，全球独角兽企业500强主要集中在金融科技、先进制造、企业服务等14个领域，见表1.3。

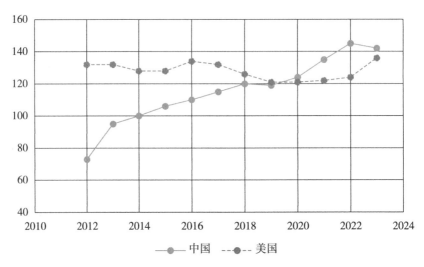

图1.2　中美两国世界500强企业数

表 1.3　　　　　　　　　　美国、中国和世界其他地区独角兽主要行业

美国	独角兽（%）	中国	独角兽（%）	世界其他地区	独角兽（%）
软件服务	13%	人工智能	11%	金融科技	24%
金融科技	11%	半导体	10%	电子商务	15%
人工智能	9%	新能源	9%	软件服务	7%
健康科技	8%	生物科技	6%	区块链	7%
网络安全	7%	电子商务	6%	人工智能	5%

来源：2024 全球独角兽榜

　　我国进入新发展阶段，从中低收入水平进入中高收入水平，将进入高收入水平。2001 年我国人均 GDP（2017 年国际元）接近中低收入国家的平均数（3758国际元）；到 2009 年，人均 GDP 达到 8069 国际元，达到中等收入水平；到 2021年达到 17603 国际元，超过世界人均 GDP 水平（17081 国际元）。其中，2012—2021 年，我国人均 GDP 年均增速达到 6.1%，明显超过世界人均 GDP 增速的1.8%，已经超过世界人均 GDP 水平（17081 国际元），也超过美国人均 GDP 增速的 1.4%，与美国人均 GDP 的相对水平从 2012 年的 18.6% 上升至 2021 年的27.9%，这表明我国正在成功跨越"中等收入陷阱"，加速向高收入水平阶段迈进。2021 年，我国人均国民总收入（GNI）达 11890 美元，较 2012 年增长 1 倍。在世界银行公布的人均 GNI 排名中，我国人均 GNI 由 2012 年的第 112 位上升到2021 年的第 68 位，提升了 44 位，相当于世界前 52.3% 上升至 34.2% 的位置（国家统计局，2022 年 10 月）。我国人均 GDP（2017 年国际元）从 2012 年的10371 国际元上升至 2021 年的 17081 国际元，在世界排位从 2012 年的第 113 位上升至 2021 年的第 79 位，一部分地区人均 GDP 水平已经率先达到中等发达国家水平（世界银行数据库）。世界银行发布全球 2023 年 GDP 相关数据显示，2023 年，全球名义 GDP 总量为 105.44 万亿美元，按可比价格计算，比上年增长2.7%，全球人口数量合计为 80.25 亿人，人均名义 GDP 水平为 13138 美元。2023 年，中国大陆名义 GDP 总量为 178888.49 亿美元，居全球第 2 位；人均名义 GDP 折合 12681 美元，210 个世界银行版经济体位居第 89 位。从国际纵向和

横向比较看，中国只用了 40 年时间实现了"跨越式"发展，极低收入水平（1980 年）—低收入水平（1990 年）—中低收入水平（2001 年）—中等收入水平（2009 年）—中高收入水平（2020 年），见表1.4。

表 1.4　　中国人均 GDP/劳动生产率（Labor Productivity，LP）与世界不同收入组比较

	1990 年		2001 年		2009 年		2021 年		1990—2021 年平均增速	
	GDP	LP	GDP	LP	GDP	LP	GDP	LP	GDP	LP
中国	1424	2787	3712	6676	8069	15481	17603	32976	8.4	8.6
低收入国家	1378	3646	1375	3753	1713	4723	2037	5621	1.3	1.5
中低收入国家	3282	9369	3758	10360	5154	13935	7312	20765	2.6	2.7
中等收入国家	4600	10983	5440	12905	7940	18602	11960	29437	3.1	3.3
中高收入国家	5970	12199	7355	15051	11352	22851	18195	37972	3.7	3.9
世界平均	9705	23113	11250	26540	13450	31468	17081	41353	1.8	2.0

注：1990—2021 年，2017 年国际元

我国劳动生产率迈上大台阶。我国经济增长的动力来源仍然是劳动生产率持续增长。之所以我国人均 GDP 连续从低收入水平到中低收入水平，再到中高收入水平，其最大驱动力就是不断提高的劳动生产率。从 1991 年的 2787 国际元到 2021 年的 32976 国际元，年均增速 8.6%，大大高于同期世界（2%）、低收入国家（1.5%）、中低收入国家（2.7%）、中等收入国家（3.3%）、中高收入国家（3.9%），但是还没有达到中高收入国家的 37972 国际元和世界平均数的 41353 国际元。其原因主要是第一产业就业人数规模大（2021 年为 17072 万人），占全国就业比重高（2021 年为 22.9%），为此还是需要继续加快农业现代化，转移农民、减少农民，才能富裕农民，成为中国式经济现代化的基本方向和重要途径。在 2012—2021 年我国劳动生产率年均增速达到 6.4%，超过同期美国劳动生产率增速的 1.2%，中国与美国全员劳动生产率的相对水平从 2012 年的 15.6% 上升至 2021 年的 24.5%，呈现加速劳动生产率追赶的趋势，进而带动了人均 GDP 的增

长。在我国劳动生产率持续增长的同时实现劳动报酬同步持续增长，其中按不变价格计算的全国城镇单位就业人员平均实际工资指数年均增速达到 7.4%，基本实现了"劳动报酬提高和劳动生产率提高同步"目标。2022 年底，我国新增劳动力平均受教育时间达到 14 年，其中近 55%接受过高等教育。我国人力资本从数量、成本和质量角度看，在中高端产品和服务中有较强的竞争力。2022 年国家统计局公布本年度第三季度工资收入增长有所恢复，但民营企业的劳动力成本指数一直处于低位。

二、经济结构概况

党的十八大以来，坚持以供给侧结构性改革为主线，着力构建现代化经济体系，产业结构不断优化。坚定实施扩大内需战略，充分发挥国内超大规模市场优势，全面提高对外开放水平。

我国经济已经进入现代服务业为主的时代。从产业结构看，第三产业增加值占 GDP 比重从 2012 年的 45.5%提高至 2021 年的 53.3%，同期世界这一比重仅提高了 3.5 个百分点，但还是低于世界平均比重（2020 年为 65.7%）。第二产业增加值占 GDP 比重从 45.4%降到 39.4%，但仍高于世界平均比重（2021 年为 28.3%），第二产业加快转型升级，创新驱动持续深化。根据国家统计局的数据，2023 年我国国内生产总值为 1260582 亿元，其中第一产业产值为 89755 亿元，占比为 7.1%；第二产业产值为 482589 亿元，占比为 38.3%；第三产业产值为 688238 亿元，占比为 54.6%。最终消费支出拉动国内生产总值增长 4.3 个百分点，资本形成总额拉动国内生产总值增长 1.5 个百分点，货物和服务净出口向下拉动国内生产总值 0.6 个百分点。

我国正在进入世界工业和制造业的舞台中心，具有强大的创新力、竞争力和比较优势。得益于 70 多年来我国建立起门类齐全、独立完整的现代制造业体系，由《中国制造 2025》着力打造的更具有国际竞争力的制造业，已如期实现到 2020 年的目标，即基本实现工业化，制造业大国地位进一步巩固，制造业信息化水平大幅提升。高盛 2023 中国经济展望分析，制造业 FAI 增速可能从 2022 年预期的 9.5%进一步放缓至 2023 年的同比 5%，原因是出口增长放缓以及商品消费（尤其是与居家办公相关的电子产品）可能转向服务消费。

我国农业生产大国地位巩固。农业增加值从 2012 年的 8270 亿美元（2015 年价格）上升至 2021 年的 11731 亿美元，占世界比重从 28.8% 提高至 30.9%，相当于我国人口占世界比重（18.0%）的 1.72 倍，世界第一大农业国地位稳固，从"基本养活"到"高质量供给"。我国粮食生产量从 2012 年的 6.12 亿吨提高至 2021 年的 6.83 亿吨，超过了确保全国粮食综合市场能力达到 5.4 亿吨的目标，人均产量从 450 公斤上升至 483 公斤，明显超过国际公认的 400 公斤粮食安全线，实现了谷物基本自给、口粮绝对安全、中国人把饭碗牢牢端在自己手中。我国农业现代化进程加快，农作物耕种收综合机械化率从 2010 年的 52% 到 2021 年超过了 72%，农业科技进步贡献率从 2012 年的 54% 超过了 60%，对我国粮食增产贡献率超过 45%。我国主要指标世界排名见图 1.3。

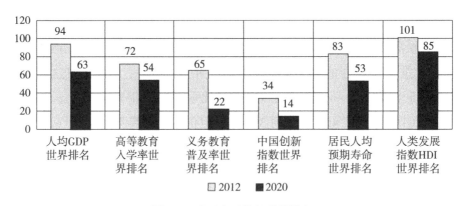

图 1.3 我国主要指标世界排名

我国形成了门类齐全、世界上最完整的现代工业体系，拥有联合国产业分类中全部工业门类。按照工业体系完整度测算，我国已拥有 39 个工业大类、191 个中类和 525 个小类。220 多种工业品产量位居世界第一，产业链供应链自主可控能力不断增强。掌握一批重点领域关键核心技术，优势领域竞争力进一步增强，产品质量有较大提高。制造业数字化、网络化、智能化取得明显进展。重点行业单位工业增加值能耗、物耗及污染物排放明显下降。我国制造业、第二产业第一大国的地位更巩固，制造业增加值（按美元现价）占世界比重的 30.9%，大大高于总人口占世界比重的 18.0%。制造业增加值（按美元现价）从 2012 年的 2.69 万亿美元上升至 2021 年的 4.87 万亿美元，对世界制造业增加值增长贡献率高达 75.5%。吕越等（2023）通过匹配合并我国工业企业数据库得到 2000—2013 年我国省份-行业层数据，就制造业服务化对我国制造业行业劳动力就业市场分析发现，制造业服务化水平对本区域劳动力需求有正向提升作用，但对空间关联区域的劳动力存在显著的"虹吸效应"；制造业服务化可以通过产品创新和市场规模两条途径改进制造业就业。

我国就业进入服务业为主时代。2013—2021 年，第三产业增加值年均增速达到 7.4%，比国内生产总值（GDP）年均增速高 0.8 个百分点；对经济增长的年均贡献率达到 55.6%。从产值结构看，第三产业增加值比重从 2012 年的 45.5% 上升至 2021 年的 53.3%。新技术、新产业、新业态、新商业模式层出不穷，新兴服务业占 GDP 的比重明显提升。旅游及相关产业、文化及相关产业、体育产业增加值分别为 40628 亿元、44945 亿元、10735 亿元，占 GDP 的比重分别为 4.01%、4.43%、1.06%，合计为 9.5%。从就业结构看，第三产业就业人数占比从 2012 年的 36.1% 提高至 2021 年的 48.0%，提高了 11.9 个百分点，成为我国最大的新增就业渠道，有效地吸收了第一、第二产业转移劳动力，这表明转移农民、减少农民才能真正富裕农民。

我国市场主体总数跃居世界第一。我国市场主体从 2012 年的 5539 万户上升至 2022 年上半年的 1.6 亿户，年均增速 11.2%，2013 年以来，我国平均每年新增市场主体超过千万户。这是中国基本实现充分就业的重要条件。市场主体注册注销比为 3.03，即平均每注册 3.03 个市场主体注销 1 个市场主体，市场主体"新陈代谢"加速。尽管中国改革开放只有 40 多年，但我国市场主体总数已相当于美国 3070 万户小企业（2019 年数据）的 5.2 倍，我国已经成为世界数量最大、最具活力的企业群体，这就是中国市场主体创造的规模红利、长期红利，既包括创造就业岗位，也包括创造各种财富。

制造业和对外经济是过去 40 年驱动中国经济的两大引擎，见表 1.5 和表 1.6。根据国家统计局的数据，2023 年全年规模以上工业中，装备制造业增加值比上年增长 6.8%，占规模以上工业增加值比重为 33.6%；高技术制造业增加值增长 2.7%，占规模以上工业增加值比重为 15.7%。新能源汽车产量 944.3 万辆，比上年增长 30.3%；太阳能电池（光伏电池）产量 5.4 亿千瓦，增长 54.0%；服务机器人产量 783.3 万套，增长 23.3%；3D 打印设备产量 278.9 万台，增长 36.2%。规模以上服务业中，战略性新兴服务业企业营业收入比上年增长 7.7%。高技术产业投资比上年增长 10.3%，制造业技术改造投资增长 3.8%。电子商务交易额 468273 亿元，比上年增长 9.4%。网上零售额 154264 亿元，比上年增长 11.0%。全年新设经营主体 3273 万户，日均新设企业 2.7 万户。2023 年，在规模以上工业中，分经济类型看，国有控股企业增加值增长 5.0%；股份制企业增长 5.3%，外商及港澳台商投资企业增长 1.4%；私营企业增长 3.1%。分门类看，采矿业增长 2.3%，制造业增长 5.0%，电力、热力、燃气及水生产和供应业增长 4.3%。全年规模以上工业中，农副食品加工业增加值比上年增长 0.2%，纺织业下降 0.6%，化学原料和化学制品制造业增长 9.6%，非金属矿物制品业下降 0.5%，黑色金属冶炼和压延加工业增长 7.1%，通用设备制造业增长 2.0%，专用设备制造业增长 3.6%，汽车制造业增长 13.0%，电气机械和器材制造业增长 12.9%，计算机、通信和其他电子设备制造业增长 3.4%，电力、热力生产和供应业增长 4.3%。2023 年，全年货物进出口总额 417568 亿元，比上年增长 0.2%。其中，出口 237726 亿元，增长 0.6%；进口 179842 亿元，下降 0.3%。货物进出口顺差 57883 亿元，比上年增加 1938 亿元。对共建"一带一路"国家进出口额 194719 亿元，比上年增长 2.8%。其中，出口 107314 亿元，增长 6.9%；进口 87405 亿元，下降 1.9%。对《区域全面经济伙伴关系协定》（RCEP）其他成员国进出口额 125967 亿元，比上年下降 1.6%。民营企业进出口额 223601 亿元，比上年增长 6.3%，占进出口总额比重为 53.5%。全年服务进出口总额 65754 亿元，比上年增长 10.0%，其中，出口 26857 亿元，下降 5.8%；进口 38898 亿元，增长 24.4%。服务进出口逆差 12041 亿元。高盛《2024 年中国经济展望》报告显示，服务经济和高附加值出口将成为中国经济增长驱动力，但高价值和部分自选消费品的消费可能会因房地产和劳动力市场的影响而疲软。出口对象由美国这类发达国家转向"一带一路"计划里的国家和其他发展中国家。出口结构由服装和农产品等转向技术附加值更高的产品，如汽车、电脑、机械等产品。

表 1.5　中国、美国、世界农业（2015 年美元）/制造业（现价美元）增加值

农业　　年份	中国（亿美元）	美国（亿美元）	世界（亿美元）	中国占世界比重（%）	美国占世界比重（%）
2012	8267	1504	28723	28.8	5.2
2015	9277	1882	31697	29.3	5.9
2018	10308	2049	34375	30.0	6.0
2021	11731	2591	37956	30.9（18.0）	6.8（4.2）
2012—2021 年均增速及变化量%	4.0	6.2	3.1	2.1	1.6
制造业　　年份	中国（亿美元）	美国（亿美元）	世界（亿美元）	中国占世界比重（%）	美国占世界比重（%）
2012	2.69	1.93	12.05	22.3	16.0
2015	3.20	2.12	12.30	26.0	17.2
2018	3.87	2.33	14.13	27.4	16.5
2021	4.87	2.34（2020）	16.35	29.8	17.2（2020）
2012—2021 年均增速及变化量%	6.8	2.4（2012—2020）	3.4	7.5	1.2（2012—2020）

资料来源：http：//data.worldbank.ogr/indicator

表 1.6　　　　　　　中国与世界主要经济体的贸易连通性

经济体据 LSCI2021 排序	年	LSCI（Chian Q1 2006=100）	双边贸易连通指数（对称矩阵）					
			中国	新加坡	韩国	美国	马来西亚	荷兰
中国	2016	142	—	0.554	0.622	0.552	0.562	0.469
	2021	164	—	0.568	0.634	0.556	0.578	0.474
新加坡	2016	100		—	0.501	0.420	0.580	0.443
	2021	113		—	0.521	0.443	0.588	0.467

续表

经济体据LSCI2021排序	年	LSCI（Chian Q1 2006＝100）	双边贸易连通指数（对称矩阵）					
			中国	新加坡	韩国	美国	马来西亚	荷兰
韩国	2016	97			—	0.432	0.504	0.441
	2021	108			—	0.461	0.505	0.460
美国	2016	93				—	0.393	0.442
	2021	106				—	0.463	0.506
马来西亚	2016	92					—	0.429
	2021	100					—	0.439
荷兰	2016	83						—
	2021	92						—

资料来源：UNCTAD2022（LSCI：Liner shipping connectivity index）

三、创新驱动发展

党的二十大报告指出，加快实施创新驱动发展战略，加快实现高水平科技自立自强，以国家战略需求为导向，集聚力量进行原创性引领性科技攻关，坚决打赢关键核心技术攻坚战，加快实施一批具有战略性全局性前瞻性的国家重大科技项目，增强自主创新能力。"我们加快推进科技自立自强，全社会研发经费支出从10000亿元人民币增加到28000亿元人民币，居世界第二位，研发人员总量居世界首位。基础研究和原始创新不断加强，一些关键核心技术实现突破，战略性新兴产业发展壮大，载人航天、探月探火、深海深地探测、超级计算机、卫星导航、量子信息、核电技术、新能源技术、大飞机制造、生物医药等取得重大成果，进入创新型国家行列。"[1] 党的十八大以来，我国科技事业发生历史性、整

---

[1] 习近平．高举中国特色社会主义伟大旗帜　为全面建设社会主义现代化国家而团结奋斗——在中国共产党第二十次全国代表大会上的报告［EB/OL］．（2022-10-25）［2023-11-12］．https：//www.gov.cn/xinwen/2022-10/25/content_5721685.htm.

体性、格局性重大变化。党的二十大报告指出，到 2035 年，科技实力大幅跃升，实现高水平科技自立自强，进入创新型国家前列，建成科技强国。

2016 年《国家创新驱动发展战略纲要》明确提出：到 2020 年进入创新型国家行列，基本建成中国特色国家创新体系，有力支撑全面建成小康社会目标的实现。到 2020 年如期实现上述目标，我国科技实力再迈上特大台阶，进入世界科技创新舞台中心，成为世界科技强国。我国创新驱动发展战略取得重大成果，科技现代化迈上一个大台阶。我国科技发展的最大优势是拥有世界最大规模的门类齐全的综合性高素质科技队伍，我国科技工作者总数已经达到 9100 万人，占全国就业人数比重的 12.1%，研发人员全时当量从 2012 年的 324.7 万人年上升至 2021 年的 562.0 万人年，居世界首位。2023 年，中国创新能力世界排名第 12 位，全社会研发经费支出达到 33278 亿元人民币，以 70015 件的 PCT 申请量和超过 600 万/人/年的研发人员总量继续保持世界第一的位置。

我国已经形成了国家战略科技力量的四路大军：即国家实验室、国家科研机构、高水平研究性大学、科技领军企业。我国研发支出跃居世界第二。全国研发经费支出占 GDP 比重从 2012 年的 1.98% 上升至 2021 年的 2.44%，从世界第 18 位跃居世界第 13 位。总经费支出从 1.02 万亿元人民币上升至 2.79 万亿元人民币，按购买力平价计算，相当于从 2865 亿国际元上升至 6659 亿国际元，跃居世界第二位，与美国的相对差距从 1.64 倍缩小为 1.08 倍。企业成为我国研发支出的主体，占全国比重的 76.9%。基础研究经费达到 1817 亿元人民币，相当于 434 亿国际元，跃居世界第二位。其中，2012 年至 2021 年，国家自然科学基金共受理项目申请约 201 万项，资助约 43 万项，覆盖自然科学各个领域。《中国创新发展报告（2020—2021）》显示，我国 R&D 经费支出和 R&D 经费占 GDP 的比重逐年增长趋势明显，基础研发支出占研发经费的比重常年在 4%~6% 波动，从 2016 年起突破了 6%。2022 年我国 R&D 经费达到 2.9 万亿元，占 GDP 的比重提升至 2.51%。

我国科学研究成果跃居世界前列。根据美国国家科学基金《2022 年科学与工程指标》，全球六个国家产出了超过世界 50% 经过同行评议的科学与工程论文，其中，中国占世界比重的 23%，美国占 16%，印度占 5%，德国占 4%，英国占 4%，日本占 3%。中国科学论文总数明显超过美国，其中引用次数前 10% 和前

1%的中国论文数量从十年前的第二位、第三位跃居首位（2018—2020 年平均），占世界比重的 27.2%。截至 2020 年底，中国科技论文已居全球第一。在全球范围发文前 5 位的国家中，中国发表论文数量排在第一位，引文影响力和学术规范化的引文影响力分别位列第一和第三，已跃居美国的第二、第四位，超额实现 2020 年"国际科学论文被引用数均进入世界前 5 位"的预期目标，大大地改变了全球科学研究的版图。我国已经成为世界最大的专利国。我国发明专利申请量从 2010 年的 39.1 万件提高至 2021 年的 158.6 万件，年均增速高达 17.7%，专利授权量从 13.5 万件提高至 69.6 万件，年均增速高达 20.9%。从 2010 年到 2021 年，中国申请的国际专利（PCT）占世界比重从 16%上升到 25.1%，美国占世界比重为 21.5%，中国正在改变全球技术创新的版图。但是，中国 PCT 专利中核心专利数量占世界总量比重仅为 5.3%，而美国占世界比重的 40%左右，日本为 25%。

我国已经进入世界创新型大国行列。我国建设创新型国家的战略目标是，到 2020 年进入创新型国家行列。我国创新指数已跃居世界第 12 位。世界知识产权组织发布的《2022 年全球创新指数报告》显示，中国全球创新指数排名 10 年上升了 23 位，跃居世界第 11 位，且首次拥有与美国一样多的顶级科技集群，各为 21 个。这表明，中国科技实力迈上了特大台阶，与美国、欧盟成为世界三大科学技术中心。

四、现代化基础设施

中国基础设施建设行业投资规模持续扩大，2022 年中国基础设施建设行业投资规模降至 30940.6 亿元，其中，城市市政公用设施投资占比高达 72.11%，县城市政公用设施投资占 13.87%，建制镇市政公用设施投资占 5.43%，村庄市政公用设施投资占 8.60%。与传统基建相对，新基建涵盖了 5G 基站建设、新能源汽车充电桩、大数据中心、人工智能、工业互联网、特高压、城际以及城轨交通，涉及了七大领域和相关产业链。我国已建成全球规模最大的先进通信网络基础设施。所有地级市全面建成光网城市，行政村、脱贫村通宽带率达到 100%，IPv6 规模部署成效显著，地址数量全球第二。中国光纤宽带普及率为 94%（截至 2021 年 4 月）。电商交易额、移动支付交易规模全球第一。人工智能、云计算、大数据、区块链、量子信息等技术跻身全球第一梯队。信息化、网络化、数字革命等均走在世界前列。

我国城镇化水平显著提高，成为推动中国现代化的最大发动机，也成为驱动世界城镇化最大的发动机。我国城镇化率从 2012 年的 53.10% 提高至 2021 年的 64.72%，已高于世界城镇化平均水平（57%），也超过了《国家新型城镇化规划（2014—2020 年）》提出的 2020 年常住人口城市化率 60% 左右的预期目标，2012—2021 年全国城镇常住人口增加了 19250 万人，乡村人口减少了 13912 万人。我国加快推进"两横三纵"城镇化战略格局，我国加快推进"两横三纵"城镇化战略格局，常住人口城镇化率从 2012 年的 53.10% 提高至 2023 年的 66.16%。与世界主要经济体城镇化率对比参见表 1.7。我国城市基础设施能力与服务水平不断提高，城市综合承载能力逐渐增强，城市人居环境显著改善，人民生活品质不断提升，基本达到中等发达国家水平。城镇化建设直接带动基建等产业发展，推动消费结构转型升级。一方面，城镇化核心之一是通过促进产学研一体化，发挥高校科研密集型城市优势助力发展，促进科技周期和科技革命，提高全要素生产率。比如除北京、上海外，西安高校较多，学科齐全；武汉拥有武汉大学和华中科技大学。美国 20 世纪在增加研发投入推进技术商业化过程中，始终高度重视与科研院所及研究机构的合作，促进产学研一体化将科学研究与商业应用直接挂钩，大力推动了创新技术大规模生产化和生活化。另一方面，我国人口出生率从 2010 年后开始衰减，深挖人口质量红利，充分利用高技术、高学历劳动力的人口质量红利，是数字经济时代充分应用数字技术的决定性生产要素。通过放宽积分落户政策，鼓励地方政府实施人才战略，有助于高素质劳动力优化配置。

表 1.7　　　　　　　　　**各经济体人口及城镇化率**

		总量			城镇	
	人口 /百万	年增长率 /百分比		人口占比 /百分比	年增长率 /百分比	
	2021 年	2016—2021 年	2021—2050 年	2021 年	2016—2021 年	2021—2050 年
中国	1426	0.3	-0.3	62.5	2.3	0.6
印度	1408	1.0	0.6	35.4	2.3	2.0

续表

	总量			城镇		
	人口 /百万	年增长率 /百分比		人口占比 /百分比	年增长率 /百分比	
	2021 年	2016—2021 年	2021—2050 年	2021 年	2016—2021 年	2021—2050 年
美国	340	0.6	0.4	83.0	0.8	0.6
印尼	274	0.9	0.5	57.3	2.1	1.3
巴基斯坦	231	1.6	1.6	37.4	2.3	2.7
巴西	214	0.7	0.3	87.3	1.0	0.5
尼日利亚	213	2.5	2.0	52.7	4.1	2.9
孟加拉国	169	1.2	0.6	38.9	3.3	2.0
俄罗斯	145	−0.0	−0.3	74.9	0.2	0.1
墨西哥	127	0.8	0.4	81.0	1.2	0.7
日本	125	−0.4	−0.6	91.9	−0.3	−0.5
埃塞俄比亚	120	2.7	2.0	22.2	4.9	4.0
菲律宾	114	1.6	1.1	47.7	2.2	2.0
埃及	109	1.8	1.3	42.9	1.9	2.2
越南	97	0.9	0.3	38.1	2.9	1.7
刚果	96	3.3	2.8	46.2	4.6	3.9
土耳其	88	1.1	0.4	76.3	1.7	0.8
伊朗	85	0.9	0.4	76.6	1.6	0.8
德国	83	0.3	−0.2	77.5	0.3	0.1
泰国	72	0.3	−0.2	52.2	1.8	0.8

资料来源：UNCTAD2022

　　数字基础设施建设推动经济发展。Ookla's Net Index 数据显示，截至 2023 年 9 月，全球固定宽带网络下载和上传速度的中位数分别是 85.31Mbps 和 39.16Mbps。我国香港地区、新加坡、智利、阿联酋、泰国、美国、中国内地、丹麦、西班牙、冰岛分别位列固定宽带最快国家和地区的前 10 位。基于 IP 技术的新型公共网络是数字经济基础设施的重要组成。我国已建成了全球规模最大的先进通信网络基础设施强国，总体水平已达到 OECD 国家水平。所有地级市全面建成光网城市，行政村、脱贫村通宽带率达到 100%，IPv6 规模部署成效显著，拥有地址数量居世界第二，截至 2022 年 6 月，IPv6 地址数量为 63079 块/32，IPv6 活跃用户数达 6.83 亿。欧洲、美洲、亚洲、大洋洲等区域一些代表性国家和地区的 IPv6 部署总体都超过了 40%。全球 IPv6 用户数排名前五的国家/地区依次是印度、美国、中国、巴西、日本。在 IPv6ReadyLogo 认证数量方面，中国获得 IPv6ReadyLogo 认证数量全球第一。固定网络逐步实现从十兆到百兆再到千兆的跃升，移动网络实现从"3G 突破"到"4G 同步"再到"5G 引领"的跨越。截至目前，全球已部署了超过 260 张 5G 网络，5G 网络连接占比由 2020 年的 2.44% 提升至 2023 年的近 18.0%。2019 年 9 月发布了全球首个 6G 白皮书，内容涵盖 6G 的关键驱动因素、演进要求、挑战和研究问题等。2019 年 11 月，我国成立了国家 6G 技术研发推进工作组和总体专家组，举行了 6G 研究启动仪式，标志着我国 6G 技术研发工作正式启动。基础电信企业 IDC 全面完成 IPv6 升级改造中国电信、中国移动、中国联通等基础电信企业已完成全部 907 个超大型、大型、中小型数据中心的 IPv6 改造。基础电信企业 IPv6 活跃连接数 13.457 亿，中国电信 2.985 亿，占比 22.18%；中国移动 8.164 亿，占比 60.67%；中国联通 2.308 亿，占比 17.15%。网宿科技、阿里云、腾讯云、蓝汛、金山云、世纪互联、UCloud、白云山、七牛山、中国移动等主要 CDN 企业支持 IPv6 的节点数超过 3000 个。按省级行政区划计算，IPv6 全国覆盖能力达到 99% 以上，IPv6 本地覆盖能力达到 IPv4 本地覆盖能力的 85% 以上，基本具备 IPv6 分发加速能力。华为云、阿里云、京东云等主要云服务企业已完成 IPv6 云主机、负载均衡、内容分发、域名解析、云桌面、对象存储、云数据库、API 网关、Web 应用防火墙、DDoS 高防、弹性 IPS 等公有云产品的双栈化改造。IPv6 地域覆盖率分析：金山云 90.2%、华为云 82.2%、蓝汛 37.5%、网宿 68.9%。2021 年 4 月中国光纤宽带普及率为 94%，在世界率先实现了"宽带中国"的目标。

我国建成了世界最大规模的现代化交通基础设施，实现了由交通大国向交通强国的历史性跨越。全国铁路营业里程从 2012 年的 9.72 万公里，到 2021 年增加至 15.07 万公里，其中高速铁路营业里程从 2012 年的 9356 公里上升至 2021 年的 4 万公里，铁路覆盖了全国 81% 的县，高铁通达 93% 的 50 万人口以上城市。

全国公路里程从 2012 年的 424 万公里提高至 528 万公里，其中高速公路营业里程从 2012 年的 9.62 万公里提高至 2021 年的 16.91 万公里，连接了全国 95% 的人口，覆盖了约 99% 的城镇人口、20 万以上的城市及地级行政中心。我国已成为世界最大的汽车王国，全国民用汽车从 2012 年的 1.09 亿辆上升至 2021 年的 2.94 亿辆。与此同时，我国也成为世界最大的电动汽车王国，2021 年全球售出的 675 万辆新能源汽车中，中国电动汽车销量达到约 330 万辆，占全球比重达到 49%。港口承担了我国超过 90% 的外贸货物运输量，我国已成为世界上最大的货柜码头吞吐量之国，占世界比重从 2012 年的 25.7% 上升至 2020 年的 32.3%，相当于美国的 4.5 倍。我国是全球海运连接度最高的国家，已与 100 多个国家的主要地区和港口建立了海运航线联系，已成为世界最大的班轮指数国。我国交通运输部发布了《绿色交通标准体系（2022 年）》，加快发展世界最大的绿色低碳交通体系。交通基础设施现代化大大地促进了国内统一市场各类要素的流动，极大推动和有力支撑中国式交通现代化的发展。我国交通运输现代化重塑了中国经济地理，加速了国内经济一体化，与此同时也重塑了世界经济地理，加速了全球经济一体化，为国内国际双循环创造了现代化综合性交通运输体系。

我国建成了世界最大的现代化能源体系。十年间，能源生产以年均约 2.4% 的增长支撑了国民经济年均 6.6% 的增长，能源自给率长期稳定在 80% 以上。我国能源生产量占世界比重从 2012 年的 22.2% 上升至 2021 年的 26.5%，相当于美国占世界比重（15.6%）的 1.70 倍。我国建成全球规模最大的电力系统，发电装机达到 24.7 亿千瓦，超过 G7 国家装机规模总和；35 千伏及以上输电线路长度达到 226 万公里，建成投运特高压输电通道 33 条，西电东送规模接近 3 亿千瓦，发电装机、输电线路、西电东送规模分别比十年前增长了 1.2 倍、0.5 倍、1.6 倍。油气"全国一张网"初步形成，管网规模超过 18 万公里，比十年前翻了一番，西北、东北、西南和海上四大油气进口战略通道进一步巩固。建成了世界最大的现代化清洁能源电网。截至 2020 年底，清洁能源发电累计装机容量 7.4 亿千瓦，占全国的 75%，占电源总装机容量的比重达到 43%，其中清洁能源发电量 1.8 万亿千瓦时。国家电网公司已建成 10 条联通俄罗斯、蒙古、吉尔吉斯斯坦等周边国家的跨国输电线路。累计实现电量交易超过 310 亿千瓦时。实际上，中国发电量于 2007 年超过欧盟，2011 年又超过美国，占世界比重从 2012 年的 21.9%上升至 2021 年的 30.0%，相当于美国发电量占世界比重（15.5%）的近 2 倍。即中国现代化因素相当于美国的近 2 倍。这表明物理量的现代化因素比货币量的现代化因素更好地反映了中国现代化发展历史进程在世界上的中心地位。

五、全国统一大市场

为持续推动国内市场高效畅通和规模拓展，加快营造稳定公平透明可预期的营商环境，进一步降低市场交易成本，促进科技创新和产业升级，培育参与国际竞争合作新优势，中国加速构建以国内大循环为主体、国内国际双循环相互促进的新发展格局。

2021 年 12 月 17 日，习近平总书记在主持中央全面深化改革委员会第二十三次会议时强调："要加快清理废除妨碍统一市场和公平竞争的各种规定和做法，要结合区域重大战略、区域协调发展战略实施，优先开展统一大市场建设工作，发挥示范引领作用。"2022 年 3 月 25 日提出、4 月 10 日发布的《中共中央、国务院关于加快建设全国统一大市场的意见》，从全局和战略高度提出了加快建设全国统一大市场的根本遵循和具体意见。刘志彪（2022）认为，提出建设"全国统一大市场"，具有深刻的理论逻辑、历史逻辑和现实逻辑。从理论逻辑看，如果中国经济长期处于地方保护和国内市场分割状态，就不可能形成有利于发展的社会分工氛围和格局，不可能获取规模经济和范围经济，也不会有国际竞争能力。我国具有从市场范围到分工深化、从规模效应到竞争优势、从二元结构到经济转型的禀赋优势，把这一比较优势充分转化为超大规模国家和超大规模市场的竞争优势，是在劳动力等要素比较优势逐步消失条件下，支撑中国经济崛起的重要的战略选择。从历史逻辑看，如果不以国内统一市场建设为目标，重点解决行政区经济运行的摩擦问题，资源配置机制就不可能得到优化，社会主义市场经济就不可能建立。从现实逻辑看，建设全国统一市场，把握好未来不确定世界中的发展主动权，畅通国内经济大循环，实现产业高水平的自立自强，实行高水平对外开放。

中国加速构建国内大循环。我国国内投资总额（按 2015 年美元价）占世界比重从 2012 年的 22.4% 上升至 2020 年的 29.2%，相当于美国占世界比重（19.2%）的 1.52 倍，位居世界第一。从十年时间区间视角看，全社会固定资产投资总量由 2012 年的 28.2 万亿元增加到 2021 年的 55.3 万亿元，累计完成 409 万亿元，年均增速高达 9.4%，2021 年全国施工建设项目达 148.9 万亿元，是 2012 年的 3.5 倍，从投资对经济增长的贡献看，2013—2021 年全国资本形成率平均每年为 43.9%，其中全国基础设施投资年均增长 12.0%，增速比全部投资高 2.3 个百分点，重大交通运输、水利、通信工程投资建设成绩显著，民间投资年均增长高达 8.9%，占全部投资的比重稳定过半。国家统计局网站显示，2023 年，全国固定资产投资（不含农户）50.3 万亿元，其中，制造业投资增长 6.5%，增速加快 0.2 个百分点；基础设施投资（不含电力、热力、燃气及水生产和供应业）增长 5.9%，增速加快 0.1 个百分点。从环比看，12 月固定资产投资（不含农户）增长 0.09%。2023 年，民间固定资产投资 253544 亿元，比上年下降 0.4%，降幅比 1—11 月收窄 0.1 个百分点。

我国国内消费额（按 2015 年美元价）占世界比重从 2012 年的 9.2% 上升至 2020 年的 13.3%，位居世界第二位。2013—2021 年，居民消费支出年均增长超过 9%，居世界首位，居民消费支出在最终消费支出中的占比稳定在 70% 左右，2013—2021 年，最终消费支出对经济增长的年均贡献率超过 50%，其中，2021 年最终消费支出对经济增长的贡献率为 65.4%，比资本形成总额高 51.7 个百分点，是经济增长的第一驱动力。高盛 2023 中国经济展望显示，中国总体 CPI 通胀率在 10 月同比增加 1.2% 至 2.1%。这主要是由较高的食品价格通胀推动的，主要是猪肉价格上涨。相比之下，疫情限制了国内需求，非食品价格通胀因燃料成本和服务通胀下降而显著下降。PPI 通胀从 2022 年 1 月份的 9.1% 放缓至 10 月份的 7.8%，主要是受金属和能源行业价格下跌的影响。2013 年我国成为世界第一大货物出口国，货物进出口总额从 4.16 万亿美元上升至 2021 年的 6.05 万亿美元，占世界比重从 11.0% 上升至 2021 年的 15.1%，超过了美国占世界的比重（10.5%）。其中，中国货物出口额占世界比重达到 15.1%，超过了美国占世界比重（7.9%），货物进口额占世界比重 11.6%，居美国比重（13.0%）之后。自 2013 年习近平主席倡导共建"一带一路"倡议以来，中国对沿线国家货物出口额从 2013 年的 5692 亿美元增加至 2020 年的 7839 亿美元，增加了 37.7%，货物进口额从 4714 亿美元增加至 2020 年的 5699 亿美元，增长了 20.9%。2021 年中国与东盟、欧盟、美国的进出口总额达到 8782 亿美元、8281 亿美元、7556 亿美元，分别占全国总额（60515 亿美元）比重的 14.5%、13.7%、12.5%，分别为我国的第一大、第二大和第三大贸易伙伴，是我国开拓和运用国际大循环的主要通道。全国网上零售额达到 13.1 万亿元，相当于社会消费品零售总额比重的 7.0%，我国跨境电商进出口总额达到 1.92 万亿元，相当于全国进出口总额比重的 4.9%，成为畅通国内国际双循环的重要力量。我国在轻工业、纺织业仍具有比较优势、规模优势和国际竞争优势，根据工业和信息产业部提供的信息，其出口额占全球 30% 以上，我国服装、家电、制鞋等领域与国际标准一致化的程度高达 95%。中美货物出口额的差距正在拉大，中国对美国的双边贸易优势更加明显。

UNCTAD 2022 显示，2021 年全球制造业和集装箱贸易集中在亚洲，特别是中国及其邻近的东亚经济体。高盛 2023 中国经济展望显示，以美元计算的出口增速从 2021 年的 29.8% 大幅下降至 10 月份的同比 -0.4%。减速原因包括出口价格和出口量下降。随着供应链压力缓解和中国国内生产者物价指数 PPI 通胀下降，出口价格通胀有所缓解。预计出口量增长将从 2022 年的 6.0% 放缓至 2023 年的 3.5%，这主要是由于中国以外的经济体增长放缓导致外部需求疲软导致的。工业和信息化部公布的数据显示，2023 年，我国全部工业增加值达到 39.9 万亿元，占 GDP 比重 31.7%，制造业增加值占 GDP 比重 26.2%，占全球比重约 30%。2023 年，高技术制造业占规模以上工业增加值比重达 15.7%，装备制造业占比达 33.6%。制造业数字化转型持续推进，重点工业企业数字化研发设计工具普及率达 80.1%、关键工序数控化率达 62.9%，见表 1.8。

表 1.8　　　　　　　　中国、美国、世界制造业增加值（现价美元）

年份	中国/世界（%）	美国/世界（%）	欧盟/世界（%）	中国/美国（倍）	中国/欧盟（倍）
2000	5.0	28.5	27.1	0.18	0.18
2010	16.1	21.0	24.2	0.77	0.67
2018	20.7	16.5	20.5	1.25	1.01

续表

年份	中国/世界(%)	美国/世界(%)	欧盟/世界(%)	中国/美国(倍)	中国/欧盟(倍)
2000—2018 变化量	15.7	-12.0	-6.6	1.07	0.83

数据来源：http://data.worldbank.ogr/indicator

我国作为世界最大高科技出口国的地位更加稳固。世界贸易之争主要集中在高科技贸易领域。2007 年我国就超过美国和德国，成为世界高技术产品出口最大国，从 2007 年的 3426 亿美元上升至 2020 年的 7577 亿美元，相当于美国高技术出口额从 1.42 倍上升至 5.35 倍。如果再加上香港 2020 年高科技出口额 3401 亿美元（主要来自内地的转口贸易），内地和香港合计 10978 亿美元，占世界总量比重 36.4%，相当于美国出口额的 7.76 倍。我国服务贸易迅速增长，已连续八年稳居世界第二位，累计超过 4 万亿美元。2021 年，我国服务进出口总额首次超过 8000 亿美元，成为世界 200 多个国家和地区的重要贸易伙伴。我国服务出口额从 2012 年的 2016 亿美元（现价美元）上升至 2020 年 2289 亿美元，服务外包产业累计吸纳就业 1127 万人。我国成为世界实际利用外资第二大国。我国实际利用外资从 2012 年的 1117 亿美元到 2021 年提高至 1735 亿美元。从 2017 年至 2021 年，我国连续五年缩减外资准入负面清单，全国和自贸试验区限制措施条目分别缩减至 31 条、27 条，吸引更多外资企业来华经营。2020 年外商投资法正式实施，为外商投资权益提供了更全面、更有力的法治保障。不同地区间的贸易贡献并不相同，这反映了它们在全球价值链和制造业网络中的不同程度的整合。

党的二十大报告强调，建成现代化经济体系，形成新发展格局，基本实现新型工业化、信息化、城镇化、农业现代化。在高质量发展中促进中国式现代化，既是高质量发展的核心目标，也是实现中国式现代化的内在要求。2023 年 2 月 27 日，中共中央、国务院印发《数字中国建设整体布局规划》，强调建设数字中国是数字时代推进中国式现代化的重要引擎，是构筑国家竞争新优势的有力支撑。江小涓和靳景（2022）分析了我国数字经济发展状况，认为数字经济将成为国民经济存量的半壁江山和增量的主要贡献来源。超大规模的数字消费市场、良好的互联网基础设施、领先的数字创新企业在短期内增加了就业，降低了交易成本和流通费用，为我国发展数字经济提供了有利条件，在长期促进了经济增长。我国数字经济发展速度快、规模大，其规模经济和范围经济效应最为显著。数字新消费空间创造、数字生产加速发展、数字资源的开发投资与数字技术产业化、数字全球化机遇将持续推进我国数字经济向前发展，带动传统产业升级、提升增长质量空间。

第二章 数字经济分析

一、数字经济概况

数字经济通过新一代信息技术推动我国工业发展新业态和新模式。OECD（2014）指出数字经济是以数字化的知识和信息作为关键生产要素，以数字技术为核心驱动力，以现代信息网络为重要载体，通过数字技术与实体经济深度融合，加速重构经济发展与治理模式的新型经济形态。数字经济概念存在窄、宽两种口径解释，窄口径包括信息通信技术（ICT）货物和数字服务生产的相关经济活动，以及电子商务、数字音乐、数字金融、数字文化等数字经济特定业态（张勋等，2019；江小涓，2021）；宽口径则将数字经济定义为围绕数据获取、加工、计算、运用、存储等活动所形成的新型经济形态（裴长洪等，2019；黄日华，2022）。本书采用数字经济宽口径定义。

国家数据局发布的《数字中国发展报告（2023年）》显示，我国数字经济核心产业增加值占GDP比重10%左右。电子信息制造业增加值同比增长3.4%；电信业务收入1.68万亿元，同比增长6.2%；互联网业务收入1.75万亿元，同比增长6.8%；软件业务收入12.33万亿元，同比增长13.4%。云计算、大数据业务收入较上年增长37.5%，物联网业务收入较上年增长20.3%。截至2023年，累计建成62家"灯塔工厂"，占全球总数的40%。累计培育421家国家级智能制造示范工厂。我国关键工序数控化率和数字化研发设计工具普及率分别达到62.2%和79.6%。截至2023年底，5G+工业互联网已覆盖41个国民经济大类，全国已创建示范应用项目超8000个，5G工厂300个。具有一定区域和行业影响力的综合型、特色型、专业型工业互联网平台数量大幅增加，重点平台连接设备超过 9600 万台（套），连续 11 年成为全球第一大网络零售市场。《全球数字经济白皮书（2023 年）》显示，产业数字化是数字经济发展主引擎，其中，一二三产业数字经济占行业增加值比重分别为 9.1%、24.7% 和 45.7%。从规模看，2022 年美国数字经济规模达 17.2 万亿美元，居首位。中国数字经济规模为 7.5 万亿美元，居第二位。从占比看，英国、德国、美国数字经济占 GDP 比重均超过 65%。从增速看，沙特阿拉伯、挪威、俄罗斯数字经济增长速度为列全球前三位，增速均在 20% 以上。从领域发展看，5G 融合应用生态加快形成，人工智能创新和应用力度加大，数字技术产业释放巨大发展潜力。工业、医疗等领域数字技术应用程度加深，数字技术与实体经济融合进入发展新蓝海。

数字经济发展大致经历了技术准备期（代表企业如 IBM，FirstData，Microsoft 等）、快速繁荣期（代表企业如 ebay，Amazon，Google，Facebook，Twitter 等）和大数据与人工智能时代三个阶段。UNCTAD 系列报告从如何在数字经济中创造和获取价值，各国在多大程度上可以负担得起各种技术以及这些技术是否被使用开始，探讨了数字经济中价值创造和获取的范围，特别是发展中国家如何受到数据驱动的经济活动和商业模式（尤其是数字平台）的影响，以及如何在这一不断变化的经济格局中促进其作为生成者和创新者的作用。20 世纪 90 年代中期以来，Barefoot 等（2018）通过反映技术的快速变化性质及其对企业和消费者的使用来解释数字经济的意涵。Brynjolfsson 和 Kahin（2002），Tapscott（1996）主要关注互联网的采用及其对经济的影响（互联网经济）。到 21 世纪中期，数字经济一方面关注对不同政策和数字技术的分析，另一方面作为关键要素，通过信息通信技术和数字导向促进企业成长（OECD，2012 和 2014）。随着发展中国家数字基础设施的改善，以及数字公司、产品和服务范围的扩大，对发展中国家的实质性分析也取得了进展（UNCTAD，2017a；World Bank，2016）。石勇（2022）解析了数字经济基本问题，认为数字经济是以大数据、智能算法、算力平台三大要素为基础的一种新兴经济形态。数字经济以算力平台为基础，运用智能算法对大数据进行存储、处理、分析和知识发现，进而服务于各行业的资源优化配置和转型升级，促进经济高质量发展。从研究视角看，宏观研究将数字技术纳入经典经济模型并调整了变量和参数，分析了数字技术对经济增长、生产率、就业、税收、收入分配和国际贸易等宏观变量的影响（Agrawal er al.，2019；Acemoglu

和 Restrepo，2017)；产业研究将数字技术作为赋能其他产业的通用技术（GPT），通过推动产业结构调整实现增长动能转换（Varian，2018）。Brynjolfsson 等（2019）认为，技术转换、组织调整、技能配套之间形成创新潮涌，使得数字技术潜在红利充分释放，关键要素成本迅速下降。

1. 数实融合推动高质量发展

习近平总书记指出，促进数字经济与实体经济深度融合，赋能传统产业转型升级，催生新产业新业态新模式，不断做强做优做大我国数字经济。[①]

《中国数字经济发展研究报告（2023 年）》指出，数字经济具体包括数字产业化、产业数字化、数字化治理和数据价值化四部分。具体地，数字产业化是数字技术形成产业的过程，主要是以数据中心、人工智能为代表的新一代信息技术产业，为数字经济整体进步提供基础技术、产品、服务和解决方案等。具体包括电子信息制造业、电信业、软件和信息技术服务业、互联网行业等。2022 年，我国数字产业化规模达到 9.2 万亿元，同比名义增长 10.3%，占 GDP 比重为 7.6%，占数字经济比重为 18.3%。从结构上看，数字产业结构中，服务部分占主要地位，软件产业占比持续提升，互联网行业占比明显下降，电信业务收入稳步提升。2022 年，电信业务收入累计完成 1.58 万亿元，比上年增长 8%。数据中心、云计算、大数据、物联网等快速发展，2022 年共完成业务收入 3072 亿元，比上年增长 32.4%。电子信息制造业稳定增长，出口回落。2022 年，全国规模以上电子信息制造业增加值比上年增长 7.6%。规模以上电子信息制造业出口交货值增速 1.8%。软件和信息技术服务业保持较快增长。2022 年，全国软件和信息技术服务业规模以上企业超 3.5 万家，累计软件业务收入 10.8 万亿元。互联网和相关服务业持续健康发展。2022 年，我国规模以上互联网和相关服务企业完成互联网业务收入 1.5 万亿元。

产业数字化是传统产业的数字化升级过程，主要是应用数字技术带来的生产数量提高和生产效率提升，包括诸如智能制造、车联网、平台经济等融合型新产

[①]　杨虎涛. 数实融合助力经济高质量发展［EB/OL］.（2023-11-09）［2023-12-10］. theory. people. com. cn/n1/2023/1109/c40531-40114375. html.

业新模式新业态。2022 年，产业数字化规模为 41 万亿元，同比名义增长
10.3%，占 GDP 比重为 33.9%，占数字经济比重为 81.7%。制造业是过去 30 年
推动经济社会高增长的重要引擎。越来越复杂的分工体系要求制造业有密集的服
务网络如物流网络服务、供应链物流服务等联结成协作体系。数字技术加速了制
造业服务化和数字化转型升级。制造业数字化转型升级涉及工业价值链中的资源
端、需求端及整个产品生命周期活动中的多元要素。当前制造业正呈现出产品个
性化、制造资源社会化、企业小微化、互联交互化、生产组织分散化以及制造服
务化等特征（Jiang P. Y. 等，2018）。近年来，数字化已经从改进生产效率的工
具转变为创新发展模式、整合资源战略和高质量发展的动能。

　　数字化治理主要指以"数字技术+治理"为特征的技管结合以及数字化公共
服务。2022 年 4 月，中央全面深化改革委员会第二十五次会议审议通过《关于
加强数字政府建设的指导意见》，强调要将数字技术广泛应用于政府管理服务，
推进政府治理流程优化、模式创新和履职能力提升，构建数字化、智能化的政府
运行新形态，并就全面开创数字政府建设新局面作出部署。2023 年以来，数字
经济治理相关制度规则进一步细化完善。《互联网信息服务深度合成管理规定》
正式实施，明确了各类主体的信息安全义务。《个人信息出境标准合同办法》出
台，我国数据跨境流动管理制度基本完善。《经营者集中审查规定》等反垄断法
配套规章正式发布，有效回应数字时代监管需要。

　　数字治理的程度影响了数据价值。数据价值化多表现为数据采集、数据标
准、数据确权、数据标注、数据定价、数据交易、数据流转、数据保护等（中国
信息通信研究院《中国数字经济发展报告 2021 年》）。到 2021 年底，东部与中、
西部地区的互联网普及率分别缩小至 5.4 和 9 个百分点。按照全国一体化大数据
中心体系布局，中西部地区通过建设超大规模数据中心等手段，将有力提升地区
数字基础设施水平，促进东部算力与西部土地、能源等资源优化配置。东部沿海
地区电子商务等优势产业次第带动周边及中西部地区智慧物流、农产品电商等相
关数字产业发展。在中西部地区，广西、贵州、新疆等地依托数字贸易等新模
式，成为"一带一路"数字经济发展的关键节点；武汉、长沙、成都、重庆等城
市发挥区位优势，积极融入数字经济产业链，形成辐射效应，拉动区域数字经济
增长。高科技领域（Malecki 和 Moriset，2007），各种跨部门数字化或数字化转型

（OECD，2016a 2017a；UNCTAD，2017a），农业、旅游业和交通运输等传统部门的数字化趋势都得到了广泛关注。报告认为，最重要的经济变化很可能是通过传统部门的数字化而不是通过新的数字赋能部门的出现而发生的。为了理解数字经济的发展影响，有必要分析对技术或基础设施的投资以及与之相关的政策如何促进或限制数字经济的出现。同样重要的是，通过某些技术来评估数字经济。例如，UNCTAD（2017a）所强调的，不断发展的数字经济可能与先进机器人、人工智能、物联网（IoT）、云技术的使用增加有关。中金研究院（2020）认为，"AI+5G"是数字经济时代的通用技术平台。新基建、新需求、新技术在未来十年将为我国数字经济新增进 4.3 万亿元人民币的产业空间。此外，数字服务化指通过利用大数据技术实现企业由以生产为核心向以服务为核心的新结构转变的技术转型行为，通过使用数字技术开发新服务或改进现有服务，重塑产品、流程、服务和战略，促进新商业模式和价值创造方式，改变组织的运营方式，使企业取得更好的绩效（卓娜和周明生，2022），见表 2.1。

表 2.1　　　**2021.12—2022.6 各类互联网应用用户规模和网民使用率**

应用	2021.12		2022.6		
	用户规模（万）	网民使用率	用户规模（万）	网民使用率	增长率
即时通信	100666	97.5%	102708	97.7%	2.0%
网络视频（含短视频）	97471	94.5%	99488	94.6%	2.1%
短视频	93415	90.5%	96220	91.5%	3.0%
网络支付	90363	87.6%	90444	86.0%	0.1%
网络购物	84210	81.6%	84057	80.0%	−0.2%
搜索引擎	82884	80.3%	82147	78.2%	−0.9%
网络新闻	77109	74.7%	78807	75.0%	2.2%
网络音乐	72946	70.7%	72789	69.2%	−0.2%
网络直播	70337	68.2%	71627	68.1%	1.8%
网络游戏	55354	53.6%	55239	53.6%	−0.2%
网络文学	50159	48.6%	49322	46.9%	−1.7%

续表

应用	2021. 12		2022. 6		
	用户规模（万）	网民使用率	用户规模（万）	网民使用率	增长率
在线办公	46884	45.4%	46066	43.8%	−1.7%
网约车	45261	43.9%	40507	38.5%	−10.5%
在线旅行预订	39710	38.5%	33250	31.6%	−16.3%
在线医疗	29788	28.9%	29984	28.5%	0.7%

资料来源：CNNIC《中国互联网络发展状况统计报告》

2. 数字经济战略布局

数字经济成为全球产业发展与变革的重要驱动力量。全球主要国家通过优化政策布局为数字经济持续健康发展营造良好生态。

《大数据白皮书（2022 年）》显示，全球主要国家都在深化推进自身大数据战略。如美欧的《美国数据隐私和保护法案》《数据治理法案》，强化个人数据保护并促进数据价值释放，实现数据国际共享。日本和韩国通过设置专门机构推进各行业数字化转型。澳大利亚的《国家数据安全行动计划》建立细化的战略行动方案，明确数据安全要求并构建国家数据安全框架。《全球大数据发展报告（2020）》显示，参与 OGP 并作出开放数据承诺的国家中发达国家占比 26.9%，欧洲国家占比 36.5%。从世界主要国家政府开放大数据建设程度与人均 GDP 的关系看，基本存在人均 GDP 越低其国家政府开放大数据建设程度越低的规律。各国政府通过数据开放促进本国经济发展，包括工业、金融业等相关行业。数字技术、服务、产品、技术和技能在经济体中的传播方式，以及基于此定义的使用数字技术、产品和服务实现企业转型也受到关注（Brennen 和 Kreiss，2014）。美国联邦数据战略焦点从"技术"转移到"资源"。2012 年起，美国大力推动大数据领域前沿核心技术发展和科学工程领域发明创造，构建有活力的数据创新生态。2019 年，美国发布《联邦数据战略与 2020 年行动计划》，以政府数据治理为主要视角，表述了联邦政府未来十年的数据愿景和 2020 年关键行动。基于"将数据作为战略资源开发"，该行动计划确立了 40 项数据管理具体实践目标，包括重视数据并促进共享，保护数据资源和有效使用数据资源。欧盟数据战略旨在发展数据敏捷型经济体，希望通过建立单一数据市场，确保欧洲在未来的数据经济中占据领先地位。2020 年欧盟委员会公布了《欧盟数据战略》，以数字经济发展为视角，概述了欧委会在数据方面的核心政策措施及未来五年的投资计划。该战略愿景目标是 2030 年欧洲将成为世界上最具吸引力、最安全、最具活力的数据敏捷型经济体。在保持高度隐私、安全和道德标准前提下，充分发掘数据利用的价值造福经济社会，并确保每个人都能从数字红利中受益。其支持性战略包括构建跨部门治理框架，加强数据投入，提升数据素养及构建数据空间。英国期待数据战略助力经济复苏。2020 年，英国发布《国家数据战略》，设定五项优先任务，包括释放数据价值，确保促进增长和可信的数据体制，转变政府对数据的使用以改进公共服务，确保数据基础架构的安全性和韧性以及倡导国际数据流动。

Statista 统计，2022 年全球数据产生量达到 81.3ZB，到 2035 年将达到 2142ZB。1992 年，全球互联网网络每天传输大约 100 千兆字节（GB）的流量，十年后，它达到了每秒 100 GB。快进到 2017 年，此类流量激增至每秒 46600 GB 以上，反映了内容的质量和数量变化。尽管迄今为止增长迅速，但世界还处于数据驱动经济的早期阶段：到 2022 年，全球 IP 流量达到每秒 150700 GB。数据流量高度集中：亚太地区和北美地区占 2017—2022 年所有流量的约 70%，中东和非洲加起来只占全球 IP 流量的 10% 左右。增长最快的地区是中东和非洲，每年增长 41%，其次是亚太地区，每年增长 32%。与此同时，全球年增长率将达到 26%。就内容而言，同期视频将占全球 IP 流量的 80%~90%。按细分市场来看，消费者（家庭、大学人口和网吧）占总数的 80% 以上，其余的是政府和企业。关于跨境数据流（CBDF），麦肯锡（2019）估计，2005 年至 2017 年间，跨境带宽从每秒 5 太比特激增至 704 太比特，到 2021 年将接近 2000 太比特。数据日益重要，导致数据传输基础设施发生变化，尤其是海底光缆数量呈指数级增长。约 99% 的国际数据传输通过这些电缆传输（Bischof 等人，2018）。

2012 年以来，美国致力打造有活力的数据创新生态，2019 年发布《联邦数据战略与 2020 年行动计划》，以政府数据治理视角描述了未来十年的数据愿景和关键行动，具体地，确立了 40 项数据管理具体实践目标，分三个层面，第一是重视数据并促进共享，如通过数据指导决策、促进机构间数据流通等；第二是保护数据资源，如数据真实性、完整性和安全性；第三是有效使用数据资源，如增强数据分析能力、促进数据访问形式多样化等。欧盟数据战略主旨是发展数据敏捷型经济体。2020 年欧盟公布了《欧盟数据战略》，以数字经济发展为视角，概述了其核心政策措施和未来 5 年的投资计划，其愿景目标是 2030 年使欧洲成为世界上最具吸引力、最安全、最具活力的数据敏捷型经济体。在保持高度隐私、安全和道德标准前提下，充分挖掘数据利用价值造福经济社会，并确保每个人能从数字红利中受益。其四大支柱性战略措施：构建跨部门治理框架；加强数据投入；提升数据素养和构建数据空间。英国期望数据战略助力经济复苏。2020 年，英国 DCMS 发布《国家数据战略》，设定五项优先任务：释放数据价值；确保促进增长和可信的数据体制；转变政府对数据的使用，提高效率并改善公共服务；确保数据所依赖的基础架构的安全性和韧性；倡导国际数据流动。2020 年，世界银行呼吁各国政府、相关企业以及学术界共同合作，通过大数据等技术手段应对新冠肺炎疫情危机。同年 7 月召开的 G20 数字经济部长会议中，数据流动也是重点讨论议题之一。

数据要素市场化配置已经成为我国的国家战略。2014 年以来，我国大数据战略布局大致经历了四个不同阶段：预热阶段、起步阶段、落地阶段和深化阶段。党的十八届五中全会将大数据上升为国家战略。2020 年，我国数据总量达到 8000EB，占全球数据总量的 21%。数字数据的存储和处理能力是数据驱动经济中基础设施的另一个方面。大多数数据中心位于发达国家。在总共 4422 个所谓的主机代管数据中心中，80% 位于发达国家，美国约占总数的 40%。由于冷却数据中心所需的大量电力，气候寒冷的地区以及充足可靠的电力供应最具吸引力。由于电力成本高，许多发展中国家很难竞争这些中心。尽管如此，发展中国家正在建立更多的数据中心，以使数据更接近用户，减少延迟并降低宽带使用成本。因此，互联网交换点（IXP）上的流量正在增加——电信运营商和内容提供商聚集在一起交换 IP 流量的地方。然而，仍有多达 78 个经济体缺乏 IXP（世界银行，2018a）。在所有最不发达国家中，只有不到一半的国家拥有综合服务计划，其中一些国家没有发挥其全部潜力（ITU，2018c）。

相关领域战略竞争加剧，前沿技术产业持续创新升级。数据中心作为人工智能、云计算等新一代信息通信技术的重要载体，已经成为新型数字基础设施的算力底座，具有空前重要的战略地位。世界超大规模数据中心有一半在美国和中国，且 5G 普及率最高，占过去五年 AI 初创企业融资总额的 94%，占世界顶尖人工智能研究人员的 70%，占全球最大数字平台市值的近 90%（UNCTAD，2021）。最大数字平台——苹果、微软、亚马逊、Alphabet（谷歌）、Facebook、腾讯和阿里巴巴，正越来越多地投资于全球数据价值链的每个环节：通过面向用户的平台服务进行数据采集；通过海底电缆和卫星进行数据传输；数据存储（数据中心）；通过 AI 等方式进行数据分析、处理和使用。随着数字化进程的加快，这些公司的规模、利润、市场价值和主导地位在疫情期间得到了加强。纽约证券交易所综合指数在 2019 年 10 月至 2021 年 1 月期间增长了 17%，且顶尖数字平台的股票价格涨幅从 55%（Facebook）到 144%（苹果）不等。生成式人工智能为数字平台带来新的发展机遇。据 CB insights 统计，截至 2023 年第一季度，全球生成式人工智能企业估值总计达到约 480 亿美元。

3. 数字经济是技术经济新范式

数字经济是一种新的技术经济范式，是数字技术发展推动产业和制度变革的结果（张路娜等，2021）。数字技术社群已经成为社会主导技术群，数据成为关键生产要素，基于数字技术的新产业体系形成，生产方式、产业组织形态、产业竞争范式发生系统性变革，以数字产业化和产业数字化为核心内容的数字经济占据经济系统主导地位。规模涌现、协同融合成为数字经济新兴技术特征，数字化生产要求大数据、云计算、物联网、人工智能、区块链等数字技术交叉承载了数据采集、存储传输、计算分析和安全保障等功能。同时企业数字化转型势在必行，全方位全链条赋能对企业内外部流程及其生存环境影响彻底，从根本上改变了经济系统的技术基础、运行效率、组织模式、生产和交易方式等。线上线下一体、大规模社群化制造的生产方式，范围经济超过规模经济成为企业的优先战略，资源节点超过企业职能部门成为企业生态基本单元。数字经济的上述特征表明创新是数字经济时代驱动经济发展的核心生产要素，且具有数字技术极速迭代、"三二一"产业逆向渗透、范围经济创新驱动、企业生态系统协同等特征。因而数字经济时代企业创新全球化能力提升是企业适应新经济的系统性要求，是匹配数字技术自驱动强逾渗的必然选择。

UNCTAD 指出数字经济由三部分组成：基础方面，包括基础创新（半导体、处理器）、核心技术（计算机、电信设备）和赋能基础设施（互联网和电信网络）；数字和信息技术，生产依赖核心数字技术的关键产品或服务，包括数字平台、移动应用程序和支付服务；一系列广泛的数字化部门，包括数字产品和服务在诸如金融、媒体、旅游和交通等领域。这些组成部分以各种方式被用作衡量数字经济范围和影响的基础。在基础层面注重基础和数字/IT 部门测度，特别是与数字经济相关的投资和政策（如数字基础设施投资、宽带等）在数字或数字赋能部门的产出和就业（OECD，2017a；UNCTAD 2017a and b）。数字化的无形结果，如公司灵活性、管理经验丰富或生产力等，其影响可能源自溢出效应（Brynjolfsson，1993）。Barefoot et al.（2018）；Knickrehm et al.（2016）测度了整个经济体中 ICT/数字部门溢出效应，Manyika et al.（2014）；Ojanperä et al.（2016）基于地理位置信息量化了全球数据和知识。Bukht 和 Heeks（2017）定义经济产出的一部分完全或主要源于基于数字商品或服务的商业模式的数字技术即为数字经济。Knichrehm et al.（2016）认为数字经济在总经济产出中所占的份额来自于广泛的"数字"输入，包括数字技能、数字设备（硬件、软件和通信设备）以及生产中使用的中间数字产品和服务。

数字经济的发展需要若干前沿技术的支撑，包括面向软件的技术，如区块链、数据分析和人工智能，面向用户的设备，如计算机和智能手机、3D 打印机和可穿戴设备，面向机器的专用硬件，如物联网、自动化、机器人和云计算。数字产业化主要发生在电子信息制造业、电信业、软件和信息技术服务业、互联网等行业领域，助推的新型数字产业主要包括 5G、集成电路、工业互联网、人工智能、大数据、云计算、区块链、超高清显示器材等，形成计算机基础技术产业链、通信产业链、区块链产业链、软件产业链、电子商务产业链、互联网产业链、数字文化产业链等，在电子信息、大数据、软件服务、物联网等数字经济领域出现超大规模的数字产业集群，成为企业生态系统的组织基础。

"十四五"期间我国数字经济的规划目标包括加强关键数字技术创新应用（高端芯片、操作系统、关键算法），加快推动数字产业化（以人工智能、大数据、区块链、云计算、网络安全、5G 产业生态，第三方服务产业），推进产业数字化转型（数据赋能全产业链、众包设计、智慧物流、智慧农业），提供智慧便捷的公共服务（教育、医疗、养老、抚幼、就业、文体、助残、数字化服务普惠），建设智慧城市和数字乡村（以数字化助推城乡发展和治理，城市数据大脑建设，数字乡村建设），构筑美好数字生活新图景（购物消费、居家生活、旅游休闲、交通出行数字化、智慧共享数字生活，智慧社区），加强公共数据开放共享（国家公共数据资源体系、公共数据安全、统一的国家公共数据开放平台），推动政务信息化共建共用（统筹政务信息化建设、执政能力、依法治国、经济治理、市场监管、公共安全、生态环境一体化信息系统），提高数字化政府服务效能（数字技术辅助政府决策机制、大数据精准动态监测预测预警：公共卫生、自然灾害、事故灾难、社会安全），建立健全数据要素市场规则（数据产权交易自律机制、数据交易平台和市场主体、国家利益、商业秘密、个人隐私的数据保护），营造规范有序的政策环境（共享经济、平台经济和新个体经济管理规范，完善垄断认定法律规范，打击垄断和不正当竞争行为），加强网络安全保护（国家网络安全法律法规、重要领域数据资源、重要网络和信息安全保障），推动构建网络空间命运共同体（网络空间国际交流与合作、多边、民主、透明的全球互联网治理体系，数据安全、数字货币、数字税的国际规则）。我国已具备加快技术创新的良好基础。在科研投入方面，前期通过国家科技计划在大规模集群计算、服务器、处理器芯片、基础软件等方面系统性部署了研发任务。"十三五"期间在国家重点研发计划中实施了云计算和大数据重点专项。我国在大数据内存计算、协处理芯片、分析方法等方面突破了一些关键技术；在大数据存储、处理方面，研发了一些重要产品，有效支持大数据应用；国内互联网公司推出的大数据平台和服务，处理能力跻身世界前列。国家大数据战略实施以来，地方政府纷纷响应联动、积极谋划布局。国家发改委组织建设 11 个国家大数据工程实验室，为大数据领域相关技术创新提供支撑和服务。发改委、工信部、中央网信办联合批复贵州、上海、京津冀、珠三角等 8 个综合试验区，正在加快建设。

（1）数字经济与云计算。对数字经济来说，云计算不仅仅是实现 IT 资源池化、提升性能、降低成本和简化管理的工具，更重要的是为产业数字化转型提供丰富的服务（accenture）。云计算作为新基建中大数据中心、AI、工业互联网的基础架构，是各个经济体重点投资和建设的内容。基于云平台整合的各类生产和市场资源，能促进产业链上下游高效对接与协同创新，大幅降低企业数字化转型的门槛，加速数字经济发展。近年来，作为数字经济、数字政府的基础设施，云计算发展的重点转变为服务于稳定国家经济增长和提升社会治理能力应用的需求。美国政府对云计算产业的扶植是采用深度介入的方式，通过强制政府采购和指定技术架构来推进云计算技术进步和产业落地发展。云计算扶植政策：统一战略计划、明确云计算产品服务标准，加强基础设施建设，制定标准、鼓励创新；加大政府采购，积极培育市场；构建云计算生态系统，推动产业链协调发展。欧盟委员会云计算战略计划的政策措施包括筛选众多技术标准，在互操作性、数据的便携性和可逆性方面保障云计算用户；支持"可信赖云服务提供商"认证计划；为云计算服务制定安全和公平的标准规范；利用公共部门购买力建立云计算业务间合作伙伴关系，确立欧洲云计算市场，促使云服务提供商扩大业务范围并提供性价比高的在线管理服务。《中国互联网发展报告2022》显示，截至2021年底，我国累计建成并开通5G基站140.5万个，云计算市场规模达到3229亿元，增速为54.5%。

云计算按服务模式分类，分为IaaS——基础设施即服务，SaaS——软件即服务和PaaS——平台即服务市场。根据中国信息通信研究院报告，2020年，我国经济稳步回升，云计算市场呈爆发式增长，云计算整体市场规模达2091亿元，增速56.7%。2021年中国云计算市场规模达到3102亿元，增速48.4%。其中，SaaS市场是全球云计算行业最大的细分市场，见图2.1。从细分领域看，我国云计算以IaaS市场发展最成熟，2020年规模占比62.14%；SaaS市场规模占22.82%，发展潜力巨大。我国云计算行业市场规模在2017—2019年期间呈高速增长态势，2019年同比增长38.6%。2018年全球公有云市场规模约为1363亿美元，公有云IaaS市场规模约325亿美元。其中，中国公有云市场规模437亿人民币，仅占全球的4.7%，我国公有云IaaS市场规模约270亿人民币，仅占全球的12%，同期北美公有云整体收入及IaaS收入在全球占比约在50%以上。领先厂商中，阿里云收入为AWS的1/7～1/8，阿里、腾讯服务器保有量仅为亚马逊的1/4左右。从超级数据中心看，2017年北美占比44%，中国占比8%。在公有云市场领域，阿里云当前占据了国内最大的市场份额，约占43.2%的市场份额，处于明显领先地位。在私有云部署方面，我国传统IT产业大客户主要集中在政府、电信、金融等中大型国企央企，信息安全要求很高，对定制化也有较大需求，基于上述考虑，这些客户通常会选择私有云作为 IT 上的云路径。国内私有云服务商前 20 名中，华为、新华三、VMware、华云和 EasyStack 排在领导者位置。2019年华为云发布鲲鹏云服务和解决方案，鲲鹏云服务聚合华为自研芯片和硬件设备、支持多款国产服务器操作系统。2013 年，阿里云自主研发了大规模分布式计算平台"飞天"；2019 年，阿里云发布了基于飞腾 CPU 平台的阿里专有云安可敏捷标准云计算平台。腾讯云与中科曙光在 2017 年签署战略合作协议，联合打造"安全可控"和"云管平台"解决方案。数据库是企业 IT 依赖的重资产，尤其是云数据库成为新一代的 IT 基础设施。在市场表现方面，根据 Gartner 发布相关报告，腾讯云数据库增速达到 123%，而同期国外数据库平台 Oracle 的增速66%。在技术进展方面，2019 年，华为推出了分布式数据库 GaussDB，采用 MPP（Massive Parallel Processing）架构，支持行存储与列存储，提供了 PB（Petabyte）级别数据量的处理能力。国产数据库平台 OceanBase 也已在 Github 开源，获得海内外开发者的关注。华为云在 2015 年将云原生列入战略技术投资范围；2019 年，华为推出 KubeEdge1.0 实现端边云全面协同，性能、可靠性和稳定性得到提升且支持服务网格，将计算能力"推"至边缘，支持以 GPU、FPGA 和 ARM 为代表的异构计算，为云上和边缘提供计算资源。2019 年阿里云发布了边缘容器和云原生应用管理与交付体系，边缘容器可实现云、边、端一体化应用分发，支持不同系统架构和网络状况下应用的分发和生命周期管理。当前国内互联网厂商都在向企业级市场发力，传统软件龙头金蝶、用友、广联达、汇纳、石基等都在大力向云化转型；初创企业中也陆续涌现像纷享销客、销售易、北森等优质厂商。行业目前已经进入有质量的增长阶段，国内 Saas 市场发展拐点到来。从目前看，Saas 出现后，国内用户正逐渐实现国产化替代，比如北方工业之前使用 Oracle，中石油使用思爱普（SAP），而这些企业在上云时都选择了国内企业金蝶。总体趋势为多云变全云；更多安全选项；分布式云；所有 Saas 成为智能 Saas；改进Saas 运营（BetterCloud，Cloud Manager，Blissfully 等供应商正在实现对 Microsoft Office365，Google G Suite 等解决方案套件的全面管理以及其他领先的 Saas 产品）；高性能计算体验云端覆盖；行业应用规模化；云管理服务商；数据大爆炸；超敏捷 App。

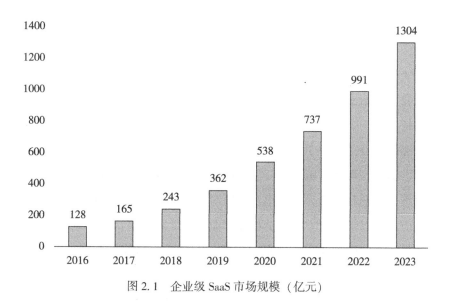

图 2.1　企业级 SaaS 市场规模（亿元）

（2）数字经济与区块链技术。区块链技术通过将业务交易写入紧密连接的链式结构中，形成交易各方可以查看的永久记录，允许多方在没有任何中介情况下参与安全、可信的交易。除加密货币外，还应用于数字识别、产权、援助支付等。作为大规模合作的分散式平台，区块链技术支持企业在业务网络/生态系统中实现横向或纵向整合，可以是小规模企业以超快速度完成交易，也可以是各个组织快速构成的联盟，还可以作为自我控制认知网络的一部分自主运营。比如Linux Foundation 超级总账（hyperledger）是一个共享和开源的开发项目，汇集了金融、技术以及其他相关行业的合作伙伴，其创始成员包括埃森哲、澳新银行、思科、CLS、Credits、德意志交易所、Didital Assets、DTCC、富士通、IC3、IBM、英特尔、伦敦证券交易所、三菱日联金融集团、R3、道富银行、SWIFT 和富国银行。区块链网络通过推动资本流动和价值交换，改变市场运行模式，扩大经济效益。如零售商 Overstock 通过政府审批，将区块链技术应用于企业债券的全球发行、结算和交易。Overstock 发行的私有债券能够实现当日结算，加快了融资速度，降低无货沽空的风险。IBM 全球融资部为全球超过 4000 家供应商和合作伙伴的信贷活动提供便利，每年处理的发票数量达 290 万张。应用区块链技术，全球融资部处理业务时间从原来的 40 天缩短至不到 10 天，并释放了约 1 亿美元的资本。

目前，中国占区块链相关技术所有专利的近 50%（ACS，2018）。2016 年，国务院《"十三五"国家信息化规划》首次将区块链纳入新技术范畴并作前沿布局，标志我国开始推动区块链技术和应用发展。此后，中央和地方纷纷出台相关监管或扶持政策，为区块链技术和产业发展营造了良好的政策环境。据人民创投区块链研究院统计，截至 2019 年 2 月底，国内有北京、上海、广州、重庆、深圳、江苏、浙江、贵州、山东、江西、广西等多地发布区块链政策指导信息，这些指导政策以鼓励和扶持为多，很多地区对区块链技术发展高度重视，并重点扶持区块链应用，以带动地方区块链相关产业发展。总体而言，各地区区块链差异化发展仍然明显，阶梯化现象严重。广东、上海、北京等处于第一阶梯，四川、江苏、重庆、河北、海南等地处于第二阶梯，东北地区以及西部地区处于第三阶梯。目前，全球已有 22 个国家政府、73 个国际组织公开关注区块链平台软件的发展，全球创业项目 28.92 万个，已公开专利 9635 项；国内活跃企业 800 余家，集中于北上广深杭等地区，区块链硬件、平台、应用、咨询的产业链条已初步形成，预估 2022 年产业规模达 4.59 亿美元。国外典型代表诸如 IBM，Oracle，Microsoft，Amazon，Cosmos，IOTA，EOS，Ripple，Stellar 等；国内典型代表如蚂蚁、京东、腾讯、百度、华为、平安、万向、微众、众安、海航、井通、布比、趣链、秘猿、众享比特等。央企大踏步进军区块链产业建设。核心技术方面，以国家电网，航天科技为代表的 17 家央企在各行业布局区块链专利，专利申请量达到 675 件；在标准体系建设上，央企发起成立多个区块链标准化技术委员会，研制区块链国际国内标准，致力于抢先掌握区块链行业规则制定权。2019 年 8 月，国网成立了首家央企区块链专业公司；2019 年 12 月，该公司在京发布国家电网区块链技术和应用十大场景。2020 年 6 月下旬，国网公司区块链技术实验室正式揭牌。在应用场景创新方面，以中国电子，中车、国家电网为代表的央企在多个行业建设区块链公共服务平台，加速推广区块链科技创新成果赋能实体经济。国家外汇管理局发起的全国跨境金融区块链服务平台加快应用拓展。由国家权威机构国家信息中心牵头发起的国家级区块链平台"区块链服务网络"（Blockchain-based Service Network，BSN）将在全球范围内投入商业使用。该平台由国家信息中心、中国移动通信集团设计院有限公司、中国移动通信有限公司政企客户分公司、中国银联股份有限公司、中国移动金融科技有限公司、北京红枣科技有限公司建设。根据 BSN 白皮书，BSN 的设计和建设理念完全借鉴互联网：互联网是由 TCP/IP 协议将所有数据中心连接而形成的，区块链服务网络 BSN 是通过建立一套区块链运行环境协议将所有数据中心连接组成。与互联网一样，区块链服务网络 BSN 也是跨云服务、跨门户、跨底层框架的全球性基础网络。BSN 直接参与方有三类：一是云服务商，通过安装免费的区块链服务网络 BSN 公共城市节点软件，将其云服务资源（CPU、存储和宽带）接入 BSN，并在 BSN 上进行销售；二是区块链底层框架商（特指联盟链），根据 BSN 底层框架适配标准将框架进行适配后，可以部署到服务网络，供开发者选择使用；三是门户商，可以在已有云服务门户或开发者门户内，通过 BSN 快速并低成本建立 BaaS 平台，并向自己的客户提供基于 BSN 的区块链应用开发、部署和运行服务。其具体应用为：防止税务欺诈、医疗保险跟踪、社会保障福利体系、政府档案管理等。行业应用呈现局部化、片段化特征，这与区块链去中心化的技术结构同目前中心化的管理机制存在冲突有关。区块链平台性能受网络环境、节点数量、共识算法、业务逻辑等因素影响大，产业各方对其技术性能指标评价缺乏统一标准。其核心技术组件包括：存储、通信、共识机制和安全机制（分布式账本、共识机制、密码学和智能合约）；存储方面正在从单一的键值数据库向融合区块链、IPFS、关系型数据库、分布式数据库等发展。区块链的效率问题源于自身体系架构，其中联盟链优于公链，这与联盟链中节点数量和共识机制有关。为提升区块链性能效率，业界技术攻关方向包括：并行计算、跨链、多链、有向无环图、分片等技术。安全与监管。包括但不限于物理安全、数据安全、信息安全、软件安全、舆情安全和系统安全等。未来发展将区块链与云计算相结合，实现服务定制化、多样化。与配置网络、通用分布式账本架构、相似身份管理、分布式商业监控系统底层逻辑、相似物联网节点连接逻辑等模块化、抽象成区块链服务，向外支撑起不同客户上层应用，可与云计算快速搭建区块链平台，快速验证概念和模型可行性；利用云计算已有基础服务设施或根据实际需求做适应性调整，实现开发应用流程加速、部署成本降低，满足区块链生态系统中初创企业、学术机构、开源组织、联盟和金融机构等参与主体对区块链应用的服务需求。Synergy Research Group（2019）数据显示，亚马逊 AWS、微软、谷歌、IBM 和阿里巴巴占全球云基础设施服务市场的份额超过 75%，仅AWS 就占据了该市场的 1/3 以上。

（3）数字经济与人工智能。基于软件服务、云服务、硬件基础设施等产品形式，结合消费、制造业、互联网、金融、元宇宙以及数字孪生等应用场景，人工智能使能产业发展已成为主流。"兴智杯"全国人工智能应用大赛信息显示，截至 2023 年 1 月，中国人工智能核心产业规模超过 4000 亿元，企业数量近 4000家。AI 产品形态和应用边界不断拓展，促进技术通用性和效率化生产的通用大模型、行业大模型不断出现。人工智能可以分为机器智能和数据智能，其中机器智能主要指机器人，它与物理实体相结合，面向物理世界和操作任务。数据智能根植于数字世界，面向可由信息描述的处理分析任务。两类人工智能相互促进，共生发展，共同推动人工智能技术的深入发展与广泛应用。ITU（2018）估计，到 2030 年，人工智能通用技术可能产生约 13 万亿美元的全球经济产出，为 GDP年增长贡献 1.2%。全球范围，中美"双雄并立"构成人工智能第一梯队，日本、英国、以色列和法国等发达国家构成第二梯队。非洲和拉丁美洲从 AI 中获得的收益可能最低（WIPO，2019）。美国引领 AI 前沿研究，布局慢热而强势。中国在技术层（计算机视觉和语音识别）和应用层走在世界前端，但基础核心领域（算法和硬件算力）比较薄弱，呈"头重脚轻"态势。欧盟注重 AI 社会伦理和标准，在技术监管方面占据全球领先地位。日本寻求 AI 解决社会问题，在机器人、医疗健康和自动驾驶三大具有相对优势的领域重点布局，着力解决本国在养老、教育和商业领域难题。中国、美国和日本合计占全球所有 AI 专利申请的78%。2022 年，我国 AI 产业资本市场投资金额整体缩水，孵化出 AIGC、元宇宙、虚拟数字人等投资新赛道，认知与决策智能类企业引发关注，智能机器人、自动驾驶两类是融资热门赛道。国外的 AI 重点企业主要是 Google，amazon，Apple，Facebook，IBM，Microsoft 为代表的科技巨头。在国内，百度已经形成较为完整的 AI 技术布局；阿里凭借电商、支付和云服务资源优势与 AI 技术深度融合；腾讯凭借社交优势在 AI 领域布局覆盖医疗、零售、安防和金融等众多行业。中国初创公司商汤，旷世，依图，云从等在 AI 细分领域有所研究。

（4）数字经济与工业机器人。工业机器人是智能制造系统中制造技术的重要组成部分，也是 AI 技术用于制造业的主要方式之一。从生产、仓储、配送到客户交付，机器人使得制造企业提高生产力的同时实现供应链本地化。工业机器人通过 IoT 传输信号、自适应生产流程和物流环境变化，降低了对劳动力的依赖，装配任务泛化可执行，有助于实现生产本地化，提高重复利用率和生产质量。根据国际机器人联合会（2018）的数据，2013—2017 年，全球工业机器人销售额翻了一番，到 2021 年，销售额从 2017 年的 38.13 万台增至 63 万台。工业机器人主要应用于汽车、电气/电子和金属行业，全球前五大市场（中国、日本、韩国、美国和德国）占机器人总销量的 73%。截至 2022 年，中国 60% 的工业机器人应用于汽车制造业，其中 50% 以上为焊接机器人；发达国家汽车工业机器人占机器人总保有量的 53% 以上。工业机器人的研发、制造和应用已经成为衡量国家科技创新实力和高端制造业水平的重要标志（Atkinson R. D.，2018）。在专业技术领域，喻一帆（2016）从机器人技术发展模式及工业机器人扶持政策角度对中外机器人的发展进行比较；Kong 等（2017）从创新视角发现我国工业机器人产业在创新方面与国外存在明显差距；程虹等（2018）分析了中国工业机器人使用对劳动力市场的影响；吕洁等（2017）研究了工业机器人发展状况对就业的影响，并认为我国的影响模式与国外不同；罗连发等（2019）从工业机器人保有量、工业机器人密度、工业机器人市场应用、产业发展及政策体系等多个指标分别进行了比较研究，认为我国在机器人使用密度、产业发展等方面与国外差距较大。沈宏超（2016）应用修正后的钻石模型对我国长江经济带机器人产业竞争力进行比较分析，认为高级人力资源、专业产业园区发达的上海、江苏等地工业机器人发展优于中西部地区；刘媛等（2017）基于产业竞争理论，对长三角地区各省市工业机器人竞争力进行比较，认为上海总体实力最强，江苏发明专利最多，浙江需求最大。李舒沁等（2020）基于时序全局主成分分析，指出中国工业机器人发展强度不断前进，产业需求方面保持领先。工业机器人产业链可分为上中下游，上游是关键零部件生产商，核心零部件占总成本接近 70%，主要是减速器（32%）、控制系统（12%）和伺服系统（22%）。其中，工业机器人减速器市场分布占比：纳博特斯克 60%、哈默纳科 15%、住友 10%、SPINEA5%，剩余为其他；控制系统中国市场分布占比：发那科 16%、库卡 14%、ABB12%、安川 11%、爱普生 7%、OTC6%、史陶比尔 6%，剩余为其他；伺服系统中国市场分布占比：安川

14%、松下14%、三菱14%、台达10%、西门子6%、KEBA5%、东元4%、博世力士乐4%，剩余为其他。中游是机器人本体，即机座和执行机构，包括手臂、腕部等，部分机器人本体还包括行走结构，是机器人的机械传统和支撑基础。下游是系统集成商，根据不同应用场景和用途进行系统集成和软件的二次开发，国内企业目前都集中在这个环节上。

（5）数字经济与类脑智能。类脑智能是利用神经形态计算来模拟人类大脑处理信息的过程，具有在信息处理机制上类脑、认知行为和智能水平上类人的特点。美国重视相关理论建模、脑机接口、机器学习等方面，将理论、建模和统计分析融入大脑研究是"BRAIN 计划"的七个最优先领域之一；日本的"脑科学战略研究项目"重点开展脑机接口、脑计算机研发和神经信息相关的理论构建，该项目提出的新技术发展目标是在 15 年内实现各层次脑功能的超大规模模拟技术，开展神经科学的数学、物理学研究；欧盟的"人脑计划"重点开展人脑模拟、神经形态计算、神经机器人等领域的研究；韩国则重视脑神经信息学、脑工程学、人工神经网络、大脑仿真计算机等领域的研发。IBM 围绕 Watson 系统和 TureNorth、Synapse 类脑芯片，意图抢先打造类脑智能生态系统；Google 在现有谷歌大脑基础上结合医学、生物学积极布局 AI；Microsoft 提出意识网络架构，认为是可解释性的新型类脑系统。此外，美国 Emotiv，Neurallink，Kernel，Brainco，瑞士 AICTX 等一批新兴公司取得成果，部分进入产业化阶段。如 Emotiv 公司开发出一套人机交互设备"Emotiv Epoc"意念控制器，运用非侵入性脑电波仪技术，感测并学习每个使用者大脑神经元信号模式，实时读取使用者大脑对特定动作产生的意思，通过软件分析解读其意念、感觉与情绪。Intel 类脑感知实验平台加速类脑应用的产业落地，类脑芯片与 HERO 平台融合，基于 OpenVINO，提供英特尔研究院自适应人机交互，SLAM 定位导航工具库，利用 CPU 和核显 GPU 以及 FPGA，针对应用需求优化机器人系统或 AI 系统性能，灵活高效搭建系统原型；针对应用优化软硬件配置，加快完成部署实践和性能研制，搭配可选运动底盘、传感器、快速实现机器人自动定位导航以及自适应人机交互。类脑智能整体处于实验室研究阶段，脑机接口技术是类脑领域目前唯一产业化的领域。如用于智能家居时，意念控制开关灯、开关门、开关窗帘等，进一步控制家庭服务机器人。全球脑机接口公司前十多分布在北美和欧洲，我国产业界逐步推出产品，如科斗脑机。海天智能等公司研发产出植入式脑微电极、脑控智能康复机器人等产品。截至 2020 年 11 月，科技部确定了 15 个国家新一代 AI 开放创新平台，被称为"AI 国家队"，覆盖自动驾驶、城市大脑、医疗影像、智能语音、智能视觉、基础软硬件、智能供应链、图像感知、视觉计算等多个领域的应用场景，依托单位涵盖了百度、阿里、腾讯、科大讯飞、商汤、华为、京东、旷视、依图、明略、海康威视、小米、360 奇虎、平安、好未来等 15 家 AI 头部企业。

脑与神经科学、AI、计算机科学的深度融合与相互借鉴已经成为近年来科学研究领域重要的国际趋势。国内外相关研究机构建立了一批与类脑智能密切相关的交叉科学研究中心。国外，瑞士洛桑联邦理工学院 EPFL 建立了脑与心智研究所（Brain Mind Institute），其科研团队包括了基础神经科学、计算神经科学、AI、机器人相关人员，共同从事瑞士蓝脑计划、欧盟人脑计划研究。美国 MIT 成立脑、心智与机器研究中心（Center for Brain, Mind and Machine, MIT），由著名计算机神经科学家、AI 专家 Poggio 领导。研究中心由美国国家自然科学基金委支持，旨在集结计算机科学家、认知科学家、神经科学家开展深度合作，从事智能科学与工程研究。其目前主要研究方向是感知学习、推理、神经计算。Stanford 成立了心智、脑与计算研究中心（Stanford Center for Mind, Brain and Computation），由认知心理学家、人工神经网络专家 McCleddand 领导。该中心集成理论、计算和实验研究方法，致力于研究感知、理解、思维、感受、决策的脑神经信息处理机制。2017 年，国内类脑智能领域唯一国家级工程实验室落户合肥，类脑智能技术及应用国家工程实验室是由国家发展和改革委员会批复、中科大牵头筹建的国家工程实验室，由中科院、复旦大学、微软、百度等科研院所和企业共同承建，填补了中国类脑智能领域创新能力工程实验室空白。2018 年，北京市政府与中科院、北大、清华、北师大、中国医学科学院、中国中医科学院等单位联合共建北京脑科学与类脑研究中心，将重点围绕共性技术平台和资源库建设、认知障碍相关重大疾病、类脑计算与脑机智能、儿童青少年脑智发育、脑认知原理解析五方面开展攻关。至此，我国形成"南脑北脑"共同快速发展的格局。核心技术是 AI 智能产业技术。

（6）数字经济与物联网。物联网（IoT）是产业数字化的重要基础，是通过感知设备和稳定连接，按照约定协议，连接物、人、系统和信息资源对物理和虚拟世界进行信息处理的智能服务系统。物联网正以基础性行业和规模消费为代表强势发展。5G、低功耗广域网等基础设施加速构建，数以万亿计的新设备将接入网络并产生海量数据，人工智能、边缘计算、区块链等新技术加速与物联网结合，物联网迎来跨界融合、集成创新和规模化发展的新阶段。美国、中国、日本、德国、韩国、法国和英国占全球物联网支出的近75%，从2018年的1510亿美元增至2025年的15670亿美元（IoT Analytics，2018）。IDC（2018）估计，到2025年，世界有连接人均每天将与物联网设备交互近4900次，相当于每18秒一次。IDC（2022）报告显示，2022年全球数字化转型支出将达到2万亿美元，同比增长17.6%，2022—2026年全球数字化转型支出年复合增长率约为16.6%。发达国家对物联网发展计划时间轴：2005年国际电信联盟发布物联网报告；2008年美国提出智慧地球概念，建议政府投资新一代的智慧型基础设施，同年美国将新能源和物联网列为振兴经济两大重点；2009年欧盟发布物联网行动计划，同年7月日本发布i—Japan计划。GSMA报告显示，2019年全球物联网总连接数达到120亿，预计2025年，全球物联网总连接数规模将达到246亿，年复合增长率高达13%。2019年全球物联网收入3430亿美元，预计2025年将增长到1.1万亿美元，年复合增长率高达21.4%。我国物联网连接数全球占比达30%，2019年我国物联网连接数36.3亿，其中移动物联网连接数占比较大，从2018年的6.71亿增长到2019年的10.3亿。2025年，预期我国物联网连接数将达到80.1亿，年复合增长率14.1%。截至2020年，我国物联网产业规模突破1.7万亿元，十三五期间物联网总体产业规模保持20%的年均增长率。国外物联网产业重大创新平台主要依托于公司、企业建设，创新技术主要掌握在重点企业（如AT&T、通用，思科，IBM，Intel，Amazon，ARM等），我国主要技术创新平台是高等院校、国家科研院所和高新技术企业三者共建（集群主要在长三角地区，并逐渐形成以北京、上海、南京、深圳、沈阳和西安等中心城市为主的区域空间布局）。

二、我国数字经济发展

党的二十大报告指出，"加快发展数字经济，促进数字经济和实体经济深度融合，打造具有国际竞争力的数字产业集群"。到2021年中，国家统计局颁布了

《数字经济及其核心产业统计分类（2021）》，为全面、准确反映数字经济及其核心产业发展状况奠定了坚实基础，对于我国经济社会的数字化转型，形成与数字经济发展相适应的政策体系和制度环境，具有十分重要的意义（陈收等，2021）。2020 年党的十九届五中全会提出：坚持创新在我国现代化建设全局中的核心地位，把科技自立自强作为国家发展的战略支撑，面向世界科技前沿、面向经济主战场、面向国家重大需求、面向人民生命健康，深入实施科教兴国战略、人才强国战略、创新驱动发展战略，完善国家创新体系，加快建设科技强国。2020 年出台《中共中央、国务院关于构建更加完善的要素市场化配置体制机制的意见》明确将数据作为新型生产要素，推进政府数据开放共享、提升社会数据资源价值、加强数据资源整合和安全保护。两院院士大会上，习近平总书记强调要坚持党对科技事业的领导，坚持建设世界科技强国的奋斗目标，坚持走中国特色自主创新道路，坚持以深化改革激发创新活力，坚持创新驱动实质是人才驱动，坚持融入全球科技创新网络。2017 年，"数字经济"在中国《政府工作报告》中提出。习近平多次强调加快发展数字经济，推动实体经济和数字经济融合发展，推动互联网、大数据、人工智能同实体经济深度融合，发挥数据的基础资源作用和创新引擎作用，加快建设数字中国。数字经济已连续 4 年被写入政府工作报告，已经成为国家重要发展战略之一。国家"十四五"《规划纲要》中明确提出，"发展数字经济，推进产业数字化和数字产业化，推动数字经济与实体经济深度融合"。习近平总书记参加十九届中央政治局第三十四次集体学习时指出，"数字经济发展速度之快、辐射范围之广、影响程度之深前所未有，正在成为重组全球要素资源、重塑全球经济结构、改变全球竞争格局的关键力量。要站在统筹中华民族伟大复兴战略全局和世界百年未有之大变局的高度，统筹国内国际两个大局、发展安全两件大事，充分发挥海量数据和丰富应用场景优势，促进数字技术和实体经济深度融合，赋能传统产业转型升级，催生新产业新业态新模式，不断做强做优做大我国数字经济"。党的二十大报告明确："加快建设制造强国、质量强国、航天强国、交通强国、网络强国、数字中国。要大力发展数字经济，促进数字经济和实体经济深度融合，打造具有国际竞争力的数字产业集群。"

数字经济是指使用数字化的知识和信息作为关键生产要素、以现代信息网络作为重要载体、以信息技术的有效使用作为效率提升和经济结构优化的重要推动力的一系列经济活动（2016 年 G20 杭州峰会《G20 数字经济发展与合作倡议》）。《2021 中国数字经济产业发展指数报告》指出，数字经济是以数字资源为关键生产要素，以数字技术创新为核心驱动力，以现代信息网络为重要载体的新型经济形态，深刻改变着传统行业发展，深度影响着政府治理模式。数据资源是我国发展数字经济的最大优势（Chen Yubo，2020）。由中国信息通信研究院发布的《全球数字经济白皮书》（2022）指出，2021 年测算的 47 个国家数字经济增加值规模为 38.1 万亿美元，同比名义增长 15.6%，占 GDP 比重为 45.0%。产业数字化仍是数字经济发展的主引擎，占数字经济比重为 85%，其中第三产业数字化引领行业转型发展，一二三产业数字经济占行业增加值比重分别为 8.6%、24.3% 和 45.3%。2021 年发达国家数字经济规模达到 27.6 万亿美元，占 47 个国家总量的 72.5%。发达国家数字经济占 GDP 比重为 55.7%，远超发展中国家 29.8% 的水平。发展中国家数字经济同比名义增长 22.3%，高于同期发达国家数字经济增速 9.1 个百分点。2021 年美国数字经济规模达 15.3 万亿美元，中国为 7.1 万亿美元。德国、英国、美国数字经济占 GDP 比重均超过 65%。全球主要国家数字经济高速增长，挪威数字经济同比增长 34.4%，位居全球首位。2022 年我国数字经济规模达 50.2 万亿元，同比名义增长 10.3%，占 GDP 比重为 41.5%。2022 年我国数字产业化规模与产业数字化规模分别为 9.2 万亿元和 41 万亿元，占数字经济比重分别为 18.3% 和 81.7%。其中，一二三产数字经济渗透率分别为 10.5%、24.0% 和 44.7%，同比分别提升 0.4、1.2 和 1.6 个百分点，二产渗透率增幅与三产渗透率增幅差距进一步缩小，形成服务业和工业数字化共同驱动发展的格局。工业互联网成为制造业数字化转型核心，服务业数字化转型持续活跃，农业数字化转型已见成效。我国数字化治理正处于从用数字技术治理到对数字技术治理，再到构建数字经济治理体系的深度变革中。数字政府建设加速，新型智慧城市建设稳步推进（中国信息通信研究院，《中国数字经济发展报告（2023）》）。2021 年我国各省市共出台 216 个数字经济相关政策，其中 32 个顶层设计政策、6 个数据价值化政策、35 个数字产业化政策、54 个产业数字化政策、89 个数字化治理政策。中国信息通信研究院研究显示，各地数字经济政策焦点和目标有所差异。北京、上海、广东等东部地区，依托技术、经济、人才等方面综合优势，全方位布局数字技术、数字产业、数字化转型、数据要素等领域，打造具有全球影响力的数字经济高地。中西部地区数字经济政策以地区在区位、资源、产业等方面的特色及优势产业为重点，做大做强优势特色领域，重点打造某一领域数字经济发展新优势。江小涓（2023）认为我国产业技术水平和竞争能力已经进入了跟跑（学习跟进）、并跑（同等水平）和领跑（水平领先）并重的阶段，而且并跑、领跑的比重持续上升。

伴随数字技术创新演进，互联网、大数据、AI 和实体经济深度融合，科技创新已成为现代化关键"快"变量。数字技术不仅改变了传统的供需双方交易环节，很大程度上降低了企业的经营成本，提高了企业的生产效率和运营效率，且跨越式地改变着商业模式的基本逻辑（马蓝等，2021）。数字经济时代，企业借助数字技术对传统产业进行转型升级，将数字技术与传统产业进行深度融合，快速推进数字化商业模式的形成（张艳等，2020）。截至 2022 年 6 月，我国网民规模达 10.51 亿，其中城镇网民规模 7.58 亿，占比 72.1%，农村网民规模 2.93 亿，占比 27.9%。互联网普及率达 74.4%，手机网民规模达 10.47 亿。海量用户数据使得我国数字经济具有需求端的规模效应，极大促进了零售业创新，我国已经连续多年保持全球规模最大、最具活力的网络零售市场，在许多领域成为全球消费趋势和创新的发源地。目前数字经济研究主要集中在：（1）数字经济内涵及测算。《G20 数字经济发展与合作倡议》将数字经济定义为以使用数字化的知识和信息作为关键生产要素、以现代信息网络作为重要载体、以信息通信技术的有效使用作为效率提升和经济结构优化的重要推动力的一系列经济活动。（2）不同国家数字经济发展现状和趋势（谢伏瞻，2019；逢健和朱欣民，2013；张艳萍等，2020；许宪春等，2020）。（3）数字经济作用，例如经济增长（唐英杰，2018）、创新能力（温珺等，2019；陈劲和尹西明，2019；陈劲和张学文，2018，2010）、就业（王君等，2017；夏炎等，2018）问题等。（4）发展数字经济的相关策略和建议，包括技术（陈劲等，2018；郭爱芳和陈劲，2012；Fu X. 和 Zhang J.，2011）、产业（翁春颖和韩明华，2015；卓越和张珉，2008）、政策（周济，2019；刘淑春，2019；唐杰，2018）等层面。

2021 年，各地加快推动"十四五"数字经济规划落地，制定适合本地区的发展目标与重点任务。中国信息通信研究院报告显示，2021 年，我国有 16 个省市区数字经济规模突破 1 万亿元。北京、上海、天津等省市，数字经济已经成为拉动地区经济发展的主导力量，数字经济 GDP 占比超过了 50%。浙江、福建、广东、江苏、山东、重庆、湖北等省市区数字经济占比也超过全国平均水平。腾讯研究院《数字化转型指数报告 2022》显示，数字原生行业数字化规模依然领先，但以工业为首的传统行业加速"数实融合"已显露成效。从数字化规模看，数字原生行业领头，第一梯队行业工具（包括互联网、软件和信息技术服务业、各类 2B 租赁和商务服务业、科研和技术服务业等）、金融和电商领先明显。文体娱和工业位居中游，工业是典型的传统行业。从数字化增速看，传统行业领先，尤其是工业和医疗，两年同比增速均值近 100%。第二梯队政务、文体娱、零售、金融、交通，增速明显超过平均值。电子商务是数字经济的组成部分之一，涵盖了在线销售和购买的商品和服务，包括通过平台公司进行的交易。UNCTAD 指出 2017 年电子商务的全球价值达到 29 万亿美元，相当于国内生产总值的 36%，比上一年增长 13%。自 2016 年以来，电子商务销售总额排名前 10 的国家名单保持不变，美国是市场领导者。2017 年，全球 B2B 电子商务为 25.5 万亿美元，占所有电子商务的 87%，而 B2C 电子商务为 3.9 万亿美元，比上年增长 22%。B2C 电子商务销售额排名前三的国家是中国，其次是美国和英国。2017 年，按商品出口价值计算的跨境 B2C 销售额估计为 4120 亿美元。这相当于 B2C 总销售额的近 11%，高于 2015 年的 7%。电子商务使消费者能够从更多的选择和更低的价格中获益。2017 年，估计有 13 亿人在网上购物，占世界 15 岁及以上人口的 1/4。这比 2016 年高 12%。而英国的网购人数占总人口的比例最高（15 岁及以上人群的 82%）。低收入经济体的消费量要低得多，这表明电子商务的起飞需要的不仅仅是无线连接虽然大多数网购者主要从国内供应商购买，但 2017 年约有 2.77 亿人进行了跨境购买，从国外供应商购买的兴趣也在增加。跨境网购者占网购总人数的比例从 2015 年的 15%上升到 2017 年的 21%。这一增长是由从外国供应商购买的美国购物者大幅增加推动的。移动货币提高了金融包容性，使转账更容易、更便宜、更安全。这一点在低收入国家尤其是撒哈拉以南非洲国家尤为明显，到 2017 年，拥有移动货币账户的 15 岁及以上人口激增至 21%，这是世界上最高的比例。

数字经济重构了企业组织环境，颠覆了传统产业分工。企业面向更多样的商业模式创新环境和路径，泛在组织形式对企业治理提出了新要求。基于数字经济的共享平台改变了传统离散型、孤岛式信息模式，各创新主体可及时消化吸收资源技术进而打造自主可控的产业链供应链发展新格局。如我国当前各类工业互联网平台数量已过百《工业互联网平台赋能产业链供应链白皮书2021》。具有一定区域、行业影响力的平台数量超过150家，平台服务的工业企业超过160万家，连接工业设备总数达到7300万台套，工业App数量达到40.3万个，已在原材料、消费品、装备等31个工业重点门类广泛部署，覆盖至45个国民经济大类。2022年国务院《政府工作报告》提出，加快发展工业互联网，培育壮大集成电路、人工智能等数字产业，提升关键软硬件技术创新和供给能力。我国工业互联网已在45个国民经济大类中得到应用，产业规模已过万亿。工业互联网高质量外网项目建设持续推进，基本实现全国地市全覆盖，工业企业、工业园区的接入和服务能力不断提升。工业互联网标识解析体系基本建成，国家顶级节点日均解析量明显提升，二级节点覆盖全国29个省（区、市）34个重点行业。截至2022年6月，我国具有一定行业和区域影响力的特色平台超过150家。工信部《2022年跨行业跨领域工业互联网平台名单》有28家工业互联网平台入选。国家工业互联网大数据中心建设不断完善，区域和行业分中心建设统筹推进。"5G+工业互联网"512工程正向纵深推进，截至2022年上半年，建设项目超过3100个。工业互联网融合应用形成了平台化设计、智能化制造、个性化定制、网络化协同、服务化延伸、数字化管理等典型融合应用模式。我国规模以上工业企业关键工序数控化率达55.7%，数字化研发工具普及率达75.1%，已深入从设备管理、生产过程管控等延伸至产品研发设计、制造与工艺优化、产业链供应链协同等复杂环节。

数字经济时代企业创新全球能力提升机制涵盖如下系统：（1）技术创新系统。创新对企业技术突破和高质量发展具有基础性、关键性和引领性作用。企业通过自主研发、引进吸收、开放共创的途径加快技术创新。（2）产业创新系统。数字经济对要素投入结构、产业体系及生产方式、运作范式都产生了重要影响。经典技术革命涉及的产业包括动力产业、先导产业、基础设施产业和引致性产业（Perez C.，2010），与新技术、新设备相匹配的原材料、能源或生产要素形成动力产业，通用技术商业化并应用于技术密集型领域形成先导产业，经济运行于新技术基础设施形成的基础设施产业以及传统产业转型拓展形成的引致性产业。

（3）制度系统。North D 认为制度为经济发展提供激励框架，涵盖经济、政治、教育、文化、社会生态等诸多方面。上述各类系统基于整合式创新理论生成体系。陈劲等（2022）研究认为，体系是系统的系统，是系统的集合。体系通过创新劳动引入新颖性，运用信息技术制定新的运行规则，解决复杂性、不确定性问题，生成创新价值与创新成果转化，产生涌现功能。体系能够实现综合效能，具备战略引领特征，持续且全面关注各种影响因素，识别影响企业发展的大趋势，不断明晰企业愿景和战略定位。数字经济赋能的高频信息技术，企业需要在全球创新价值网络中把握全局且明确位置，成为网络结构洞，桥接更多资源节点，进而实现高附加值战略。同时要依托国家创新体系，依赖制度赋能、创新筑基打造核心能力，全面改进企业效率提升路径。中国政府前瞻性的数字基础设施建设将超大规模市场优势和人口红利转化成数据红利。以 5G、工业互联网为代表的"新基建"将我国拥有的完备工业体系带来的生产端丰富的场景优势转化为数据红利。汪丁丁（2021）认为工业革命形成的经济转型期在西方社会只是嵌入文化稳态期和政治稳态期之内的单一转型期。基辛格在其著作《论中国》中似乎认为中国崛起可能引发西方世界秩序的另一次转型。吴善超（2022）在第三届世界一流企业研发与创新管理高端论坛的报告中指出，近代以来科技革命与产业变革激荡起伏，我国屡次与其失之交臂。新一轮变革的深刻影响亘古未见、前所未有。历史上唯有这一次，我国真正意义上完整参与并有望在某些领域实现引领。激活科技动能、教育势能、人才潜能，才能加速民族复兴不可逆转的历史进程。要充分汲取近代以来大国兴衰、国力消长的历史经验和教训，克服人云亦云的话语被动，打破亦步亦趋的路径依赖，以时不我待、刻不容缓的团结奋斗姿态，在战略必争、体系必备、发展必需、安全必要的关键领域加强战略部署。我国本土企业根据"四化同步"的市场环境探索出了一系列创新性的适合于新兴市场的数字经济商业模式。这些海量企业级用户和需求数据，将极大促进我国本土企业针对客户需求开展技术和产品迭代创新，缓解和突破"卡脖子"难题，实现创新驱动发展（陈煜波，2021）。

中国成功探索出了如何在新兴市场和发展中国家发展数字经济的模式和道路。我国依托数字经济推动供给侧结构性改革，实现高质量发展。推动数字经济和实体经济深度融合，通过数据流通、共享和合作打通供应链上下游的堵点，补齐短板，提高全要素生产率。从用户数据中洞察用户潜在需求，提供以用户为中心、以市场为导向的高质量供给，形成需求牵引供给、供给创造需求的更高水平动态平衡。我国依托数字经济促进内需和需求侧管理，推动构建新发展格局。依托智慧农业、智慧旅游、智慧物流等数字经济新业态，加速推动农村一二三产业融合发展和乡村振兴，扩大中等收入群体，释放县乡消费潜力。依托在线教育、远程医疗、智慧养老等数字经济新业态，有效缓解我国教育、医疗、养老等公共服务领域的资源稀缺问题，提高服务效率，释放居民消费潜力。发展数字经济是推动绿色低碳发展、实现双碳目标的重要途径，推动构筑国家竞争新优势。数字技术与新能源技术融合形成的数字能源技术，将有效构建数字经济时代绿色低碳的生产生活方式。将绿色技术同新能源分布式发电技术、储能技术以及电气化交通技术相融合，以数据流带动能源流的生产、存储、传输和消费，促进能源生产低碳化、能源网络智能化、能源消费电气化，从而推动能源结构加速转型，促进零碳智能社会建设。

数字经济时代企业创新能力是发展生产力的重要基础和标志，是把握新一轮科技革命的战略选择，全新业态有可能从根本上改变现有的企业发展路径、产品形态、产业模式，重塑各类资源要素泛在组合流动，各类资源节点融通逾渗，重构企业组织模式，网络化产业链条，畅通国内外经济循环。当前全球技术创新的四大特征是创新加速，数字科技驱动的创新范式不断涌现、融通创新正在超越协同创新成为新趋势，基于科学的创新逐步成为大国创新制高点，整合式创新正成为具有中国特色、面向世界前沿的新型创新战略思想（陈劲，2021）。整合式创新理论提供了在一个呈指数级扩张的世界中认识问题和分析问题的视角，能够从国家、产业和企业不同层面统筹分析非线性创新行为及其对应的规模缩放效应，从机理分析视角拓展了创新行为粒度，进而在整体层面消除了微观行为的噪声和可能相互抵消的局部作用并形成战略引领规划，通过粗粒化创新行为对应的超线性或亚线性规模效应实现创新筑基，基于可持续发展与大一统的前景进行制度赋能。经济对企业创新能力的影响是强渗透和泛覆盖的。数字经济时代企业创新全球化能力提升机制研究，以整合式创新（陈劲，2021）为理论基础，通过剖析企业从追赶到超越，甚至创新前沿的演进过程，结合国际形势变化、技术范式更迭、创新驱动引擎等多层次情境，构建我国企业创新全球化能力生态网络。解析价值网络、生态网络和实体网络复合超网络结构特征，将全球价值链升级策略转变为企业创新能力网络结构自生长、自驱动策略研究。量化同一企业在不同价值链中资源节点占比，从而构建企业创新全球化能力网络结构测度，进而从牵制助推管理机制设计和企业创新全球能力鲁棒性角度阐述提升企业创新全球化能力的生长机制和培育机理，结合数字基础设施建设、实体经济数字化建构路径和全领域数字经济治理机制，分析企业创新全球化能力改进策略和路径，夯实企业创新全球化能力的数字经济发展基础理论，以期支撑数字时代我国企业创新自立自强，全面塑造新发展优势。

三、数字经济与企业

1. 成本与复杂性

数字经济通过数字技术促使企业数字化转型进而重构企业价值网，以企业为主导的产学研深度融合、整合创新，重构了创新主体及其关系模式，开放的创新生态、网络化的组织形式、多维度多路径互惠协作效应，使得基于泛在连接的体系化能力成为了企业创新全球化能力的基本要求。

数字经济已然成为最具活力、最具创新力、辐射最广泛的经济形态，具有成本节约、效率提升、产业融合和组织优化效应（Goldfarb 和 Tucker，2019；荆文君和孙宝文，2019；戚聿东和肖旭，2020），其落脚点在于企业数字化转型，通过数据的获取、分析及利用以提高生产效率和经营绩效，实现商业模式转型（Wu 等，2019）。企业范围内的价值是有限的，服务全球是企业做大做强、基业长青的必然选择。从实践视角来看，数字企业是指基于数据来完成交易或提供数字化体验产品和服务的企业，数字技术极大改变了交易成本和代理成本，影响了生产者和消费者的双重边际效应（Spengler，1950）。进一步地，数字平台使得生产者和消费者在网络空间实现了虚拟集聚，辅助服务或业务可以与核心业务进一步剥离，数字技术支持的资源节点或功能节点间连接成为企业运营流程能否顺利的关键因素，创新能力成为企业适应应用需求进行场景化重构的必要条件，进而使经典交易成本的内涵发生了改变。复杂性管理与成本的均衡成为数字经济环境下企业管理紧迫的现实问题。

科斯在他开创性的文章中指出，只要产权界定是清楚的，如果没有交易成本，外部性可以通过当事人之间谈判解决，帕累托效率可以实现，并且，最终的资源配置与初始产权安排无关（假设没有财富效应）。交易成本理论是科斯在对新古典经济学进行反思的基础上提出的，用以研究组织制度的理论（Coase，1937）。经典交易成本是一个较为笼统的概念，包括了交易过程中出现的寻找交易伙伴、谈判交易条件的成本，还包括签订合同及执行合同的成本，违约后进行处罚的成本。美国芝加哥大学的科斯（Coase R.）教授分别在 20 世纪 30 年代和 60 年代发表的《企业的性质》与《社会成本问题》，这两篇文献中的交易成本概念，不但改变了新古典经济学的研究范式，而且促成了新制度经济学派的产生。经济思想史大家斯蒂格勒（Stigler G.）教授在 1966 年撰写的教材《价格理论》中，首次把《社会成本问题》所表达的主要思想命名为"科斯定理"。从此，科斯的名字被载入史册，科斯也因此在 1991 年获得诺贝尔经济学奖。国家组织逐步重视交易效率的提高，使得交易费用或者交易成本对企业和市场之间资源配置效率起着关键性作用，从而决定资源组织的方式，因此，科斯提出交易成本理论，成为理解组织的逻辑及应用的"灯塔"和"钥匙"。交易成本决定了资源组织的效率（张云亭，2013），是组织效率测度和寻优的基本着手点。科斯的交易成本理论是新制度经济学的理论基础，表 2.2 展示了新制度经济学的发展阶段。张维迎在《理解公司》中从生产技术和契约关系联结点两个角度来刻画企业。作为生产函数的企业，为了得到生产上的效率，必须实现技术上的效率和制度上的效率。技术上的效率要求采用先进技术，尽量减少生产成本；制度上的效率则要求采用先进的管理形式，实现高效管理。杨虎涛和胡乐明（2023）从马克思的两类分工理论出发，指出在社会生产意义上，企业封装指令性信息越成功，其生产环节的可分性就越高，企业内分工进而在一定规模上引致的社会分工就越细化，从而企业面临的两类交易：康芒斯意义上的管理交易（Managerial Transaction，企业内的层级管理与控制），以及买卖交易（Bargain Transaction，市场交易）的不确定性也就越高。这就需要企业通过涵盖更多主体、更大时空范围的信息生产体系去消减这种不确定性，这又将进一步引起企业内部分工，从而促进社会分工的深化。

表 2.2　　　　　　　　　　科斯理论（新制度经济学）发展阶段

时间	阶段	内　容
20 世纪 30 年代	非正式阶段	论述了新古典理论的缺陷和疏漏
20 世纪 30 年代—20 世纪 80 年代	半正式阶段	主要研究了可置信的合同、混合治理模式、交易和交易结构的多样性
20 世纪 80 年代至今	完全正式阶段	格罗斯曼和哈特的开创性论文，哈特和约翰．莫尔的后续论文及这一领域的其他论文，均产生了极其广泛而深远的影响。斯蒂芬．塔德里斯及其合作者的后续研究工作，则仍在进行之中

科斯交易成本研究边界主要集中在交易成本、新制度经济学、交易费用、科斯定理、产权理论、法律经济学、企业边界、经济学分析、交易费用理论、成本视角、经济学、现代企业理论、交易费用理论、制度变迁、社会成本、外部性、马克思、排污权交易、碳中和、人工智能、权利归属、产权理论改革等的研究范围中。基于 PubMed 文献数据库，检索关键词"transaction costs / digital economy"时间范围为 2013. 1—2023. 5，见图 2.2。

科斯（Coase，1937）的交易成本是指由人们所做出的一种交易选择或决定，其结果必然使那些与该选择有关的人在付出一定代价之后而不受损失的一种经济现象。科斯是在交易成功之后才开始考虑成本问题的，所以如果不存在交易失败或者中断的情况，则其所谓的效率就都是没有意义的。在科斯看来，通过价格配置资源的市场机制与通过管理手段组织生产的企业一样，均存在成本；当企业管理成本高于市场交易成本时，将生产活动外包是有利可图的。李建德（2019）认为，科斯在《社会成本问题》中定义的是交易中的制度成本，具体所指的是获得市场信息、通过谈判形成交易共识从而得以签订交易契约并在契约实施中监督以及必要时调节与仲裁的费用。威廉姆森（Williamson，1985）认为，资产专用性程度、交易频率以及市场不确定性等会导致交易的多样性和交易成本差异，根据交易特征安排交易制度可以最小化交易成本。阿罗（Arrow，1969）进一步一般化这个定义，认为交易费用是经济制度的运行成本。现有研究分布在开发研究一

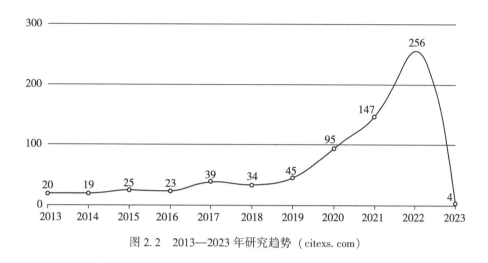

图 2.2　2013—2023 年研究趋势（citexs. com）

政策研究、应用研究—政策研究、应用基础研究等。其中，交易成本在开发研究—政策研究发文量最高，在基础研究发文量最低。与关键词"transaction costs / digital economy" 相关联的关键词词频随时间推移的热度排名变化见图 2.3。

从 1999 年到 2006 年，有关科层组织形式交易成本研究趋势逐年升高，于 2006 年有关科层制交易成本的研究趋势达到最高点，于 2013 年开始，研究趋势逐年下降。交易成本，或交易费用，是一个极其重要的经济学概念，甚至可以说是一种重要的经济学思维方式。交易费用源于科斯思想和新制度经济学理论。现有研究主要集中在：（1）定义与现实意义（吴建斌，2020；艾佳慧，2018；罗君丽，2017；罗必良，2017；简资修，2015；张连成，2011；张云亭，2013 等）；（2）应用领域：新能源产业发展（岳文，2017）、农村电子商务（曾德斌，2020）、经济伦理（乔洪武，2015）、混合所有制经济（陈俊龙，2014）、市场和政府（RG Holcombe，2018）、政治（Sebastian Galiani 等，2014）等；（3）范式比较：科斯范式与波斯纳分析范式（赵亚杰，2010）；（4）组织模式（崔莎娜，2017）。目前科斯交易成本有 4 种不同研究视角：基于科斯理论的逻辑性研究（杨磊，2013）；基于科斯框架中的功能与成本（凌斌，2012）；基于科斯交易成本理论视角（王志明，2003；曾德斌，2020 等）；基于科斯的经济伦理思想（乔洪武，2015）。经典工业经济场景下，企业运营成本是技术成本和交易成本之和。

图 2.3 研究热词（citexs.com）

而数字经济时代，交易成本具有了层次性。

萨缪尔森（Samuelson A. P.）的《经济学原理》引用普朗克发表的与麦克斯韦类似的看法，认为人类社会的复杂性超过物理学能够容纳的程度。经济学及行为经济学有研究结论表明，未来收益的折现率与未来事件的不确定性成正比（risk-effect）。行为经济学认为，未来收益的折现率与未来事件的跨期长度成正比

（time-effect）。不同类型的企业，即使是大型企业，只要层级结构足够复杂从而监督成本足够高，人员行为就难以避免出现短期化倾向。数字经济对社会政治、经济、文化的影响迅速且全面，而经济行为是受到以往行为影响并且对制度环境强烈路径依赖的，人的认知跟随社会交往深度和广度不断迭代，企业生产方式及其专业化过程需要能够吸纳人们生活方式与情感方式，从而模糊了传统企业交易成本的边界。企业创新全球化能力之一是不断重新设置"初始条件"，不断拓展和落地旨在实现更多社会成员在更大范围内的协作与共享，测算面向不确定性和不同步长跨期的未来收益折现的资源配置状态。

数字技术加快资本流动和财富创造的速度，赋能企业运营形式和业务模式摆脱了经典科层制的约束，企业不仅改变了工作方式，还重置了所需的业务，并重新决策定价、盈利能力、交易成本和所有权等问题。《数据要素领导干部读本》（李纪珍、钟宏等编著 2021）指出，今天企业资源优化配置的科学性、实时性、有效性来自于把正确的数据、在正确的时间，以正确的方式，传递给正确的人和机器，即"数据流动自动化"。数据流动自动化本质是数据驱动决策替代了经验决策。基于"数据+算力+算法"对物理世界进行状态描述、原因分析、结果预测和科学决策。企业自组织自学习自适应数字运营形式，业务网络也演变为自驱动自我管理的自生长业务网络。数字经济存储了业务和贸易的完整信息，从而创造新市场，拓展价值交换范围和形式。数字经济囊括不同的经济模式可以释放不计其数的价值创造机会，同时也带来新成本和新竞争。不同行业不同类型的利润池在不同参与者、其他行业的企业、新进入者甚至消费者之间重新分配。对照斯蒂格勒（Stigler G.）和埃奇沃思（Edgeworth F.）关于完全竞争一般均衡的解释，数字经济已不完全符合经典理论，如：（1）竞争者相互独立决策和行动，也可以串谋；（2）潜在的和已知的竞争者数目足够大，并可能形成超额收益；（3）各经济行为主体必须对市场机会有充分知识；（4）社会允许拥有这些知识的行为主体自由行动；（5）数据资源所有者们不一定有充分的时间使资源按照他们希望的数量和方向流动；（6）数据要素不是完全自由流动。数字经济复杂性特征使得数据资本如何沉淀为社会资本的分析需要更体系化的决策情境和更全面的行为理解。哈耶克（Hayek）指出，我们是我们传统的选择，而不是我们选择了我们的传统。传统越久远，它的合理性就越不能根据一时一事是否合理来评价。我们适应了自己的传统，在这一意义上我们是被传统选择的，并因此而可能生存下去。梁漱溟在《中国文化要义》中指出文化是一个民族的生活方式的总和。希尔斯（Shils E.）在《论传统》中指出，传统是从过去延传到现在的事物，延传三代以上的、被人类赋予价值和意义的事物都可以看作传统。传统是一个社会的文化遗产，是人类过去所创造的种种制度、信仰、价值观念和行为方式等构成的表意象征。它使代与代之间、一个历史阶段与另一个历史阶段之间保持了某种连续性和同一性，构成了一个社会创造与再创造自己的文化密码，并且给人类生存带来了秩序和意义。Kurt Annen（2001）认为，社会资本就是一个社会网络内存在的全部有利于囚徒困境合作解的那些因素。社会资本存量可随社会交往技术而改变，可随社会结构而改变，也可随精神生活而改变，影响经济绩效。包容性社会资本在社会网络里的积累水平，可以解释不同社会结构在经济绩效方面的显著差异。社会网络和文化资本对文化表达的影响是时时处处的。由此，数字经济中个体与社群是共生演化的，共生强弱程度更多是基于传统、文化认同产生的信任、依赖和克己复礼。数字技术支撑数字经济，反过来，共生带来的互惠利润推动数字技术迭代和制度创新，从而使数字资本沉淀为社会资本。数据要素与社会资本产生合作收益，其中社会网络协调合作及资源配置成本，即为交易成本。

　　数字经济时代企业的交易成本主要来源于三个方面：创新成本、连接成本和信息成本。经济学中的成本即机会成本，并且价格是市场揭示出来的成本。经济学家米塞斯在《经济学的认识论问题》中阐述，古典经济学的成本是构成生产单位商品所需要的劳动和物品的数量。而现代视角下，成本是最紧迫的、不能再进一步得到满足的其他需求对于主体而言的重要性。奈特（Knight F.）认为，在不确定性环境内的问题求解过程中，企业家精神的本质是创新。汪丁丁指出，企业家的创新活动本质上就是要使事前逻辑不可能的成为创造过程结束时即事后的可能性。费雪（Fisher I.）的《利息理论》给出，任何可以阐述未来收益的事物就称为一项资本。张五常在《经济解释》中定义，资本作为租①的特例，是一项要素的超过了必要报酬的部分。熊彼特（Schumpeter J.）在《经济发展理论》中认

---

　　① "租"是资源在不同用途上的回报差异。如经济租是要素收入的一部分，等于要素收入与其机会成本之差。

为利润是价值剩余的一个特例。汪丁丁认为租/利润是企业家活动的激励，决定了价格并导致技术进步和制度创新。由此，数字经济的创新成本是满足哈贝马斯情境理性的机会成本，是数据要素的场景租。"专精特新"中小企业创新成本是其建构产业链稳定性和竞争力的重要影响因素。

浙江朝隆纺织机械股份有限公司成立于1992年，专注于纺粘法、纺粘熔喷复合非织造布生产设备领域，现已成为面向全球市场的非织造布生产设备解决方案供应商，为客户提供"专业解决方案+全方位服务"，在工厂设计、设备研发设计、安装调试、工人培训、试车、工艺调整、自动化控制与工程承包等方面进行全方位、全球性和全天候的本地化服务。该公司在2022年荣获了国家级制造业单项冠军示范企业的荣誉称号。作为浙江省的隐形冠军企业和国家级高新技术企业，公司被列入国家发改委的新型纺织机械重大技术装备专项计划，其整体技术水平已达到国际同类产品的先进水平。自1992年成立以来，朝隆公司一直致力于研发、制造和销售高品质的纺熔非织造布生产线。1998年，开发中国首台多板PP纺粘非织造布生产线；2000年，开发中国首台整板负压牵伸PP纺粘非织造布生产线；2004年，开发中国首台SMS纺熔非织造布生产线；2005年，开发中国首台涤纶整板狭缝纺粘非织造布生产线；2006年，开发中国首台SMMS纺熔非织造布生产线；2007年，开发中国首台聚乳酸纺粘非织造布生产线；2009年，开发中国首台SSMMS双层成网结构纺熔非织造布生产线；2011年，率先开发国内首台SMMS纺粘无纺布生产线；2015年，率先开发国内首台SSMMS双层成网结构无纺布生产线；2018年，率先开发国内首台双组份无纺布生产线。目前产品包括可达六个纺丝模头的SSMMSS、SMMMSS、SSMMS、SSMS、SMMS、SMS等纺熔非织造布生产线，以及可达四个纺丝模头的丙纶SSSS、SSS、SS、S、涤纶PET、聚乳酸PLA和双组份Bi—Co等纺粘非织造布生产线。迄今为止，超过1000条不同类型的昌隆®非织造布生产线已在全球各地区投入稳定使用。公司成立了省级高新技术企业研究开发中心，集聚一支积极进取、业务精湛的技术骨干和技工队伍，致力于设备技术改造及差异化产品的开发与生产。公司注重研发投入，每年用于新产品新技术开发的费用占销售收入5%以上，在原有基础上新增1200平方米的研发场地，并同时在上海设立朝隆非织造成套设备研发中心，研发场地总面积达3000多平方米，研发设备总值达2000余万元，为研发团队的科技创新工作提供了良好的硬件条件。公司重视管理创新、科技创新，向精细化、智能化不断攀升。

连接成本是涉及决策的具体内容被抽象掉之后，采取何种"形式"连接是合理的。布坎南（Buchanan M. J.）指出，人类必须为他们的行为选择相互之间可以同意的规则，同时为自己保留在这些规则之下的其他可能选择。网络连接数量表征了网络资源节点控制的社会资本数量，而偏好连接是生成小世界网络的经典原则。格兰诺维特（Granovetter M.）指出，社会结构有四种途径影响经济行为，即网络密度可以强化行为规范，弱连接的强度影响创新，企业家与结构洞有互补性以及经济系统嵌入于社会系统，经济行为和非经济行为相互渗透。连接成本表征了连接价值。穆勒认为价值就是被感受到的重要性。怀特海（Whitehead N. A.）的《思维方式》认为在任何理解之前，先有表达；在任何表达之前，先有关于重要性的感受。汪丁丁指出，逻辑的矛盾在过程中自然消解，因为相互冲突的时间在一个过程中可以有先后顺序，而逻辑框架则不能区分先后顺序，于是才有了矛盾或冲突。康德（Kant I.）认为我们每一个人都有一种社群感，即"我们全体共同的感觉"这一观念是一种判断力。它是反思的，先天地将我们全体表达于每一个人思想中，为了将它的判断与人类的集体理性相比较。阿伦特（Arendt H.）对康德普遍主义的解释是道德原则的应用应该考虑到具体的情境和背景。阿伦特强调个体的判断力和责任感，认为人们应该在具体情境中思考和决定什么是正确的行为。罗尔斯（Rawls B. J.）认为，合作存在巨大好处，间接互惠的行为要求一些特定的社会网络结构，尤其要求合作策略的稳定性——既可抵抗非合作策略的入侵，又不能被来自内部的合作策略的变异颠覆。由此，连接成本是社群重要性感受量化的重叠偏好，包含了群体交叉共识。数字化过程中，企业通过连接解决运作协同问题，在运作协同中产生和积累数据，经由连接生成信息的自动产生、采集、处理和应用，通过对数据的分析理解生成规则，持续改进运作管理。此时的连接不仅限于物和人的连接，也包括物和物的连接、人与人的连接。初始连接建立多基于重要性感知，而企业关于连接对象的重要性感知受到所在社群或所处产业链位置的影响。例如，传统企业初始数字化多基于电商化，比如依托天猫、京东等 B2C 模式设立电商自营门店，开通线上销售。随后拓展到自营电商体系、类似微信小程序、微博等，力求直达用户并且引流成为核心。

家电、鞋帽和服装、日常消费品等企业通过数字化营销手段形成消费互联网。随着营销网络拓展，企业需要产业互联以支撑其所需的流量和满足多元需求。全产业链协同与整合能力、网络化信息交互和协作模式是社会化大分工对于企业提升最终产品和客户服务能力的必然要求。在此过程中，诸如构建基础主数据平台、数据管控治理体系、BI 系统、大数据分析平台等，都应计入连接成本。

威尔逊（Wilson O. E.）在《社会生物学》一书中指出，网络结构取决于社会交往的技术及成本。信息基是我们判断公共政策有效性的一个重要概念（汪丁丁）。哈耶克认为，信息是生物在长期经验中感受到外界刺激信号并形成一套专用于分类的神经元网络系统。信息可以来源于个体或群体。UNCTAD 数字经济报告 2021 显示，拥有数据便有了信息优势，对建立在数据基础上的经济体，除了规模经济和范围经济以及网络效应之外，这是一个潜在的市场失灵来源。数字经济中尚无市场解决方案来纠正固有的信息不对称问题。Siddhartha Bhattacharyya 和 Stellan Ohlsson（2010）认为，一个社会的创造性，一方面取决于这个社会里每一个体的认知能力，另一方面取决于这个社会的结构。关联度太高导致社会成员的相似性太高可降低一个社会的创造性，关联度太低则丧失了合作创新的优势。较低的个体认知能力可推进分工和专业化进程，从而使社会整体创新能力提高。费孝通和吴晗（《皇权与绅权》，1948）已论证，一个社会有什么样的结构，决定了它可能积累什么样的知识。个体嵌入在社会网络内，个体理性与群体规范相互作用，许多这样的个体的相互作用可以涌现宏观秩序。哈耶克（Hayek）认为，微观层次的行为主体不可能预见哪怕是服从最简单规则但数量极大的行为主体之间相互作用之后涌现出来的宏观秩序，尽管他们可能事后理解这些样式。即对于复杂情境，与奈特不确定性的作用相比，个体理性是否完备并不很重要。谢林（Schelling）通过基于主体仿真得出结论，涌现秩序的形状取决于初始设置包含的不确定性，是路径依赖的。杨格（Young P.）研究认为完备理性假设不适于学习过程，也不导致均衡状态。当决策环境含有不确定性时，完备理性可以不收敛而有限理性总是收敛到某种稳定状态。个体创新行为在演变，因为个体之间的相互影响，也因为宏观秩序对个体行为的反作用。因此，信息成本是基于社会结构的关联成本，数字经济宏观秩序对信息成本同样具有反作用。

数字经济条件下，企业创新成本、连接成本和信息成本显著依赖于我国数字基础设施。我国"5G+工业互联网"融合创新应用全球领先,全国开展网络化协同和服务型制造企业分别达 39.2%和 29.9%。由工信部印发的第二批"5G+工业互联网"十个典型应用场景和五个重点行业实践通知。我国石油化工行业企业旨在进一步提升生产效率、加快数字化转型、提高安全生产保障能力,因此其数字化转型重点在能耗监测、产线管理、危化品管控等方面。如新华粤集团与中国电信合作,开展"能耗在线检测"项目建设,实现生产能效管控场景应用。利用水表、电表、蒸汽测量仪、风速表、冷热计量表等计量设备采集企业水、电、汽、风、热等能源消耗数据,通过 5G 网络传输至企业综合能源管理平台,并按时按需上传到省能耗在线监管平台,采集频率从分钟级提升到了秒级,显著提升了数据采集的效率。蓝星星火与中国电信合作,打造"5G+智能化工"项目,实现生产单元模拟场景的应用。通过 5G 工业网关、智能手环、高清摄像头等载体对工厂里的人、机、物等多要素进行数据采集和汇聚,形成企业生产数据中心。利用数字孪生技术将生产过程中的各类实时数据和分析数据精准地映射到产线的三维模型,虚拟孪生有机硅化工产线完整地还原了物理产线,有利于降低生产管理成本。某石油化工集团公司与中国联通合作开展"5G+安全石化"项目建设,实现全域物流监测场景应用。利用 5G+北斗技术,实现生产区内危化品车辆的高精度定位,并实时传输至危化品运输管控平台。平台对进入生产区的危化品车辆进行全过程、实时管控,基于定位数据形成行驶轨迹,进行偏离预警,有效保证危化品车辆按照规定路线行驶和在规定地点装载。我国家电行业数字化旨在促进生产效率改进、适应消费升级趋势、增强行业竞争力,提质增效。老板电器与中国移动合作开展"5G 无人工厂"项目建设,实现生产单元模拟场景应用。通过 5G 工业网关实时上传海量生产数据、设备状态数据,实现对厂房内工艺流程和布局的数字化建模,利用 5G 网络实时呈现车间内产线生产状态和 AGV 位置信息。美的洗涤电器生产企业与中国联通合作,开展"5G+工业互联网"项目建设,实现精准动态作业场景的应用。本地化部署定位引擎,融合 5G 蜂窝、蓝牙到达角度(AoA)等多种定位方式,提供 5G+蓝牙 AoA 融合定位能力,并对接生产系统。美的集团与中国移动合作,开展"5G 全连接园区"项目建设,实现虚拟现场服务场景的应用。基于算法上云架构,通过 5G 网络实现 VR 内容的云端存储。根据使用需求下载对应的 VR 内容用于现场教学,真实地还原了家电装配的细节,通过文字、图片、声音、视频、3D 模型等方式引导交互式培训，帮助培训人员迅速掌握技术要领，降低了部署成本。可见，数字经济时代企业的交易成本主要来源于创新成本、连接成本和信息成本。

数字技术加剧了社会经济系统的复杂性。企业对数字资源的整合涉及企业内外诸多因素，需要从成本控制和组织结构角度分析企业数字资源循环迭代周期，研判系统状态，能够不断重新设置系统"初始条件"，拓展和落地旨在实现更多成员在更大范围内的协作与资源配置，优化交易成本。同时调整企业组织形式，使其能够实时根据应用需求进行场景化重构，满足我国服务型制造企业改进创新能力需要。社会经济系统复杂性不仅从外部渗透进入企业组织，企业内部多种逻辑矛盾也在加剧复杂性。如葛建华和袁文昊（2023）对混合型组织的研究中，关注了导致混合型组织内部制度复杂性的制度渗透机制和内部表征机制。王芳和郭雷（2022）指出，系统的演化本质上是系统从多主体行为及其关联结构到整体功能的组织与演化，从系统复杂性角度解析了数字化企业组织和治理问题。Besharov 和 Smith（2014）分析了多种制度要素在组织内部形成了与在场域中不同的关系结构和相互作用。现有经典研究涵盖了组织的竞争优势（Ferreira et al.，2019）、提高组织的财务绩效（Eller et al.，2020）、改进组织实践和管理体系（戚聿东和肖旭，2020）、数字化转型过程中组织结构（Verhoef et al.，2021）和制度流程（Sklyar et al.，2019）等。

2. 服务型制造企业组织形式

吉登斯（Giddens）的《社会学》定义组织是一大群个体的集合，具有明确的权威关系以及一个确定的追求和一系列具体目标。吉登斯在《社会学基本概念》中继续解释，组织是通过内部系统严密的结构，来满足某种社会目的或者实现某个具体目标的社会团体或集体性实体。科层制（bureaucracy）是经典且长盛不衰的组织形式，马克斯·韦伯（Max Weber）在《经济与社会（第一卷）》就指出，纯粹科层制能达到最高效率，它的精确性、稳定性、纪律的严厉程度，以及可靠性，比任何其他形式更优越。高度发达的科层机器和其他组织相比，犹如机械和非机械化产生方式的关系。在 *Wirtschaft und Gesellschaft* 中，韦伯认为科层制是一种由训练有素的专业人员依照既定规则持续运作的行政管理体制。科层制是垂直结构的组织，有着高度集中、自上而下的指挥、控制和沟通机制。在《经济与社会》中，韦伯解释科层制是把社会行动改造为理性的有组织行动的特定手段。多恩（Dorn W. L.）指出科层制具有层级制、专业化和去人格化的特征。其中，层级制是指明确的部门分工、职责范围、权力责任和工作时间；专业化是依实绩选拔，按职责培训，实行考试选拔并限制绝对任免权；去人格化是指工作按规则而非个人偏好，如设立制衡科层体系、建立独立监察体系等。如著名的阿波罗计划具备经典的科层制组织形式，其层级制是四级管理体系，决策与执行分立且明确职责分工；专业化表现为载人航天器中心、马歇尔航天中心、肯尼迪航天中心等；去人格化主要表现为建立信息系统，制定《阿波罗计划结构管理手册》等。项目涉及 2 万余家企业、200 多所大学、80 多个科研机构以及超过 30 万人，产生了 80 万就业岗位、3000 余项专利技术且其中 1000 多项转移至民用，10 年间经济翻番。《科层制（第二版）》中，毕瑟姆指出，科层制组织会产生严重的"反功能（dysfunctional）"效果。从组织内部人员所面临的激励看，科层制从近邻效应、刚性趋向和责任漂浮三方面改变了激励。近邻效应是指在熟悉的领域附近寻找信息，信息沟通过程中的"群体思维"使得信息源重复狭窄，思路互为强化，与外界沟通不畅。适应规则而成功的经验不断汇集产生决策集中化，工作人员对任务理解的短视和向权威的屈服产生了刚性趋向，而科层制的分工使责任碎片化，决策者和执行者发生分离，导致无人负责即为漂浮的责任。科层制组织是一种特殊的社会网络，组织形式的核心还是优化交易成本。企业组织形式改进相当于企业适应外界环境和平衡自身发展的基于社会网络的交易成本优化过程。现代制造业是建立在"福特制"基础上的，追求规模经济和范围经济，产品从设计、制造到销售和售后等，都在科层制组织内完成。随着信息技术和经济社会的全面发展，制造业和生产性服务业融合趋势不断深化，从信息系统维护、售后服务、后勤服务等，到研发设计、供应链管理、人力资源管理等多种业务从企业内部环节变为外部市场关系，从企业分工转化为社会分工。程大中（2009）认为，此时的服务业增长并没有为国民产出提供一个增量，而只是生产方式和生产组织形式的变化。服务型制造正是这种变化的典型组织模式，随着传统制造业争相进行数字化转型，新兴产业也不断探索适合本产业的服务型制造模式。

服务型制造即制造企业由制造领域向服务领域的拓展和延伸，开展基于制造的服务和面向服务的制造。服务型制造不同于以往只专注提供有形产品的生产型制造，服务型制造向顾客提供的不仅是产品，还包括服务或依托产品的服务。国外称其为基于服务的制造（service based manufacturing）、服务增强型制造（service—enhanced manufacturing）或服务导向型制造（service—oriented manufacturing），国内又将其称为制造服务化或制造服务。尽管生产性服务和制造服务化不同，但"制造"和"服务"相互之间并不排斥。实际上，制造服务化和生产性服务都是围绕着制造与服务的融合发展。目前在服务业中占有重要地位的生产性服务也是主要以制造业为服务对象，它连接着制造业与服务业，"你中有我，我中有你"。服务型制造的业务流程可以是制造企业从聚焦产品制造阶段出发，分别或者同时向其前后端拓展延伸，拓展延伸依托产品的服务和相关增值服务业务；也可以是制造企业依靠原有的生产性服务优势，放弃或外包产品加工制造的部分业务，转型为以提供专业服务为主。覆盖制造产业链的各个环节和产品全生命周期的整个业务流程，可由某一个服务型制造企业单独完成，也可由基于联盟合作关系的制造企业和生产性服务企业共同完成。无论制造企业走向何种制造服务化路线，尤其是对于走产品服务一体化路线或服务产品化路线，包括加工组装在内的产业链上各环节业务都由一个企业单独完成的情况是少见的，有些研发、设计、制造、销售和服务活动都局限于一国是不合理，甚至是不可能完成的，因为单个企业或是一个国家很难在整个制造业产业链的所有环节上都具有优势。在这种情况下，通常需要由一国或全球范围内多个具有相关性和优势互补的组织共同合作，通过制造企业和生产性服务企业联盟、产学研联盟合作、总分公司或母子公司式组织来协同完成。这就要求企业具有整合产业链和供应链上相关资源的能力，将本企业和来自其他企业或组织的产品和服务进行组合集成，形成产品服务系统，建立统一的制造和服务规范，有效的联盟合作机制，构成协同、高效、有序的服务型制造网络。服务制造网络（service—manufacturing network）是一个集成制造和服务功能的协作式价值创造网络。孙林岩等（2008）认为，服务制造网络中，包括供应商、服务商、制造商、分销商、客户在内的各成员之间在新产品开发、生产计划制定、质量保证、设备管理、库存管理、基础设施建设等领域的协同与合作更为紧密，以实现创新性、个性化、低成本、高质量产品服务系统的准时交付。服务型制造背景下的相关企业活动是分散化、专业化的。刘炳春（2011）认为，将分散化的制造企业、服务企业和顾客协同化运作，就形成了服务型制造网络。服务型制造网络组织通过企业业务流程和工艺流程的专业化分工，实现交易成本的降低以及规模经济和生态经济效应。冯良清（2012）认为，服务型制造网络是服务型制造的组织模式，是一种复杂的网络组织体系。网络节点由许多价值模块构成，其运作特征是模块化外包。

服务型制造的生产组织方式是不同类型主体相互通过价值感知，在互利协作中涌现出的动态稳定结构。这种结构通常表现为两种：一种是以大企业为主导的产品服务系统供应商模式；另一种是中小型制造及服务企业聚集形成的企业群团，是制造及服务流程分散化协作模式（江志斌等，2016），多为社群化制造网络组织形式。社群化制造是一种建立在分布式、社会化资源自组织的大规模协作与共享基础上的网络化制造组织形式。社群化制造模式下，分散的社会化制造资源聚集形成各类分布式社群。在利益协调和商务社交机制下，社群中的资源节点分散、协同地完成多种制造任务。社群化制造是指专业化服务外包模式驱动的、构建在社会化服务资源自组织配置和共享基础上的一种新型网络化制造模式，依托云计算/服务计算、物联网与大数据等新兴信息技术来处理社交网络环境下的企业业务流程优化、服务需求与服务能力对接、服务过程监控等复杂协同交互，并在产品全生命周期的供应链上下游进行信息共享、服务规划与管控，使企业仅通过在线的外包服务就能实现从产品设计到产品交付的运行全过程。以制造资源为例，社会化制造服务资源是指以加工设备为中心并配有人员、工具、知识等辅助资源的分布式单元体，通过集成与封装实现服务知识共享，并向其他企业提供制造服务能力。社群化社区是由相互联系的企业依据资源类型和能力的相似性自组织形成的利益共同体，如设计资源社区、制造资源社区、运行服务资源社区等。社群在利益分配均衡机制下，通过自治方式协调和共享各成员的资源服务能力，体现为社群化制造网络的社群间的连接和协同。社群化制造是适应于大规模订制的制造组织形式，与之相关的管理组织研究（Management and Organization Studies, MOS）主题多集中于服务提供（Tuli et al., 2007; Schmenner, 2009; Spring and Araujo, 2006; 孙林岩等，2007; 齐二石等，2010），策略和结构（Davies, Brady and Hobday, 2006; Baines et al., 2009; Matthyssens and Vandenbempt, 2008; 郭然，2019; 冯良清等，2015; 谷晓芬，2014; Raddatsa et al. ，2015），激励、绩效和制度（Gebauer et al. ，2011；Cohen et al. ，2006；Fang et al. ，2008；刘炳春，2011；许庆瑞等，2020），资源和产能（Ulaga and Reinartz，2011；Galvagno and Dalli，2014；Kreye et al. ，2015；林文进等，2009），服务开发、销售和交付（Baines et al. ，2011；Friend and Malshe，2016；Eloranta，and Turunen，2016；李浩等，2010）。江平宇认为，对交互关系的分析与管理成为实施社群化制造的关键。

社会经济系统复杂性通过经济建构的实践、观念、价值、规则、制度、运作逻辑等渗透进入企业组织，企业组织需要在自身承载能力和外部社会经济环境适应性的均衡状态下循环迭代。具有生态属性的网链组织形式是服务型制造企业组织的一种结构性机制，是适应数字经济的可行选项之一，其本质是通过结构机制与能力机制耦合，优化存量、调整增量实现企业组织变革，是依据生产要素在生产过程的上下游关系和空间布局形成的关联网链。Morre（1993）认为，组织应该被看作跨行业商业生态系统中的一部分，商业生态系统中还包括组织客户、竞争对手、合作者、供应商等利益相关者。Sklyar等（2019）提出组织的嵌入性、集中性和整合性对数字服务化（digital servitization），即利用数字技术来提升组织的服务价值，起到了关键作用。其中，组织在生态系统中的嵌入性意味着组织需要同组织内部和外部的各利益相关者密切合作。陈国权等（2023）认为，这不仅是为了让组织内部的员工为变革做好准备，也是为了共享知识和信息以提高组织外部各利益相关者对组织数字化转型战略的信任和接受程度。

3. 企业与数字化转型

数字技术可有效搜集各行各业的数据，提高社会生产部门的数字化程度，助推非结构化数据向结构化数据转化，通过数据治理实现高效管理、效率提升。企业可以利用数字技术和创新来优化业务流程、提高生产效率、降低运营成本。例如，越来越多的企业利用人工智能、机器人流程自动化等技术，自动化重复性任务和流程，实现了降本增效；通过数字化技术实现了供应链可视化和协同，提高了供应链效率并降低了库存成本。我国基于数字化转型提升制造业核心竞争力的研究和实践已取得显著的进展和成效，数字化基础设施建设、产业结构优化、生态体系培育等不断完善。根据研究机构测算，我国企业数字化转型比例约为

25%，低于欧洲的 46% 和美国的 54%。Baldwin R.（2022）指出，数字技术正在迅速使以前不可交易的服务在全球范围内可行，也将自动化引入之前不可自动化的服务之中。智能技术正在迅速降低中间服务贸易的技术壁垒，即服务贸易壁垒下降速度远远快于商品贸易壁垒。黄丽华等（2021）指出，企业数字化转型是指通过信息技术、计算技术、通信技术和连接技术的组合应用，触发企业组织特性的重大变革，并重构组织结构、行为及运行系统的过程。Daft（2020）、Scott 和 Davis（2015）认为，数字企业是基于数字技术能力来创造价值的社会技术实体。我国自 2017 年起先后发布了《国家数字经济创新发展试验区实施方案》《中小企业数字化赋能专项行动方案》《关于加快推进国有企业数字化转型工作的通知》等相关政策文件，已经形成强有力的推进机制，有力地推动各行业、各类企业数字化转型进入快速发展的阶段。国务院发展研究转型课题组报告（2018）认为，企业数字化转型是指利用新一代信息技术，构建数据的采集、传输、存储、处理和反馈的闭环，打通不同层级与不同行业间的数据壁垒，提高行业整体的运行效率，构建全新的数字经济体系。

企业数字化转型理论研究主要集中在数字化转型对企业的影响。如 Knudsen et al.（2021）提出组织的可持续竞争优势取决于组织的商业模式在多大程度上结合了大数据和网络效应。当组织的商业模式能够利用大数据和网络效应之间的互补性时，更容易取得可持续的竞争优势。Li et al.（2021）认为，数字化转型的组织能够通过有效的数字化基础设施建设、数字技术和业务的战略结盟、数字技术支持的内外部关系等方式增强其对动荡的市场环境做出迅速反应的能力。从企业内部看，刘淑春等（2021）解释了数字化转型能够提高组织的投入产出效率。Ardito et al.（2021）和 Björdahl（2020）分别从财务绩效和创新绩效角度考察了数字化转型对企业的影响。Björdahl（2020）还指出，数字化对组织的影响包括更高效的产品开发和制造、更复杂的产品和服务、更完整的价值链、更高效的运营流程等。谢小云等（2021）总结了数字化转型对组织人力资源管理实践带来的变化，例如，组织可以通过大数据和相应的算法掌握员工的个人背景、工作状态、关系网络等信息，从而进行人才分析和人事决策。戚聿东和肖旭（2020）总结了数字化转型的组织在组织结构、营销模式、生产模式、产品设计、研发模式和用工模式这几个方面的管理创新。Alder

和 Ambrose（2005）研究认为，主管的建设性反馈比数字技术提供的建设性反馈更能提高员工感知到的公平程度，并促进员工的绩效和满意度。Jeske 和 Santuzzi（2015）证实了数字化监控负面影响了员工的工作满意度、情感承诺、自我效能感和控制感等。Kellogg et al.（2020）认为，由于大数据和算法推荐引导了员工的日常选择，员工出现了技能退化的趋势，同时还会时时刻刻和组织进行隐私博弈等。从企业外部看，Luri et al.（2021）从共享经济（shared economy）和合作消费（collaborative consumption）分析了客户参与的数字化转型交换形式。Matarazzo et al.（2021）研究了企业全渠道战略、App 和社交媒体等共同价值创造模式。

企业数字化转型实践问题主要包括，高管认知不足导致的战略规划不足、外部因素适应性缺失和企业数据安全问题。企业数字化转型意味着商业模式、运作流程和产品服务等各方面的变革。大多转型成功的企业将数字化转型定位为"一把手工程"，即企业高层管理者和管理团队对数字化的认知决定了其战略规划和决策实施。管理者需要将数字化转型作为颠覆式创新机会，充分理解数字经济环境的企业交易成本内涵变化，意识到社会经济复杂性与企业生产组织复杂性的冲突与矛盾，才能合理规划企业数字化战略，推动企业组织重构。数字经济发展是企业必须面对的社会经济环境，传统基于资源结构化累计的竞争优势面向网络化产业链和供应链时，需要可共享和可泛化才能保障持续性提升企业资源或流程效率、提高资产利用率和劳动生产率，完成从传统价值传递到数字经济价值共创的转变。数据安全与平台监管是数字经济下企业数字化发展的必然要求，是数字基础设施赋能化的基本条件。2019 年，Baldwin 通过造词"globotics"强调服务工作全球化和机器人化的同步性，并指出存在的问题主要涉及数据的监管、限制和控制。UNCTAD2021 数字经济报告显示，数字数据是数据分析、AI、区块链、IoT、云计算和其他基于互联网的服务等所有快速发展的数字技术的核心，数字数据跨境流动不仅影响贸易、创新和经济发展，而且还会影响数字化收益分配、人权及国家安全有关的一系列问题。全球超大规模数据中心有一半在美国和中国，他们的 5G 普及率最高，占过去五年 AI 初创企业融资总额的 94%，占世界顶尖人工智能研究人员的 70%，占全球最大数字平台市值的近 90%。最大的数字平台，如苹果、Microsoft、Amazon、Alphabet、腾讯和阿里巴巴，正努力扩大自身的数据生态系统，越来越多地投资于全球数据价值链的每个环节：通过面向用户的平台服务进行数据收集；通过海底电缆和卫星的数据传输；数据存储（数据中心）以及通过 AI 等方式进行数据分析、处理和使用。这些企业已经成为全球性的数字企业，在全球范围内拥有强大的金融、市场和技术力量，掌握大量用户数据。随着数字化进程的发展，这些公司的规模、利润、市场价值和主导地位在疫情期间得到了加强。理解数据流动有不同视角，第一是与商业贸易相关的数据和信息。国家统计局数据，2022 年 1—11 月，我国网上零售额为 124585 亿元，2021 年为 13.1 万亿元，表明我国消费互联网模式已被广泛接受。第二是从个人活动、产品、事件和行为中收集到的原始数据经过汇总、处理和变现，应用于社会目的。第三是将原始数据处理成数字智能形成"数据产品"，这些产品在跨境销售时可被视为贸易统计中的服务项。根据《数字贸易测度手册》，不与产品或服务的具体交换相关联的原始数据流动不属于"数字贸易"范畴。跨境数据流动既不是电子商务，也不是贸易。除了跨境数据流量技术挑战，还存在政治和文化上的问题。数据伦理需要权衡运用数据创造价值与对人口进行数据监控之间的关系，数据过滤与审查之间的联系。全球主要经济体对数据流动及数字经济治理模式差异巨大，在区域和国际层面几乎没有共识。UNCTAD 报告显示，主要治理模式包括：美国模式强调私营部门对数据的控制；中国模式强调政府对数据的治理；欧盟赞成在基本权利和价值观基础上由个人控制数据。基于数据的数字经济碎片化特征明显，导致一些领域出现寡头垄断的市场结构，减少了商机并阻碍了跨区域合作。《欧洲数据战略》提出建设以工业为代表的九大行业数据空间，包括基于政策引导的项目牵引、资金支持和环境营造。德国工业数据治理历来重视政策引导作用，德国联邦教育与研究部于 2014 年进行"工业数据空间行动"，于 2015 年基于工业 4.0 项目启动工业数据空间（Industrial Data Space，IDS）研究以支持完成 IDS 架构搭建，实施基于架构的跨部门应用案例验证以解决工业数据共享和流通难题。IDS 是由 Fraunhofer 协会的 IAIS（智能分析和信息系统）研究所牵头启动并实施的，政府按照 Fraunhofer 协会年度合同（产业类和公共资助类）研究经费总额的 50% 进行配套。德国政府于 2021 年发布《联邦政府数据战略》，提出在保证公共利益和数据提供者合法权益的条件下，构建工业、能源、医疗等领域的公共数据空间，实现广泛的数据资源释放和国际数据共享。德国与法国联合发起 GAIA-X 计划，支持 IDS 作为 GAIA-X 云计算平台的核心架构，依托数据共享工具的研发和数据治理系统建设，为数据空间提供统一的基础设施底座。基于研发支持的协同创新、架构引领和开源创新。德国联邦教育与研究部选择 Fraunhofer 协会作为研发主体机构，围绕 IDS 复杂研究需求，由下属 12 个研究所协同推进研发工作，组成科研联合组以整合专家、企业、高校等资源开展协同创新。德国通过规范架构模型提供标准接口和认证协议，既能让数据合法掌握者决定数据的使用条款与条件，又能通过标准接口（IDS Connector）进行连接并监督数据治理状况。国际数据空间协会（IDSA）在 GitHub 上建立了 IDS 参考测试平台开源项目，IDS 参考实例和示例代码与开发者共享，强化了公司和组织开发符合 IDS 标准的组件及其互操作性。IDSA 组件了跨行业工作组和同行业社区组对不同行业场景应用进行测试分析，生成大量产品和服务解决方案。德国积极推动 IDS 成为国际标准，不断加强国际化应用推广。IDSA 联合不同协会组建数据空间商业联盟（DSBA）、在不同国家建立区域中心，促进 IDS 标准在欧洲和全球推广。

先进制造业与现代服务业、现代农业深度融合，成为全球经济增值和现代产业发展的重要趋势。永辉超市始于 2001 年，得益于"农改超"优惠政策，历经 20 余年的发展，从福州一家不起眼的民营单体小型生鲜超市，成长为以经营生鲜产品为特色的全国性连锁超市，进入中国企业 500 强，员工 7 万余人，2010 年在 A 股上市，股票代码 601933.SH，是国家级"流通"及"农业产业化"双龙头企业。永辉超市是中国大陆首批将生鲜农产品引进现代超市的流通企业之一，被国家七部委誉为中国"农改超"推广的典范，通过农超对接，以生鲜特色经营及物美价廉的商品受到百姓认可，被誉为"民生超市、百姓永辉"。2004 年，永辉进驻重庆，到 2013 年底，永辉在重庆开业门店超过 80 家，签约门店 100 家。2009 年，永辉进入北京和安徽。目前永辉超市已在全国发展超千家连锁超市，业务覆盖 29 个省份，近 600 个城市，经营面积超过 800 万平方米。位居 2021 年中国超市百强第二位、2021 年中国连锁百强第六位。

"多而全"是永辉生鲜的独特优势。生鲜经营是其差异化战略和前期成长性的主要动力。永辉采取直接采购模式，扩大采购规模、初始时，直接通过深入农田的买手现金采买，随着业务扩张，永辉开始大量聘用异地买手，直接在当地组织货源和结算，多采用走账替代现金。永辉田间直采优势明显，蔬菜新鲜度高且减少流通中间环节，实现了"农超对接"，大幅降低了成本。随着永辉连锁的壮大，直采品类大大增加，地域不断拓宽，各地特色水果也纳入直采范围，开展了"订单农业"，即在种植之前就已经垫付农资或给出收购保底价。2005 年，永辉实现了营采分离。2009 年，永辉构建了全国联采体系，建立了各个区域配送中心，提高物流效率。针对不同品类和季节性要求，考虑供需的地域限制，永辉设计了不同的采购模式，在全国、区域和当地分别设不同的采购层级。

但是，随着中国人力成本的持续攀高，平均利润率不足 1% 的零售业难堪重负，并且企业组织结构日益臃肿、决策效率低下、经营灵活性的问题日益凸显。保持低价和新鲜的竞争优势需要高昂的人力成本。要保证产品新鲜，就需要少量上架、随缺随补。永辉每日生鲜补货次数都在 3 次以上，理货员工作量较大，且生鲜产品需要理货员细心对待。永辉的生鲜损耗率不到 5%，远低于业界平均 30%，但精细化管理使得永辉超市员工人数远高于普通超市。永辉注重员工能力培养，让大量生鲜部门的员工成为生鲜专家和经营专家，如开店营业前的定价、闭店前的打折，经营过程中随时根据产品的现场状态进行调整。永辉将相关专业知识编纂成册，形成详细介绍上千种生鲜品类的知识手册，长达 800 万字。2012 年起，永辉启动了组织变革，旨在降本增效。试点执行"合伙人制度"和推行"赛马制度"，从激励和淘汰两方面优化人力成本。"全员合伙制"的利润分享机制是，各个经营单位层级的合伙人代表和总部之间商议一个业绩目标，如果员工业绩超过业绩目标，就对超过的部分按比例分红。参与该计划的员工有分红权，不享有股权。

永辉的经营业绩在"合伙人制度"利润分成机制作用下明显提高，基层员工工资上涨明显。超市运营人员了解生鲜摆放和储存知识，对客人购买决策影响很大；采购人员熟悉生鲜当地直采情况和运输保存知识，其工作直接影响采购成本和损耗。永辉员工中，这两类员工占比为93%，是"全员合伙制"的主要实施对象。与之相配套的组织形式也进行了变革，包括采购体系和门店运营。对于基层买手，永辉直接采取股权激励方式已有多年。主要的问题是管理层成本过高、整个采购体系缺乏经营活力。2016年财报中提出了去职能化和去管理层；2017年永辉取消了三大事业部——生鲜与加工、服装、食品用品事业部。"商行"取代事业部，专注于果蔬、服装等各个不同品类，并对销售指标和采购成本负责。永辉将全国业务集聚在两个集群中，第一个包括中西部省市，如四川、贵州、河南、河北、安徽、陕西等；第二个主要包括东南沿海省市以及北京、天津以及东三省。两个集群下辖几大商行，每个商行内部都设有集群采购和区域采购，根据具体货品情况决定负责人。不同集群、不同商行内部的超额利润分成方案有所区别，但原则统一，即整合商行共同承担总的生意指标，按比例得到该商行总的分红，内部根据具体方案在集群和省区合伙人之间分配。在门店运营方面，合伙人团队称为"小店"，每个小店大概6个合伙人，可以自主推选小店长，小店长比普通合伙人每月多拿50%基本工资。小店人事权自主。门店全体员工参与合伙制，各个经营层级的分红条件都是各自达到两个指标：销售达成率>100%和利润总额达成率>100%。合伙人薪酬分为基本工资和利润分红。门店奖金占超额利润的30%，上限为30万人民币。在门店内部，小店按照毛利达成率排名，第一名到第四名的分配系数分别是1.5、1.3、1.2和1.1。与合伙人制度配套的是"赛马机制"，用于匹配门店内1.1到1.5的分配系数并计算奖金分配也被用于识别排名最后的20%，以进行末位淘汰。赛马机制是一个大原则，集群之间有赛马、集群内部各商行之间有赛马、商行内部各省区之间有赛马、门店之间也有赛马、门店内部的小店之间还是有赛马。在上述措施下，永辉的规模和业绩实现了双突破，净利润增长率显著高于营业收入增长率。在合伙人制度执行一年后，永辉超市员工人均工资提高14%，离职率从6.8%下降到4.3%。

从上述数字化转型实践可知，实施数字化转型的企业内部面临生产模式、商业模式、流程再造模式、规则设计、企业基础能力和动能转换以及产品和服务智能化等方面的变化，外部面临资源配置结构、产业链供应链网络组织、价值创造模式、产业技术和数字技术创新模式、价值链融合效应和制度复杂性等的影响。加快推动企业数字化转型，夯实数字基础设施建设，有助于发挥数据要素的创新驱动作用，培育服务型制造企业、创造新需求和发展空间，实现数字技术对经济社会发展的放大、叠加、倍增作用。

第三章　服务型制造企业与创新

一、服务型制造概述

党的二十大报告指出，要建设现代化产业体系，构建优质高效的服务业新体系，推动现代服务业同先进制造业、现代农业深度融合。数字经济和实体经济深度融合是数据成为关键生产要素之后提出的要求，涉及数据要素、数字技术、平台经济和数字共享与实体经济之间的深度融合，也是建设现代化产业体系的内在要求（洪银兴和任保平，2023）。制造业是现代经济体系和核心，一国或经济体的制造技术水平决定了其在全球产业链中的位置及竞争优势。从产业体系看，服务型制造是以市场价值需求为导向，以数字技术的普及应用为支撑，通过创新企业生产组织形式，以服务要素重塑制造价值链，打造高附加值产品服务组合，构建制造与服务融合的价值共创网络，进而跨越传统产业边界，全方位重塑产业关系、实现制造与服务融合发展的新型产业生产方式和产业形态（服务型制造研究院，2023）。从制造企业看，服务型制造是制造企业在生产运营过程中不断增加金融、信息通信、交通运输、商业服务、研发设计等服务要素在投入和产出中的比重，从产品主导逻辑向"制造+服务"和"产品+服务"转型的过程（祝树金等，2021）。制造企业通过创新优化生产组织形式、运营管理方式和商业发展模式，增加服务要素在投入和产出中的比重，从以加工组装为主向"制造+服务"转型，从单纯出售产品向出售"产品+服务"转变，有利于延伸和提升价值链，提高全要素生产率、产品附加值和市场占有率（冯飞，2016）。相较于以产品为主导的运营模式，服务型制造企业聚焦用户关切，提供贯穿产品全生命周期的增值服务，使得运营理念发生了由价值传递向价值共创的转变，积极推动产品制造和服务提供的融合与协同，防范因市场需求波动而产生的绩效损失，是指导我国制造业高质量发展的主流理念（罗建强和张弛，2022）。服务型制造通过服务与客户完成价值共创而满足市场价值需求的基本逻辑，是本轮产业演化过程中产业融合发展的主攻路径，亦是中国式现代化新征程中加快构建新发展格局，着力推动高质量发展，构建强大而有韧性的现代产业体系的核心抓手（王勇等，2023）。

理论发展看，作为新型制造模式、商业模式和产业形态，服务型制造对技术创新、服务创新和生产率产生重要影响。Vandermerwe 等（1988）首次提出"servitization"的概念，随后 service—enhanced manufacturing（Quinn，1992）、service oriented manufacturing（Fry et al.，1994）、service based manufacturing（Youngdahl，1996）、product service system（Mont，2002）等聚焦于围绕服务的制造不断提出。我国学者孙林岩等（2007）提出了"服务型制造"，认为服务型制造是为了实现制造价值链中各利益相关者的价值增值，通过产品和服务的融合、客户全程参与、企业相互提供服务性生产和生产性服务，实现分散化制造资源的整合和各组核心竞争力的高度协同，达到高效创新的一种制造模式。李晓华（2021）将制造企业基于研发和制造产品的能力所提供增值服务的普遍现象或者商业模式称为服务型制造。作为一种商业模式，服务型制造是指制造企业通过服务型制造完善其客户的服务流程，并运用这些新的设计和能力全方位提升为客户服务的效率和效益，通过完善自身的技术强项所带来的优势获得长期的竞争力（Lightfoot & Bains，2017）。祝树金等（2021）认为，服务型制造是制造业通过先进技术，创新优化生产组织形式、运营管理方式和商业模式，不断增加服务要素在投入和产出中的比重，从产品制造为主向"制造+服务"和"产品+服务"转型，从而形成制造业和服务业深度融合发展的新型产业形态。相关实证研究说明了服务型制造对技术创新、服务创新和生产率的影响。Robinson 等（2002）基于产品创新的视角，发现服务战略能够有效增强传统标准化产品间的差异化程度，构建企业新型竞争优势；刘维刚和倪红福（2018）、陈伟等（2021）利用中国经验数据分析表明，服务要素投入不仅可以优化企业分工，而且能够增加研发资本、人力资本和创新设施资本，进而成为中国制造业及企业创新发展的重要驱动力。罗建强等（2022）通过 2013—2019 年中国技术密集型上市制造企业面板数据分析得出服务化与企业绩效呈倒 U 形关系，研发创新投入与企业绩效呈正相关关系，研发创新投入正向调节"服务化-绩效"的关系。Karaomerlioglu 和 Carlsson（1999）发现，生产性服务业与制造业的融合对制造业生产率和附加值的提升发挥着有益作用。Arnold 等（2008）利用世界银行的 1000 多家非洲微观企业数据分析发现以通信、电力和金融服务为代表的服务投入能显著改善下游制造业企业的生产效率。吕越等（2017）基于中国的微观企业数据发现，在全球价值链中嵌入程度越高的企业，中间服务要素投入对制造生产率的提升效应相对越强。彭继宗和郭克莎（2022）利用 2000—2014 年国家或地区层面的数据研究认为服务要素投入降低了制造业的技术进步效率和规模经济优势，从而抑制了制造业生产率增长。

实践应用看，2010 年前后，主要发达国家率先制定了面向智能制造的发展战略。美国通用电气公司（GE）于 2014 年联合美国电话电报公司（AT&T）、思科公司（Cisco）、国际商业机器公司（IBM）和英特尔（Intel）等企业成立工业互联网联盟（Industrial Internet Consortium，IIC），该联盟与国际标准化组织（ISO）、国际电工委员会（IEC）等多个行业组织形成合作关系，推动了全球工业互联网的发展。美国政府先后发布了《美国竞争力计划》《先进制造业国家战略计划》和"AMP2.0"（包括《保障美国在先进制造业的领导地位》《获取先进制造业国内竞争优势》《加速美国先进制造业》）等系列战略规划，有观点认为，美国先进制造业系列战略均以"保持美国先进制造业领导力，确保国家安全和经济繁荣"为长期愿景，重视面向未来的制造技术、建设新型研发机构、提升国内制造业供应链能力、营造良好发展环境、教育和培训未来劳动力、开展有针对性的竞争与合作。美国以工业互联网为生产性服务业的核心，极大促进了产业的融合发展。为鼓励研发服务业，美国按照研发费用的一定比例（20%）减免税收和退税，形成了硅谷高新技术生产性服务业集群。根据中国服务型制造联盟、服务型制造研究院共同发布的服务型制造发展指数，无论制造基础还是生态建设，美国在全球领域内具备绝对优势。德国在 2013 年汉诺威工业博览会上推出"工业 4.0"战略，通过《保障德国制造业的未来：关于实施关于 4.0 战略的建议》《数字化实施战略》第五版、《智能服务世界》等，可知德国重视数字化战略与智能服务，通过数字技术推动制造业智能互联，实施"智能服务世界"促进计划改善社会环境。德国主要出口产品包括汽车整车、电气设备、运输设备、电子产品等成套装备，以及精密机床、机械模具、基础零件等细分产品。面向全球客户需求，德国企业提供产品研发设计—生产制造—终身维修—系统更新等全生命周期解决方案。基于强大的机电基础和嵌入式相关技术储备，德国企业开展了面向智能产品的故障预警、远程诊断、运行优化、预测性维修、远程升级等服务，推进了制造业和服务业系统性整合。日本聚焦数字技术与生产性服务结合，以生产性服务业高互动性、数字技术研发和互联工业推进制造业与服务业融合。2016 年日本出版《制造基础白皮书》提出与服务型制造创新逻辑一致的商业模式。《第五期科学技术基本计划》提出建设"超智能社会（Society 5.0）"愿景，以 AI、大数据、IoT 等信息通信技术为关键共性技术支撑 Society 5.0。2017 年《人工智能技术战略》提出聚焦生产、健康医疗护理、空间移动、信息安全 4 个重点领域。2021 年《AI 战略 2021》提出在研究开发、支持中小企业的数字化转型、数字化政府、数据基础设施等的新政策。

中国服务型制造联盟、服务型制造研究院编制了"全球服务型制造发展指数"，通过 3 个一级指标、15 个二级指标比较了我国与全球主要 10 个国家的服务型制造发展情况。自 2016 年以来，服务型制造发展指数除美国出现 2% 以上的降幅外，其他国家均保持一定增速或基本稳定的发展态势。"发展指数"显示，2016—2021 年，我国服务型制造发展指数由 100.00 增长至 113.71，年均增幅 2.74%，目前与韩国、法国和英国共同处于第二梯队。在制造基础方面，我国占优势的指标是"制造业规模""制造业世界贸易影响力"等，相对劣势指标是"高技术产业增加值占制造业增加值比重""人均制造业增加值"等。这表明从质量强国角度强化制造基础，应当以技术引领服务，加大高技术产业投入，提升服务在投入产出环节的比例。在生态建设方面，我国"研发服务投入""数字化发展能力"等指标远低于欧美等制造强国，表明应进一步加大服务创新研发投入，加强与数字技术整合应用，拓展数字服务应用场景。在成效方面，美国、德国以绝对优势领先中国。2021 年，世界制造业 500 强榜单中，美国、日本、德国等国家分别有 76 家、38 家、18 家企业财务报告中明确其服务收入，分别占本国上榜企业的比例为 57%、65% 和 70%，其服务收入已经成为制造企业的主要收入来源。相比之下，我国 76 家上榜企业中仅有 27 家有服务收入。这表明，推进传统制造企业服务化转型，形成适应自身特点的服务型制造发展模式对于制造业企业迈向产业链价值链高端、培育创新能力和品牌影响力具有重要作用。

《中华人民共和国国民经济和社会发展第十四个五年规划和 2035 年远景目标纲要》提出，"深入实施智能制造和绿色制造工程，发展服务型制造新模式，推动制造业高端化智能化绿色化"。《发展服务型制造专项行动指南》提出，"服务型制造，是制造与服务融合发展的新型产业形态，是制造业转型升级的摘要重要方向"。《关于推动先进制造业和现代服务业深度融合发展的实施意见》指出，推动先进制造业和现代服务业相融相长、耦合共生。《关于进一步促进服务型制造发展的指导意见》明确在"十四五"时期服务型制造的主导思想、主要目标、重点任务和政策措施，强调"加快培育发展服务型制造新业态新模式，促进制造业提质增效和转型升级，为制造强国建设提供有力支撑"。意见涉及服务模式包括工业设计服务、个性化定制服务、供应链管理、共享制造、检验检测认证服务、全生命周期管理、总集成总承包、节能环保服务、生产性金融；提及新服务型制造模式包括文化赋值服务、信息增值服务、数字化转型服务。《关于加快推动制造服务业高质量发展的意见》，旨在加快推进制造业和服务业的融合，以高质量的服务供给引领制造业转型升级和品质提升，遴选培育服务型制造示范企业、平台、项目和城市，推动普及服务型制造理念和主要模式深入发展。截至 2022 年 11 月，我国各省、自治区、直辖市先后发布 111 项服务型制造相关政策。工业和信息化部及各省级人民政府主办、中国服务型制造联盟承办的中国服务型制造大会已成为推动我国服务型制造发展的重要平台。"服务型制造万里行"主题系列活动已在宁波、东莞、沈阳、九江等地方举行，活动已累计走进全国 20 多个城市（服务型制造万里行，百度百科）。

20 世纪 90 年代前后，欧美发达国家的一些制造业企业呈现出典型的产品与服务集成、制造与服务融合的趋势。通过占据研发设计与营销服务等技术、知识高度密集的环节，这些企业掌控全球市场营销渠道，将生产装配等附加值较低的活动外包给发展中国家。制造服务化不仅帮助欧美头部制造企业巩固了在全球制造价值链中的领先地位，也引导欧美国家产业整体向服务型制造方向发展。制造强国的发展经验表明，制造与服务融合有助于支撑制造业向高端迈进（王勇等，2021）。服务型制造作为先进制造业和现代服务业融合发展的新型产业形态，是跨领域、跨产业、跨产品、跨场景和跨学科的新型产业范式和产业生态，是以满足日益多元、多样、分散、动态、涌现和速变的市场需求为导向，以新一代信息技术创新应用为支撑，以先进制造为基础跨越传统产业边界实现制造与服务的产业融合及产业协同，以形成新的产业运行关系、产业组织关系和产业生态关系为核心，以产业形态创新、产业组织创新及其所引导的企业战略管理创新、企业运营及管理方式创新、企业商业模式创新为牵引，经制造和服务的产业要素融通配置、产业基础交叉重构、产业关系深度融合而实现高层次、高质量、高水平供需动态平衡的新产业生产方式（罗仲伟，2021）。制造业企业和服务业企业在不同方向开展服务和制造的融合，如杭氧股份整合工程建设、设备制造、系统搭建、气体运营形成总集成总承包服务体系；顺丰物流制造无人机进行山区快递业务。目前我国制造业规模全球第一，产业门类齐全，产业链相对完整，分工体系效率较高，应对全球经济波动和不确定实践的鲁棒性较强，具有良好的国际竞争力。新一轮科技革命和产业变革重塑了全球创新版图和世界经济格局，重构了人类社会的生产方式和生活方式，推动产业关系和商业逻辑深刻变革，具有广泛而深远的影响。

1. 发达国家的"再工业化"进程

以制造业为核心的实体经济是保持国家竞争力和经济健康发展的基础。致力于解释经济、产业和商业发展的经典经济理论主要有新增长理论（new growth theory）或称为内生增长理论（endogenous growth theory），以技术进步作为促进经济增长的主要动力，以均衡增长模型为主要手段。此外是以 Nelson 和 Helpman 为代表的演化论（evolution theory）和 Chandler 强调的能力论。Petty-Clark 定理显示，随着经济的发展以及生产率的增长，人均国民收入水平越高的国家，农业劳动力在全部就业劳动力中的份额相对越小，而第二、第三产业的劳动力所占份额相对越大；反之，人均国民收入水平越低的国家，农业劳动力所占份额相对越大，而第二、第三产业的劳动力所占份额相对越小。在此过程中，人均收入水平更高的发达经济体就会经历典型的去工业化阶段。而卡尔多主义则将制造业部门产值份额的增加过程称为工业化，将制造业比重份额的下降视为去工业化。在此过程中，经济结构的变化将使生产要素在部门之间进行转移，社会全要素生产率或将因此提高。以工业革命为标志的技术进步是推动发达国家成为世界强国的工业基础，制造业在一定程度上决定了一国国家的综合实力和国际竞争力。图 3.1

反映了始于第一次工业革命，由技术变革引发的国民财富变化。图 3.1 中实线表示的"core"国家和地区，指西欧和澳大利亚、加拿大、新西兰、美国、日本；虚线表示的是除去"core"国家和地区外的全球其他国家。

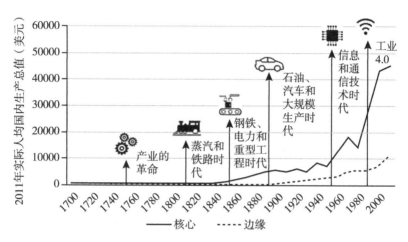

图 3.1　按 2011 年美元计实际人均 GDP 与技术变革

来源：UNCTAD

　　20 世纪 70 年代起，发达国家开始"去工业化"进程，新兴市场不断承接发达经济体的产业转移，表现为制造业增加值占国内生产总值的比重逐渐降低，服务业增加值占国内生产总值的比重逐渐提高，同时制造业就业人口占总就业人口比重不断下降，高收入国家制造业占比从接近 18%的高位下滑至不到 14%。章俊（2021）认为，去工业化和再工业化本质上都是资本再配置过程，其中，再工业化侧重于将资本投向生产型产业，去工业化则侧重于将资本投向服务型产业。从结果看，去工业化分为劳动力结构去工业化和生产去工业化。即劳动力就业从第二产业流向第三产业，产业增加值对经济的贡献由第二产业转为第三产业。从范围看，包括总量型去工业化和结构性去工业化，总量型去工业化对应的劳动力结构与经济产出的同步去工业化，而结构性去工业化是有选择的对特定工业部门进行去工业化。景维民和裴伟东（2020）研究指出，1968 年，美国制造业增加值占 GDP 比重超过 25%，而 1999 年已跌破 15%，2009 年仅为 11.2%。相反，服务业就业人数占比从 1980 年的 66%上升到 2016 年的 80.0%，英国从 25%上升到

79%，日本从 54%上升到 71%，法国从 56%上升到 75%。Chenery 的结构变迁理论说明，在从工业化阶段向发达经济阶段转变可以从供需两个角度实现，从需求端看，随着人均收入的增加，制造业产品的收入弹性将会逐步降低。当人均收入超过某个临界点后，市场对制造业产品的需求开始下滑。从供给端看，当一个国家从初级工业化阶段迈向更高层次的经济发展阶段时，要素投入的综合贡献将明显减少，其中包括劳动力投入的减少。

随着数字技术与生产制造加速融合在后工业化时代持续深入，制造业在价值链中的地位日益凸显。发达国家又开始了"再工业化"战略，不断强化技术先发优势，利用全球化的生产和组织模式，垄断产业链高端环节，建立有利于其自身的游戏规则和分工体系，维持制造强国的地位。

2009 年至 2021 年，美国政府先后推出《重振美国制造业框架》《先进制造业伙伴计划》《先进制造业国家战略计划》《美国先进制造业领导力战略》《美国将主导未来产业》以及《关于加强美国未来产业领导地位的建议》等，希望借助扩大出口、吸引投资、发展先进制造业等举措来重振制造业，使美国回归实体经济，巩固美国制造业在全球的领先地位，增强其在全球的竞争力。2021 年 6月，美国国家标准与技术研究院（National Institute of Standard and Technology）启动制造业美国路线图竞赛，在关键领域研发和转化新制造技术，提升美国国内供应链能力。有观点指出，美国针对先进制造业出台的系列规划均以"保持美国先进制造业领导力，确保国家安全和经济繁荣"作为愿景，在重视面向未来的制造技术、探索新型研发机构、提升国内制造业供应链能力、营造良好产业发展环境、教育和培训未来劳动力、开展针对性竞争与合作等方面进行部署。

21 世纪以来，日本部分制造领域开始全面实施服务化转型。2013 年，日本推出了成长战略《日本再兴战略》，与后危机时期发达国家再工业化形成呼应；2014 年，安倍晋三在经合组织理事会上提出将机器人产业革命作为"成长战略"的支柱之一，并修订了《日本再兴战略》；2015 年，日本政府在"推进城镇战略的方针"中进一步强调"实现机器人革命"，利用大数据、人工智能和物联网对日本制造业领域进行重构；2010 年，藤原洋在他的《第四次工业革命》一书中强调，"工业 4.0"的概念包括但不限于制造业，而是所有国家所有产业共同的"第四次工业革命"；2021 年 5 月，日本政府通过了《制造业白皮书》，提出加强供应链弹性、碳中和、数字化转型，提高日本制造企业动态适应能力。有学者指出，日本的生产性服务业与其他产业互动较高，服务业的快速发展源于承接国际制造业的梯度转移，在促进制造业升级方面主要以研发设计为突破口，通过大力发展生产性服务业，促进产业结构的轻型化。

德国提出工业4.0战略，依托传感、计算、通信、控制等IT技术与制造系统融合，进一步增强制造业综合实力。"工业4.0"是由德国产学研各界共同制定、以提高德国工业竞争力为主要目的的战略。根据"工业4.0"项目的指导，德国要实施双重战略：一是将信息和通信技术集成到传统的高技术以维持装备制造业全球市场的领导地位，并成为智能制造技术的主要供应商；二是为CPS技术和产品建立、培育新的主导市场。通过工业4.0战略，德国推动装备制造业服务化。在产品提供方面，主要出口产品包括汽车整车、电气设备、运输设备、电子产品等成套装备，以及精密机床、机械模具、基础零件等细分产品。在一体化方案方面，对全球不同客户提供产品研发设计—生产制造—终身维修—系统更新等全生命周期解决方案。继"德国工业4.0"后，德国国家工程院发布了《智能服务世界》，提出建设智能服务实施平台和智能服务创新平台。有研究认为，德国以其制造业基础实力保障了其制造业质量与体量的高质量发展。由联合国工业发展组织发布的工业分析平台，对比美国和德国，我国相关状况如图3.2所示，可以发现，在战略层面，美国重点发展的工业互联网和生产性服务业、日本聚焦的数字技术与生产性服务结合、德国主要关注工业4.0和数字智能服务，均强调了制造业与服务业融合发展。此外，典型的制造业发展国家战略还有诸如《英国工业2050战略》《新工业法国》和印度的《国家制造业政策》。从战略布局看，我国虽然强调制造业与服务业融合发展，但数字经济偏向以数字技术赋能制造业降本增效、关注智能制造、高端装备制造和工业互联网等制造能力，服务体系能力建设尚待进一步加强。此外，熊世伟等（2021）、郭晓婷和谭云清（2021）认为，西方国家再工业化对我国制造业的影响主要是制造业比重下降过早、过快将拖累经济增长，导致产业"空心化"，削弱我国经济抗风险能力和国际竞争力。

发达国家经验显示，数字智能技术是推动产业变革的手段、工具，也是产业运行关系、产业组织关系和产业生态关系变革的前提条件。UNCTAD技术与创新报告（2021）显示，全球目前正在接近"通信技术时代（Age of ICT）"部署阶

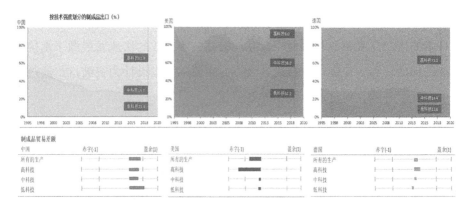

图 3.2　制造业出口及贸易平衡对比

来源：UNCTAD

段的尾声，并开启前沿技术新模式，有时被称为工业 4.0（Industry 4.0），见图
3.3。工业 4.0 具有面向整个价值链的网络物理模型和数字集成助力产业大幅提
升效率和大规模定制能力。信息技术（IT）和运营技术（OT）系统相融合，促进
自动化制造设备与更广泛的计算机系统实现互联。来自传感器、可编程逻辑控制
器（PLC）和数据采集与监控系统（SCADA）系统的 OT 数据与来自制造执行系统

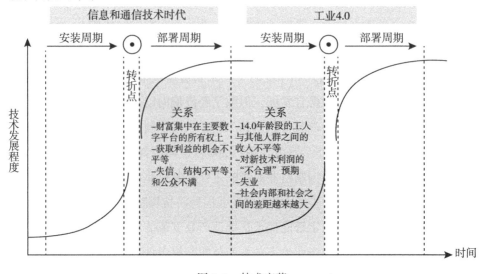

图 3.3　技术变革

（MES）和企业资源规划（ERP）系统的 IT 数据实现了进一步集成。互操作系统和数字平台是数字经济的基本要素，通信技术的部署使得大量财富集中于主要数字平台所有者。UNCTAD 报告中的前沿技术是指利用数字化和连通性、结合在一起后能够产生多重倍增效应的新技术，涵盖 AI、IoT、大数据、区块链、5G、3D 打印、机器人、无人机、基因编辑、纳米技术和太阳能光伏。这 11 种技术代表了 3500 亿美元的市场，到 2025 年，市场可能增长超过 3.2 万亿美元（见图 3.4）。这些技术显著提高了生产率并改善了人们的生活，如 AI 与机器人技术结合改变了生产流程和业务流程；3D 打印能够实现快速、低成本的小批量生产，以及新产品原型快速迭代制作。金融业已将这些技术应用于信贷决策、风险管

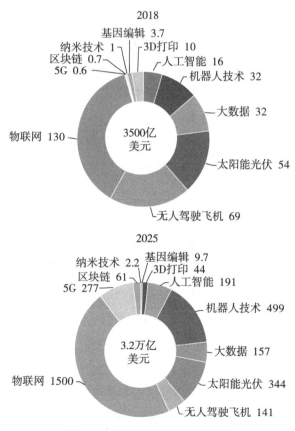

图 3.4　前沿技术市场规模估值

来源：UNCTAD

理、欺诈防范、交易、个性化银行和流程自动化方面。制造业也已将其应用于预测性维修、质量控制和人机相结合的工作。这些技术目前的主要供应商来自美国，主要是云计算平台。我国作为一个主要生产国，目前主要供应 5G、无人机和太阳能光伏。

2. 数字经济时代的生产性服务业

随着社会需求日益多元化，服务经济的范畴不断拓展，服务成为支撑经济发展的主要动能和国际竞争的重要战场。美国服务发展水平远高于其他国家，2015—2019 年，美国服务业增加值占比一直保持在 75% 以上，2019 年比重达到 77.31%。比较而言，我国服务业增加值占 GDP 的比重略低，但发展态势平稳且呈上升趋势。2015—2019 年，我国服务业增加值占 GDP 比重从 50.77% 上升到 54.53%。随着各国发展战略的实施，复杂产品的制造服务研究向着智能化的方向转变。《2018 中国智能制造报告》显示，我国 153 家大中型企业智能制造重点部署领域包括 AI（21%）、重构生态及商业模式（36%）、工业互联网（48%）、设备及用户价值深挖（62%）和数字化工厂（63%）；重点关注技术及其市场规模增长率为区块链、3D 打印（21%）、机器人流程自动化（RPA，25%）、人工智能制造业应用（28%）、数字孪生（50%）、物联网制造应用（22%）、现代制造执行系统（MES，13%）。Giret A et al.（2016）面向服务的制造系统中不同技术、标准、功能和执行环境带来的复杂性问题，提出一种基于多代理的智能制造服务框架；Simeone A et al.（2019）针对现代制造业需求的动态性和多源性对制造资源调度效率的影响，提出了一种基于动态共享制造服务的智能化云制造平台，可以根据不同类型按需提供服务，提高制造网络资源利用效率；Beverungen D et al.（2019）分析总结了智能服务系统的特性；Wiesner S et al.（2017）提出了基于制造企业和服务提供商协同的服务支持模型、方法和工具，改进了虚拟制造企业的服务提供效率；Quintanilla F G et al.（2016）提出基于制造服务的定制化产品工艺设计方法，并构建了面向制造服务的模型框架，实现了可定制产品工艺设计的服务重用；Vargas J et al.（2018）面向复杂产品维护、维修和大修服务，提出基于制造服务流程和服务资源调度的联合优化方法。国内方面，李伯虎等（2019）提出了"新互联网+大数据+人工智能"的云制造系统；周济等

（2018）认为以智能服务为核心的产业模式变革将从大规模定制化发展和生产服务型制造转变两个方面展开；任彬等（2018）提出基于生命周期大数据驱动的复杂产品职能制造服务新模式，构建了系统实现架构；杨文芳等（2015）提出基于 AR 的辅助维修服务方法；黄昂等提出了基于数字孪生的智能服务方法；陶飞等（2018）提出面向服务和数据驱动的制造全要素、全流程和全业务全面互联、资源开放共享、制造过程自主优化、信息物理融合的智能制造模式；张卫等（2019）提出智能服务的模块化设计方法，构建了包括智能服务大数据环境、智能服务模块分解和智能服务模块优化的职能服务模块体系；李浩（2018）等提出面向大规模个性化的产品服务系统设计模式。新华三大学（2019）在其《数字化转型之路》一书指出，企业可以借助数字世界强大的可连接、可汇聚和可推演的能力来进行产品、业务和商业模式创新，以更低的成本、更高的效率为客户提供更好的服务和体验，进而提升企业竞争力。张富强（2018）等认为，制造与服务的融合首先要求重构生产者与生产者、生产者与消费者之间的链接。依托于工业产品，将生产性服务、服务性生产以及用户全程参与制造及服务过程引入传统制造价值链，扩展价值链的涵盖范围，通过企业间的专业化分工和协作及网络化协作实现资源整合、价值增值和知识创新。服务型制造企业更是可以基于数字化转型进行全面的产品服务、业务流程、商业模式以及组织结构创新。

江小涓（2011）通过测算我国服务业真实增长和名义增长，认为生产型服务需求的真实增长主要源于技术变化、产业组织变化和最终需求变化的引导。制造企业所需要的服务多为知识密集型服务，对专业知识、技能和能力以及人力资产构成有不同的要求。数字技术使得专业化分工不断深入，从而形成了高度专业化社群/团队，提高了劳动生产率和资本利用率。并且，高度专业化社群扩大了规模经济效应，能够根据应用场景和需求提高专业化服务效率、应用先进技术设备和专业人才，降低成本且提高服务质量。产业组织变化主要表现为交易成本变化，由于市场协调机制和市场契约供给服务等会随着专业化分工社群规模和服务产业化产生更多的交易费用，且多数生产型服务与生产运营是全流程相互渗透的，需要在应用中持续互动、迭代和改进，整合多方知识、信息和技术，因此注重连接的网络型组织形式有利于降低连接成本和信息成本。网络型组织形式能即时连接客户或企业，介入加工制造的各个环节，进而降低企业创新成本增加运营效率。根据统计分类划分，生产性服务业主要包括研发设计与其他技术服务，货物运输服务、通用航空生产、仓储和邮政快递服务，信息服务，金融服务，节能与环保服务，生产性租赁服务，商务服务，人力资源管理与职业教育培训服务等内容。发达国家普遍存在"两个70%"现象：即服务业产值占GDP比重的70%，生产性服务业占整个服务业的70%。世界500强企业过半数从事服务业，美国是制造业服务化最高的国家，2019年已接近七成，如通用电气"技术+管理+服务"模式，IBM也已完全转型为全球信息系统解决方案提供商。经济活动的服务化趋势推动生产性服务向制造价值链的上游——研发与设计服务，中游——仓储物流与供应链管理服务，下游——销售与售后服务等环节渗透。发达国家占据研发设计等技术、知识双密集环节，控制全球市场分销渠道，以外包生产装配为特征进行制造服务化转型，占据全球价值链的研发与营销环节，攫取了超额利润。概括而言，可以从两个角度解析欧美企业生产性服务业发展，即组织内部动因和外部环境因素。其中，内因多围绕延展制造企业产品生命周期，解决方式主要是通过持续创新延长生命周期，保有市场份额（Lee Keun & Malerba F., 2017）以及拓展服务，尤其是高级服务以获取新收入来源（Cusumano M. A., 2015）；外因主要源于全球制造业大环境变革，欧美国家为重建均衡、重获竞争优势，服务化转型率先被装备制造业中的龙头企业，如航空设备企业 Honeywell、电器设备企业 ABB、航空发动机和机车设备企业 GE 等付诸实践，进而被 IT 行业 IBM、Xerox 等采纳。Brady T. et al.（2005—2008）研究认为，制造企业从产品导向转为服务和整体解决方案导向，会带给企业持续的收入来源、稳定的客户关系、优质的企业形象及显著的社会效益。Andrew D. et al.（2007）研究发现随着制造企业对客户愈加重视，客户需求从单一产品转向更为复杂的解决方案，这些解决方案将技术、产品和不同供应商提供的专业服务整合在一起，为客户提供一站式解决方案。发达国家学者认为发展中国家的崛起给国际制造分工体系带来诸多不均衡因素，欧美制造企业通过增加高新技术、专业知识为要素的服务内容，以差异化竞争应对低成本竞争，通过服务化转型重构并维系其面向发展中国家制造业的优势。

3. 生产性服务业价值链

全球价值链是指由生产销售给消费者的产品或服务所涉及的一系列具有增值作用的阶段所组成，并且至少有两个阶段在不同的国家或地区进行生产的整个过程。在这一过程中，研发设计、加工制造、生产装配、营销售后等价值链不同环节在全球范围内进行协作，促进了全球生产和贸易增长（Antras，2019）。生产性服务业已经成为制造业价值链条上的关键环节，具有集聚资金流、信息流、物资流、科技流的能力，能够有效帮助制造企业优化资源配置、降低生产成本、提高生产效率，实现制造业企业转型升级。Globalization and World Cities Study Group and Network（GaWC）用银行、法律、保险、会计和广告几类高级生产性服务业机构的分布情况作为指标对世界主要城市排名，结果显示，香港、纽约和伦敦是排在世界前三的城市，见表 3.1。生产性服务业对推动经济高质量发展至关重要，是推进工业化进程、加快产业转型升级的需求。20 世纪 50 年代起，世界主要发达国家就开始了制造业和服务业的不断融合。我国的基本国情是人口多、劳动力多，分别占世界人口和劳动力比重的 18.0%和 23.0%。图 3.5~图 3.7 对比了 2000 年和 2019 年，主要国家第一、第二和第三产业就业构成百分比，显示第三产业对 GDP 贡献率的变化显著。如德国第三产业对 GDP 贡献率从 2000 年的 60%增长至 2019 年的 270.2%，见表 3.2。从就业情况看，就业人口从第一、第二产业向第三产业转移，其中，中国产业变化明显，第二产业就业人口占比从 2000 年的 22.5%增长至 28.2%，第三产业就业人口占比从 2000 年的 27.5 增长至 46.4%。我国创造了世界最大规模就业人数，2021 年达到 7.46 亿人，相当于 OECD 国家的 6.75 亿人的 1.11 倍，相当于印度的 4.71 亿人的 1.68 倍，占世界总数（34.5 亿人）比重的 23%。

表 3.1 几类生产性服务业分布

	银行	保险	法律	会计	广告	总计
珠江三角洲城市	6	4	10	3	7	30
广州	2	0	6	2	5	15

续表

	银行	保险	法律	会计	广告	总计
深圳	3	4	3	1	2	13
东莞	1	0	0	0	0	1
佛山	0	0	1	0	0	1
国内城市	25	21	30	17	11	104
北京	9	11	24	14	8	66
上海	4	5	3	0	1	13
其他	12	5	3	3	2	25
全球城市	24	8	18	17	18	85
香港	4	0	12	0	0	16
纽约	3	1	0	3	10	17
伦敦	2	0	1	13	6	22
东京	3	4	0	0	2	9
其他	12	3	5	1	2	23
总计	55	33	58	37	36	219

来源：GaWC Research Bulletin 455（lboro. ac. uk）

美国实施的"再工业化"战略，将生产性服务业视为制造业发展的主要支撑力量。为了鼓励服务业相关研发，美国出台了一系列政策，如按照研发经费的一定比例（20%）减免税收和退税，尤其是高科技技术。制定了"信息高速公路计划"，重视政企合作，保障企业在信息资源开发战略中的主导地位。德国的工业 4.0 战略，推动了装备制造业智能化、信息化发展，提供了制造业产品发展到提供一体化解决方案，加速了单一制造企业向服务型制造企业转型。在产品提供方面，主要出口产品包括汽车整车、电气设备、运输设备、电子产品等成套设备，以及精密机床、机械模具、基础零件等细分产品。在一体化方案方面，面向全球客户，提供产品研发设计—生产制造—终身维修—系统更新等一体化解决方案与配套服务。日本于 2016 年出版《制造基础白皮书》，提出"日本政府敦促企业经营者，要基于市场变化来促进经营创新；产品附加值要

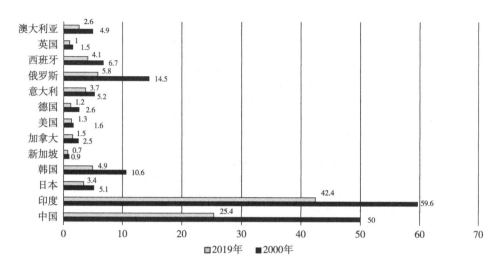

图 3.5　国家一次产业就业构成

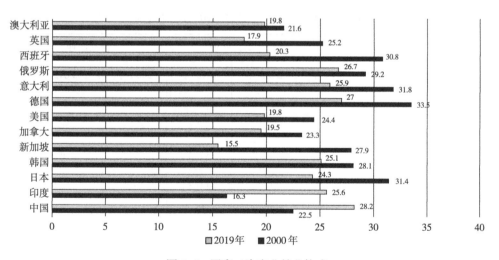

图 3.6　国家二次产业就业构成

从'物'转向'服务解决方案';仅仅生产物品,以及无法更好地生存"。日本的生产性服务业与其他产业互动较强,服务业发展多源于承接国际制造业的梯度转移,在促进制造业升级方面以研发设计为突破口,通过发展生产性服务业,促进产业结构轻型化。

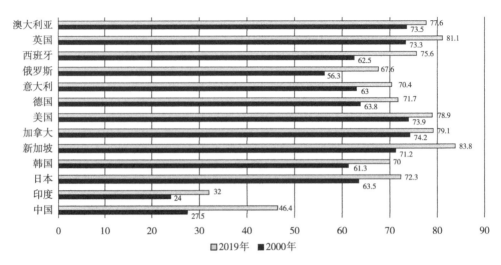

图 3.7 国家三次产业就业构成

表 3.2 **2000 年和 2019 年第三产业对 GDP 贡献率（%）**

国家	第一产业		第二产业		第三产业	
	2000 年	2019 年	2000 年	2019 年	2000 年	2019 年
中国	5	3.6	47.5	42.5	47.6	53.9
印度	−0.1	10.9	42.9	11.7	57.2	77.5
日本	4.1	2.2	30.7	57.3	65.2	40.5
韩国	0.1	2.3	43.5	17.7	56.4	80
新加坡	−0.1	0.2	35.9	−22.3	64.2	122.1
美国	3.8	−3.3	27.5	17.7	68.8	85.6
德国	−1.2	3.8	41.1	−174	60	270.2
意大利	−0.3	−13.5	19.9	14.2	80.3	99.3
俄罗斯	7.4	1.9	49	24.3	43.6	73.8
英国	0.3	−0.5	10.2	−2.6	89.5	103.2

来源：WDI 数据库

发达国家经验表明，制造与服务的不断融合，大大拓展了企业作为市场供给主体的可选择与能协作范围。企业能够跨层级多领域高效且集约地改进生产组织形式和生产方式，使用更多源且集成的技术手段挖掘新需求、利用生产资源并开展创新活动。2020 年美国《财富》杂志统计的世界 500 强企业中，开展制造业服务业融合的企业占比约为 42%，其中，我国企业数量占总企业数的 34%，美国企业占比为 25%，日本 10%、德国 6%，法国、韩国、英国、荷兰、瑞士、印度、加拿大、爱尔兰等国家也榜上有名。凭借完备的工业体系、良好的营商环境、落地的政策引导，我国在制造业与服务业深度融合方面已具有显著优势。王勇等（2021）指出，服务型制造实践表明，对单个制造企业而言，在缩短供应链与市场距离的同时，减少对传统营销网络的依赖，丰富连通终端市场的路径，及时感知和响应市场需求，拓展价值链并提供更多更好的增值性服务，可以极大提升利润空间；对整个制造业群体而言，通过直接面向市场满足有效需求的竞争，在社会层面得以整体性、适时性地优化资源配置、提高劳动生产效率、促进产能转换和利用、加快新产品和新服务的集成应用，降低社会交易成本和建设生态文明，对社会总福利的增加将产生积极影响。

大国博弈和国际秩序演化大背景下，我国制造业在传统要素价格优势逐渐消失、要素成本呈不断上升趋势，加快推动我国制造业和服务业融合发展，以技术创新提升和优化产品、服务供给的质量和结构，对提高我国产业在全球产业链、价值链中的地位和国际竞争力至关重要。到 2021 年，我国制造业增加值已经达到 48.7 万亿元，占全球的比重约为 28%，超过美国和日本的综合，见图 3.8。目前面临的问题在于，制造业大而不强，自主创新能力较弱、劳动生产率较低、产品质量问题突出、产业结构亟待优化。尤其是关键技术自给率低，高技术含量、高附加值的重大装备和关键材料仍依赖进口。工业和信息化部对我国 30 多家大型企业 130 多种关键基础材料调研现实，32% 关键材料仍处空白，52% 依赖进口。《2021 中国制造强国发展指数报告》显示，2020 年，我国制造强国发展指数位居第四，属第三梯队。其中，"规模发展"是主要支撑力，"结构优化"排名第三梯队首位，"质量效益"和"持续发展"在第三梯队排名最后，但与美国、德国和日本的第一、第二阵列仍有差距。

2021 年世界品牌 500 强入选数最多的国家前十分别是：美国 198 家，代表品

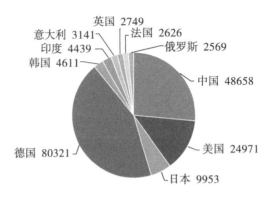

图 3.8　2021 年世界各国工业增加值

牌包括谷歌、亚马逊、微软、苹果和沃尔玛；法国 48 家，代表品牌路易威登、香奈儿、迪奥、欧莱雅和爱马仕；日本 46 家，代表品牌丰田、本田、花王、索尼和佳能；中国 44 家，代表品牌国家电网、腾讯、海尔、中国工商银行和五粮液；英国 37 家，代表品牌联合利华、英国石油、沃达丰、普华永道和汇丰；德国 26 家，代表品牌梅赛德斯奔驰、宝马、思爱普、大众和敦豪；瑞士 17 家，代表品牌雀巢、劳力士、瑞信、万国和欧米茄；意大利 15 家，代表品牌古驰、葆蝶家、法拉利、菲亚特、普拉达；荷兰 9 家，代表品牌壳牌、飞利浦、喜力、荷兰国际集团、毕马威；韩国 8 家，代表品牌三星、现代汽车、起亚、乐金、乐天。其中，进入世界 500 强的中国制造企业有 44 家，如排名 37 的海尔、排名 56 的华为、排名 131 的中国石油、排名 249 的茅台、排名 251 的五粮液、排名 288 的长虹、排名 292 的青岛啤酒、排名 333 的宝武、排名 379 的恒力、排名 395 的徐工、排名 397 的小米、排名 399 的盛虹等。

　　"十四五"规划提出，坚持把发展经济着力点放在实体经济上，坚定不移建设制造强国，强调"保持制造业比重基本稳定"。加快发展服务型制造，是推动我国经济高质量发展，提升产业链现代化水平的重要引擎。数字经济时代，生产活动的基本性质和产业的本质并未改变，产业组织形式和领域划分随着人们认知的深化和技术手段的突破，打破了传统的生产领域范围、产业划分和产业组织方式，使得无论是理论还是实践，都迎来了全新的产业起点。服务型制造是面向产业关系的产业变革，是实体经济中制造和服务两种生产性活动和产业分工形式的跨界融合，重构了现代产业体系，形成了新的产业发展格局。

二、我国服务型制造企业区域分析

我国制造业经过多年持续快速发展，建成了门类齐全、独立完整的产业体系。伴随着先进制造技术、现代生产管理技术、知识管理技术的推广应用，初步建立了产品销售与服务、生产作业与控制、产品设计与管理等协同机制，特别是通过推进两化深度融合和服务业发展，服务和商务新模式、新业态不断涌现，为制造业转型升级创造了客观条件。我国服务型制造发展成效显著，已逐步形成"政产学研用"多方合作的良好局面，为加快构建按国内大循环为主体、国内国际双循环相互促进的新发展格局提供了有力支撑。

2016 年工业和信息化部、国家发展和改革委员会、中国工程院联合发布《发展服务型制造专项行动指南》，针对服务型制造对价值链前、中、后各环节的提升作用，提出了四项行动、十项任务，鼓励发展服务型制造典型模式。2016年国务院发布《国务院关于印发"十三五"国家战略性新兴产业发展规划的通知》，推动制造业向生产服务型转变、生产性服务业向价值链高端延伸。2017 年国家发改委发布《服务业创新发展大纲（2017—2025 年）》，鼓励有条件的制造企业向设计咨询、设备制造及采购、施工安装、维护管理等一体化服务总集成总承包商转变；鼓励服务企业开展批量定制服务，推动生产制造环节组织调整和柔性化改造。2019 年 15 部门联合发布《关于推动先进制造业和现代服务业深度融合发展的实施意见》推动先进制造业和现代服务业相融相长、耦合共生。2020年，工业和信息化部等十五部门联合发布《关于进一步促进服务型制造发展的指导意见》，重点提出九大发展方向与创新模式，设计制造业各个环节的服务创新，涵盖了跨环节、跨领域的综合集成服务。2021 年，国家发改委等 13 部门发布《关于加快推动制造服务业高质量发展的意见》，以高质量的服务供给引领制造业转型升级和品质提升。2021 年，全国共有 25 个省级政府部门先后引发了服务型制造相关政策 99 项，22 个省级政府部门开展了区域性示范遴选工作，17 个省级政府部门对服务型制造发展设置专项支持资金，我国多层级、广覆盖的服务型制造政策体系逐步形成。福建、江苏、浙江、辽宁、陕西5省在政策制定方面先后引发多项服务型制造专项政策;内蒙古、上海、安徽、江西、河南、湖北、重庆、四川、云南、甘肃、宁夏也相继出台服务型制造专项政策,河北、吉林还未推动制造业和服务业融合制定了专项实施方案,广东制定了生产性服务业配套政策,山西、广西的配套政策中涉及推动服务型制造发展的相关内容。截至2023年3月,工业和信息化部署开展了第五批服务型制造示范遴选和前四批示范评估评价工作。第一、第二批示范主要聚焦供应链管理、全生命周期管理、总集成总承包和信息增值服务等4类领域,共遴选63家示范企业,10个示范项目、61个示范平台和6个示范城市。辽宁、江苏、浙江、安徽、福建、四川等20多个省(自治区、直辖市)开展了多批省级服务型制造示范试点遴选培育工作,形成了良好的示范效应。2021年第三批服务型制造示范遴选工作,从前两批4类领域拓展至定制化服务、供应链管理、全生命周期管理、节能环保服务、总集成总承包、生产性金融服务、检验监测认证、其他模式8类。截至2022年11月,共遴选示范企业151家、示范项目135个、示范平台117个,以及示范城市15个,示范效应显著。据各省(自治区、直辖市)服务型制造工作总结与成果报告不完全统计,全国超16个省(自治区、直辖市)在积极建设生产性服务业两业融合、服务型制造典型园区和集群。上海有张江集电港功能区、漕河泾松江功能区、金桥功能区、市北功能区、漕河泾浦江功能区等40个生产性服务业功能区。浙江已审核认定的872个小微企业园中有367个为生产性服务类园区。广东已建成3个工业设计基地,培育省级生产性服务业功能示范单位28家,见图3.9和图3.10。截至2023年年底止,全国除海南省、西藏自治区、青海省、新疆生产建设兵团和香港特别行政区、澳门特别行政区外,28个省区市和5个计划单列市均以不同的动员、组织方式开展了服务型制造示范遴选申报推荐工作与全国制造业区域发展状况相吻合,五批入选的示范企业、平台、项目、城市数量,见表3.3,东部地区最多,为426个(占比54%);中部地区居次,为165个(占比21%);西部地区为124个(占比16%);东北地区为72个(占比9%)。总数量居前十的省区市中,东部地区占前六位,分别为江苏、浙江、上海、福建、山东和广东;中部地区三个,河南和湖北与广东并列第六,安徽在第五批遴选后跻身前十;东北的辽宁排名第九,西部的四川与安徽并列第十。可以看出,东部地区优势明显，中部地区入选比例上升较快。

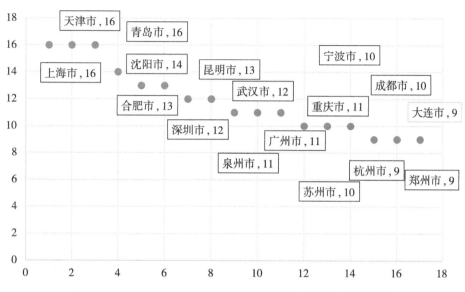

图 3.9　国家级服务型制造示范企业（平台、项目）分布城市

来源：中国服务型制造联盟统计

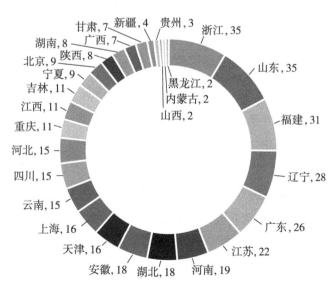

图 3.10　国家级服务型制造示范企业（平台、项目）省份分布

来源：中华人民共和国工业和信息化部（miit. gov. cn）

表 3.3　　　　　　　　服务型制造示范遴选表

	企业	项目	平台	城市
第一批	30	60	30	0
第二批	33	50	31	6
第三批	88	25	56	9
第四批	111	22	57	9
第五批	110	51	——	9
合计	372	225	157	33

1. 东部地区

根据国家统计局划分办法，我国东部地区包括北京市、天津市、河北省、上海市、江苏省、浙江省、福建省、山东省、广东省和海南省。"十三五"期间，我国东部地区实现生产总值 53.6 万亿元，同比增长 3.14%；地区生产总值占全国的 51.93%，区域经济总量全国第一。其中，2016 年上海增速较快，2017—2019 福建增速最快，2020 年江苏疫情后恢复较快。2022 年，东部地区生产总值 622018 亿元，比上年增长 2.5%，投资增长 3.6%。2022 年，京津冀地区生产总值 100293 亿元，比上年增长 2.0%；长江经济带地区生产总值 559766 亿元，增长 3.0%；长江三角洲地区生产总值 290289 亿元，增长 2.5%。粤港澳大湾区建设、黄河流域生态保护和高质量发展等区域重大战略扎实推进。2021 年，东部地区三次产业增加值结构为 4.5∶39.1∶56.4。东部地区工业增加值持续上升，从 2012 年的 11.59 万亿增加到 2021 年的 19.83 万亿。东部地区第三产业增加值占 GDP 的比重从 2017 年的 54.7%增长至 2020 年的 57.5%。从营收看，东部地区服务型制造企业 2020 年营业收入达 3 亿元及以上的占比 82%，600 万~3 亿元的企业占比 16%，50 万~600 万元的企业占比 2%。从年平均从业人员规模看，2000 人以上的大型企业占比 30%，30 人以上 2000 人以下的中型企业占比 66%，10~30 人的小型企业占比 4%。从企业类型看，私营企业占比 72%，国有控股企业占比 16%，外商及港澳台商投资企业 12%。东部地区服务型制造模式主要为定制化服务、供应链管理、全生命周期管理、总集成总承包、节能环保服务等。其中，定制化服务占比 29.9%，全生命周期管理 28%，总集成总承包 21.3%，供应链管理占比 12.2%。部分制造企业尝试提供节能环保服务 3.7%，头部企业探索生产性金融服务 2.4%，检验检测认证 1.8%，信息增值服务 0.6%。出现了江苏双良节能等以全生命周期管理模式为特征，福建龙马环卫、上海卡斯柯信号等以总集成总承包为特征，深圳五鑫科技等以供应链管理为特征，小米、雅莹等以信息增值服务为特征的服务型制造示范企业。

为发展服务型制造，东部地区注重顶层设计、加强政策引导，通过梯度培育、示范引领，人才培养和完善公共服务等措施，不断推进服务型制造纵深发展。福建、浙江两省在服务型制造政策制定方面领跑全国，先后印发多项专项政策，其余省份也分别出台了专项政策或在其他配套政策中涉及推动服务型制造发展的相关内容。截至 2021 年 8 月，福建已出台专项政策 6 项、江苏 3 项、厦门 2 项；上海、浙江、山东、宁波、深圳均出台 1 项以支持服务型制造发展；广东、河北、天津在相关文件中提出了支持和推动服务型制造发展。其中，福建省工信厅于 2016 年先后发布《2016 年服务型制造工作专项通知》《福建省发展服务型制造实施方案（2017—2020 年）》，2017 年发布《关于加快推进主辅分离积极发展服务型制造的若干意见》《福建省加快推进主辅分离积极发展服务型制造资金扶持和奖励实施细则》，2021 年《福建省关于进一步促进服务型制造发展的实施意见》。福建提出培育制造业共享经济，加快推进主辅分离，支持工业企业延伸产业链条、拓展物流服务，形成跨部门、跨层级共同扶持服务型制造发展保障体系，培育一品嘉、众协联等一批服务于生产制造的供应链服务平台；江苏建设先进制造业基地，提出推动服务型制造发展"十百千"工程，组建由 320 家制造企业、互联网机构构成的工业互联网发展联盟；浙江发展云制造模式，通过数字化、柔性化、集成化、共享化、平台化融合路径，推动生命健康制造与服务有效融合。广东省举办生产性服务业培训班，设立"服务型制造专题研修班"，大力培育服务型制造高质量人才。北京市海淀区推出"海英计划"升级版，实施人才举荐、待遇让渡制度，依托新型研发机构探索"海英学者"计划。上海市举办服务型制造高级研修班，通过政策解读、专家授课、学员座谈交流等形式提升服务型制造人才工作成效。东部地区国家试点示范建设成效显著，山东、浙江、福建入选国家级服务型制造示范企业数量分别位列全国前三。依据《发展服务型制造专项行动指南》遴选服务特色鲜明、配套体系健全的 6 个示范城市中，东部地区入选 5 座，分别是苏州、嘉兴、泉州、广州和厦门，其中，苏州市以高新技术产业优势带动传统制造业转型升级发展服务型制造；嘉兴市形成了以互联网发展优势创新带动传统制造业转型升级发展服务型制造；泉州市依托传统优势产业和工业设计基础发展服务型制造；广州市以信息经济驱动创新引领制造业转型升级发展服务型制造；厦门市以先进制造业优势发展服务型制造。省级试点示范建设方面，在全国开展服务型制造示范遴选工作的 18 个省（自治区，直辖市）中，东部地区的天津、上海、江苏、浙江、福建、山东、广东 7 省，青岛和厦门 2 个计划单列市均已开展遴选工作，其中，天津市企业 17 家，平台 2 个，项目 4 项；上海市企业 46 家，平台 17 个，项目 21 项；江苏省企业 305 家，平台 0 个，项目 0 项；浙江省企业 282 家，平台 84 个，项目 0 项；福建省企业 108 家，平台 31 个，项目 0 项；山东省企业 28 家，平台 2 个，项目 0 项；广东省企业 32 家，平台 29 个，项目 0 项；青岛市企业 8 家，平台 16 个，项目 4 项；厦门市企业 4 家，平台 6 个，项目 12 项。截至 2023 年第四批遴选，浙江省嘉兴市、杭州市、宁波市、湖州市、温州市和台州市入选国家级服务型制造示范城市。山东省青岛市、烟台市、济南市、淄博市、威海市和济宁市入选国家级服务型制造和工业设计特色类服务型制造示范城市。江苏省苏州市、无锡市、常州市、南京市和镇江市，广东省广州市、深圳市、东莞市和佛山市，福建省厦门市和泉州市，入选国家级服务型制造示范城市。

在地方政府的引导和培育下，"数字化+""互联网+"使得传统的制造业企业生产模式呈现多样化、多模态特征，既改变了生产制造的传统属性，也积极促成产业集群化发展，成为推动服务型制造发展的重要引擎。东部地区已基本建成以新一代信息技术、高端智能装备、生物医药、先进材料等为代表的先进制造业集群，呈现头部企业以平台汇聚产业集群资源，从区域内产业链服务向外逐步延展的态势。广东形成了深圳市新一代信息通信集群、东莞市智能终端集群、广深佛莞智能装备集群等；江苏形成了无锡市物联网集群、苏州市纳米新材料集群、徐州市工程机械集群等；浙江形成了杭州市数字安防集群、宁波市磁性材料集群等；上海形成了集成电力、张江生物医药集群，山东形成了青岛市智能家电、轨道交通装备集群。为推动先进制造业集群发展，工业和信息化部组织开展先进制造业集群竞赛。根据《工业和信息化部办公厅关于开展先进制造业集群决赛的通知》，共遴选出两批先进制造业集群决赛优胜者共 25 个集群，① 分布于全国 9 个省市。如表 3.4 所示，第一列和第二列分别对应第一批优胜集群 15 个和第二批优胜集群 10 个。

表 3.4   优 胜 集 群

一、第一批	二、第二批
广东省深圳市新一代信息通信集群	浙江省杭州市数字安防集群
江苏省无锡市物联网集群	山东省青岛市智能家电集群
广东省深圳市先进电池材料集群	浙江省宁波市磁性材料集群
上海市集成电路集群	广东省广深佛莞智能装备集群
广东省广佛惠超高清视频和智能家电集群	山东省青岛市轨道交通装备集群
江苏省南京市软件和信息服务集群	江苏省常州市新型碳材料集群
广东省东莞市智能移动终端集群	广东省深广高端医疗器械集群
江苏省南京市新型电力（智能电网）装备集群	浙江省温州市乐清电气集群
湖南省株洲市先进轨道交通装备集群	四川省成都市软件和信息服务集群
湖南省长沙市工程机械集群	四川省成都市、德阳市高端能源装备集群
江苏省苏州市纳米新材料集群	
江苏省徐州市工程机械集群	
安徽省合肥市智能语音集群	
上海市张江生物医药集群	
陕西省西安市航空集群	

---

① 中国机械工程学会．［EB/OL］．（2021-03-29）［2022-05-22］．https：//mp. weixin. qq. com/s/tftz5cNegSSayEW_AGLWAg.

东部地区长三角、京津冀、珠三角地区集聚化态势显著。如"十三五"期间，上海市①生产性服务业重点领域营收超过 3 万亿元，生产性服务业功能区单位土地面积营收 319 亿元/平方公里，已形成 40 余家生产性服务业功能区，如张江集电港功能区、漕河泾松江功能区等；江苏省生产性服务业双百工程②，生产性服务业增加值占服务业比重达 55%，培育形成 107 加省级生产性服务业集聚示范区、138 家领军企业；浙江全省 100 家省级现代服务业集聚示范区③，宁波梅山保税港区物流园区、义务国际商贸城等 6 家集聚示范区规模突破千亿元，审核认定 872 个小微企业园，其中 367 个是生产性服务类园区，企业 2.9 万家。京津冀地区，北京率先实施服务业扩大开放综合试点；天津建设生产性服务业发展先行区；河北已建设 13 家工业设计创新中心，培育工业设计中心 192 家，其中省级工业设计中心 33 家，国家级工业设计中心 6 家，培育设计标杆企业 119 家、培育设计明星产品 118 项。广东生产性服务业增值趋势稳定，2019 年实现生产性服务业增加值占服务业比重的 50.6%，占地区生产总值比重的 28.1%，培育省级生产性服务功能区示范单位 28 家。工业设计是生产性服务业高质量发展的着力点。2020 年，《关于进一步促进服务型制造发展的指导意见》将工业设计纳入推动服务型制造创新发展路径之一，已开展的国家级工业设计评选入选工业设计中心 148 个，东部地区 107 个，占比 72%；入选工业设计企业 23 家，东部地区 15 家，占比 65%。东部地区积极先试先行各类措施推进服务型制造发展。2022 年，浙江省发布《关于深入推进服务型制造促进制造业高质量发展的实施意见》，引导制造企业、服务企业双向延伸融合，鼓励链主企业、雄鹰企业、单项冠军等优质企业与其配套企业协同发展，赋能中小微企业创新发展。与此同时，北京、上海、江苏省、福建省、山东省等地陆续提出服务型制造示范培育和产业融合发展

---

① 上海市人民政府办公厅关于印发《上海市先进制造业发展"十四五"规划》的通知［EB/OL］．（2021-07-06）［2022-05-12］．https：//www. shanghai. gov. cn/nw12344/20210714/0a62ea7944d34f968ccbc49eec47dbca. html.

② 江苏实施生产性服务业双百工程-国家发展和改革委员会［EB/OL］．（2026-08-16）［2022-04-13］．https：//www. ndrc. gov. cn/fggz/tzgg/ggkx/201608/t20160816_1078398. html.

③ 浙江省现代服务业发展工作领导小组办公室关于印发《浙江省现代服务业发展"十四五"规划》的通知［EB/OL］．（2021-07-15）［2021-12-20］．https：//www. zj. gov. cn/art/2021/7/15/art_1229540815_4687240. html.

总体目标，充分发挥专项资金的扶持和引导作用，完善示范培育配套奖补措施。浙江省搭建系统的研究平台和产业联盟，探索如何打造国家级特色创新载体。福建省搭建专业性区域型公共服务平台，推动了商业模式创新和业态创新，对省内企业服务化专项提供调研诊断、技术咨询、项目对接、人才培养、政策宣贯等支持和服务。山东省建立国家级工业设计研究院。

发展服务型制造，有助于推动中小企业提升专业化优势，成为"专精特新"小巨人和隐形冠军，对强链补链助推制造业高质量发展意义重大。工信部《中国产业发展和产业政策报告（2011 年）》指出，专精特新即"专业化、精细化、特色化和新颖化"。"专精特新"企业指具有"专业化、精细化、特色化和新颖化"特征的中小企业。其中，专业化指产品用途的专门性、生产工艺的专业性和技术的专有性；精细化指工艺技术的精深性、精巧性，产品的精致性、精细性、精确性和精美性；特色化指产品的独特性、独有性、独家生产经营性，具有区别于其他同类产品的独立属性；新颖化指产品（技术）的创新性、先进性和功能的新颖性，比传统产品具有更高的技术含量、更大的附加值、更好经济效益和更加显著的社会效益。工信部于 2022 年 6 月印发《优质中小企业梯度培育管理暂行办法》，明确优质中小企业是指在产品、技术、管理、模式等方面创新能力强、专注细分市场、成长性好的中小企业，提出构建包含创新型中小企业、"专精特新"中小企业和专精特新"小巨人"企业 3 个层次的优质中小企业梯度培育体系。自 2019 年以来，工信部共分四批次公示了 9279 家专精特新"小巨人"企业，已近达成 2025 年培育 1 万家专精特新"小巨人"企业的目标。从行业领域来看，已公示的专精特新"小巨人"企业集中分布于制造业，占公示专精特新"小巨人"企业总数超六成。然而从分批次来看，制造业专精特新"小巨人"企业数量呈现明显下降趋势，从第一批占比近 70% 下降至第四批占比不到 60%。相比之下，科学研究和技术服务业及信息传输、软件和信息技术服务业虽目前占比较少仅为 23% 和 4%，但分批次看则呈现出明显的上升趋势。"专精特新"企业行业垂直度高、专业性强，数据要素细分领域特征明显，创新成本显著高于可应用泛化数字解决方案的企业。基于价值链的数据资源配置在"专精特新"企业创新成本分析中不可或缺。

2. 中部地区

根据国家统计局划分办法，我国中部地区包括山西省、河南省、安徽省、湖北省、湖南省和江西省。2022 年，中部地区生产总值 266513 亿元，增长 4.0%。中部六省三产结构从 2016 年的 9.6：44.6：45.8 调整为 2022 年的 8.6：41.35：50.02，其中服务业占比超过 50%，但各省产业基础差异明显，经济总体波动较大。2022 年，中部地区工业增加值为 8.27 万亿元，见图 3.11。按中部地区企业经济类型分类，国有控股企业占比 19%，私营企业占比 81%；从人员规模看，2000 人以上企业占比 17%，2000 人以下占比 83%；从企业营收规模看，3 亿元以上和以下营收规模企业各占比 50%。

图 3.11 中部地区 10 年工业增加值变化

中部地区服务型制造模式涉及 8 种，其中 28.57% 的企业采用全生命周期管理模式，20.88% 的企业采用定制化服务与总集成总承包模式，14.29% 的企业采用供应链管理模式，15.39% 的企业涉及节能环保服务、检验检测认证、生产性金融服务及信息增值服务模式。逐步涌现出以阳光电源、盈峰环境为代表的总集成总承包服务，以大信厨房为代表的定制化服务、信息增值服务，以铁建重工、远大空调位代表的全生命周期管理等模式。2021 年，江西省发布《江西省发展服务型制造新一轮专项行动实施方案》，提出以产业融合发展为主线，加强培育发展服务型制造新业态新模式。湖南省构建以中小企业公共服务平台网络为骨架、以中小企业双创基地为载体、以中小企业核心服务机构为支撑的中小企业公共服务生态，形成服务型制造"湖南模式"。充分发挥省级制造高质量发展专项资金引导作用，湖南省分级支持服务型制造示范创建工作，优先支持服务型制造示范企业、平台、项目、集聚区用地，分模式完善省级服务型制造专家库，推动行业良性发展，放宽制造企业拓展服务业务准入条件，为服务型制造发展营造友好环境。《河南省建设制造强省三年行动计划（2023—2025 年）》提出，加快制造业服务化发展。坚持以服务型制造为重点，延伸产业链、提升价值链、赋能新制造：（1）培育服务型制造新业态；（2）大力发展生产性服务业，支持生产性服务业企业搭建面向服务型制造的专业服务平台、综合服务平台和共性技术平台，为制造业企业提供专业化、定制化服务；（3）推动企业服务化转型，鼓励制造业企业向平台型企业转型，发挥资本、技术、人才和品牌等优势，整合上下游资源，发展平台型制造新模式，形成服务型制造新的增长点。

2020 年，中部地区企业服务收入占营业收入的比重超过 20%，其中，湖北、安徽、河南、江西企业服务收入占营收比超 20%；湖南、山西两省企业服务收入占比不足 20%。截至 2021 年 8 月，中部六省均已发布促进服务型制造相关政策，其中，河南省、安徽省、湖北省、江西省在 2016 年工业和信息化部发布《发展服务型制造专项行动指南》后，先后发布了各省的行动计划。江西省更是在 2017 年，2018 年和 2021 年发布了直接推动服务型制造发展的文件；湖北省 2016 年和 2021 年发布了直接相关文件。从发展成效看，中部地区共有 45 家（个）示范企业（项目、平台）入选工业和信息化部的两批服务型制造示范企业，占比 19.23%，其中第一批有 6 家示范企业、9 个示范项目、5 个示范平台；第二批 10 家示范企业、9 个示范项目和 6 个示范平台。其中，安徽、湖北各有 12 家（个）企业（项目、平台）入选国家级服务型制造示范名录；河南省 10 家（个）企业（项目、平台）入选国家级服务型制造示范名录，郑州是首批 6 个国家服务型制造示范城市之一；江西省 7 家（个）企业（项目、平台）入选国家级服务型制造示范名录；湖南省 3 家（个）企业（项目、平台）入选国家级服务型制造示范名录；山西省 1 家（个）企业（项目、平台）入选国家级服务型制造示范名录。中部各省开展了多层次服务型制造转型培育工作。安徽省遴选省级服务型示范企业 123 家，省级示范平台 51 个；河南省累计培育省级示范企业（项目、平台）118 家（个），开展服务型制造企业比例 22.7%；湖北省共有 59 家（个）企业（项目、平台）入选省级示范名录；江西省认定 43 家（个）企业（平台）；湖南省有 32 家省级示范企业，11 个示范项目和 16 个示范平台；山西省有 4 家省级服务型制造示范企业，如图 3.12 所示。

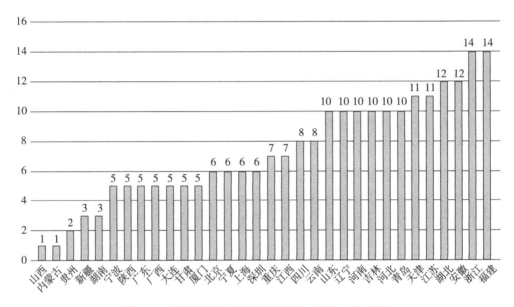

图 3.12 服务型制造国家级示范数 单位：家（个）

工业和信息化部遴选出两批先进制造业集群决赛优胜者共 25 个集群，分布于全国 9 个省市，其中湖南、安徽各有 3 个集群入选。湖南省株洲市先进轨道交通装备集群是国内首个产值破千亿元的轨道交通装备产业集群，为全球轨道交通各类用户提供从轨道交通器件、部件、系统到整机、大系统的全寿命周期系统解决方案，轨道交通产业本地配套率 80% 以上，产业聚集度全球第一。湖南长沙工程机械产业集群聚集了三一重工、中联重科、铁建重工、山河智能等头部企业以及众多的中小配套企业。截至 2020 年年底，集群拥有主机和零部件企业 416 家，其中，规模以上企业 301 家。在 23 类核心零部件中，省内配套率达 32.3%，其中 6 类零部件省内配套率超过 50%，5 类核心零部件均可实现省内采购。安徽省合肥市智能语音产业集群在推动语音技术研发、语音技术推广应用方面成效显

著，集聚了科大讯飞、华米科技、科大国创、赛为智能等一批龙头企业。截至
2020 年 4 月，中国声之谷入驻企业总数为 860 家，2019 年集群核心及关联带动
产值约 800 亿元。中部地区为中小企业发展提供优良的营商环境。截至 2020 年
底，河南省科技型中小企业数量超过万家，达到 11826 家，同比增长 39.6%。在
工信部公布的"专精特新"小巨人名单中，中部地区企业占比超过 20%，其中，
湖南、安徽、河南三省进入全国前十，长沙、郑州、合肥、武汉等四个省会城市
位列全国前 20。

3. 西部地区

根据国家统计局划分办法，我国西部地区包括内蒙古、广西、重庆、四川、
贵州、云南、西藏、陕西、甘肃、青海、宁夏和新疆 12 省（自治区、直辖市）。
相对而言，西部地区经济基础较为薄弱，发展不平衡、不充分问题较为突出。
2022 年，西部地区生产总值 256985 亿元，增长 3.2%，三次产业结构为 11.4：
38.6：49.9。西部地区 2022 年工业增加值为 7.08 万亿元，占全国的 19.21%。

国家统计局数据显示，2013—2020 年，全国工业发展指数年均增速为
5.40%。其中，青海以 13.54% 的增速领跑全国 31 个省（自治区和直辖市），尤
其在技术创新水平提升、两化融合以及人力资源指数等方面提升明显。2020 年
西部地区工业全年增长相对稳定，规模以上工业增加值除青海下降 0.2% 以外，
西藏、新疆和甘肃规模以上工业增加值分别增长了 9.6%、6.9% 和 6.5%；重庆、
贵州、四川和宁夏增长区间为 4%~6%；云南、广西、陕西和内蒙古增长范围在
0.5%~2.5%。2017—2020 年，西部地区第三产业增加值占 GDP 比重由 48.27%
增至 51.29%。江西近年来大力发展新型显示、集成电路、新能源汽车等高技术
制造业，2016—2020 年，其战略性新兴产业产值占规上工业的比重从 22.40% 提
高到 40.30%。2019 年四川省制造业就业人数 123.8 万人，生产性服务业人数
125.4 万人。2023 年，全国经济增速前十名的省区市中，西部地区占据五席。作
为西部地区最大的城市群，位于"一带一路"和长江经济带交汇处的成渝地区双
城经济圈生产总值从 2019 年的 6.3 万亿元人民币增长至 2023 年的 8.2 万亿元，
常住人口从 9600 万增长至 9853.6 万。西部地区工业保持较快增长态势，规模以
上工业增加值年均增速不断加快，占全国规模以上工业增加值的比重持续上升，

见图 3.13。西部部分企业逐步探索出各具特色的服务型制造发展路径，如陕西省西安市推广"陕鼓模式"和"陕汽模式"，实现"生产型制造"到"服务型制造"的转型升级，起到了良好的带动作用和示范效应。

图 3.13　西部地区十年工业增加值

从营收规模看，西部地区开展的服务型制造企业 2020 年营业收入达 3 亿元及以上的占比为 50%，600 万~3 亿元的占比 48%，50 万~600 万元的占比 2%；从人员规模看，2000 人以上企业占比 19%，2000 人~3000 人占比 81%；从企业类型看，国有控股企业占比 42%，私营企业为 56%。西部地区的服务型制造模式与其他地区基本一致，其中定制化服务覆盖面最广，占比 29.1%；全生命周期管理占比 22.8%；供应链管理占比 17.3%，总集成总承包占比 15%，节能环保占比 7.1%，检验检测认证占比 5.5%，生产性金融服务、信息增值服务分别占比 2.4% 和 0.8%。

西部地区积极探索服务型制造发展路径。截至 2021 年 8 月，重庆、四川、云南、陕西、甘肃、宁夏已陆续出台专项政策支持服务型制造发展；内蒙古、广西在多项政策文件中提出推动服务型制造创新发展。西部地区国家级服务型制造示范情况如图 3.14 所示。截至 2021 年 8 月，全国国有 18 个省（自治区、直辖市）开展省级服务型制造示范遴选，西部地区四川、宁夏、云南、陕西和内蒙古已开展省级服务型制造示范，情况见图 3.15。重庆市支持发展供应链管理服务、鼓励搭建检验检测公共服务平台。贵州省建立了贵州中小企业公共服务平台网络、贵州省中小企业信息数据库、贵州中小企业互联网营销宣传平台、贵州省中小企业志愿服务线上服务中心等，激励服务模式不断创新。四川省制定了《关于进一步促进服务型制造发展的实施意见》，提出强化设计主体培育、发展消费品领域个性化定制服务、推进供应链创新与应用、加强培育共享制造生态、推广应用生产性金融服务五个专项任务，以点、面结合的方式，为企业的制造与服务融合发展提供方向。

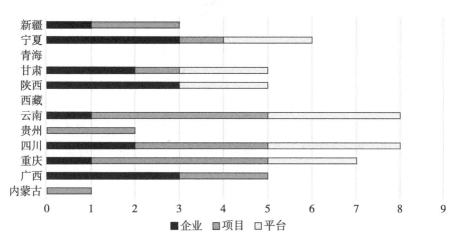

图 3.14　2017—2018 年国家级服务型制造示范

西部地区政策支持主要包括《广西工业和信息化发展"十三五"规划》《重庆市人民政府关于印发支持制造业高质量发展若干政策措施的通知》《重庆市工业设计数字化智能化提升专项行动方案》《重庆市加快工业设计产业发展若干政策》《重庆市以大数据智能化为引领的创新取得发展战略行动计划（2018—2020年）》以及《重庆市发展服务型制造专项行动计划（2016—2018 年）》《四川省关于进一步促进服务型制造发展的实施意见》《四川省发展服务型制造专项行动实施方案》《云南省发展服务型制造实施方案（2017—2020）》《云南省工业互联网发展三年行动计划》《云南省人民政府关于促进我省生产性服务业发展的实施意见》《云南省生产性服务业质量提升行动方案》；《陕西省工业和信息化厅关于印发省级服务型制造示范企业（项目、平台）认定管理办法的通知》《陕西省发展服务型制造实施方案（2020—2025）》《中国制造 2025 甘肃行动服务型

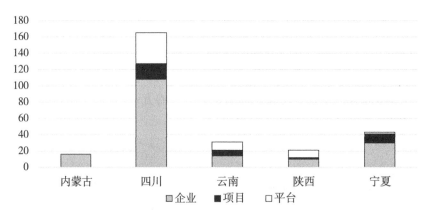

图 3.15　西部地区省级服务型制造示范情况

制造专项实施方案（2016—2020）》《甘肃省"十三五"服务业发展规划》以及《宁夏回族自治区服务型制造示范（企业、项目、平台）认定管理暂行办法》。

4. 东北地区

根据国家统计局划分办法，我国东北地区包括辽宁、吉林和黑龙江三省。2022 年，东北地区生产总值 57946 亿元，增长 1.3%。其中，辽宁省经济规模为28975 亿元，吉林省为 13070 亿元，黑龙江省为 15901 亿元。东北地区 2022 年工业增加值为 0.91 万亿元，占全国总量的 4.57%。工业效益方面，吉林、黑龙江、辽宁工业成本费用利润率、工业营业收入利润率年均增速均为负数；技术创新方面，黑龙江规上工业 R&D 经费投入强度年均增速为 0.99%；两化融合方面，吉林、黑龙江、辽宁电子信息产业占比年均增速分别为 1.86%、- 4.84%、-3.89%。东北地区服务型制造主要采用定制化服务（28.9%）、全生命周期管理（26.3%）、供应链管理（18.4%）、总集成总承包（18.4%）和节能环保服务（7.9%）等模式。依托传统重工业基地，沈鼓集团、三一重型装备等装备制造业企业积极推广全生命周期管理、供应链管理等模式，涌现出工业服务、检验检测认证等服务平台。

东北三省为我国制造业发展提供了大量的生产工具和工业装备，拥有一批行业领军企业。新松机器人自动化股份有限公司是国家机器人产业化基地，拥有工业机器人、协作机器人、移动机器人、特种机器人、服务机器人五大系列产品，其生产的机器人累计出口 40 多个国家和地区。大连船舶重工集团有限公司是我国最大的船舶制造企业，成功建造交付了我国第一艘航空母舰"辽宁舰"。中车长春轨道客车股份有限公司是我国知名的轨道客车研发、制造、检修及出口基地，已完成时速 350 公里"复兴号"中国标准动车组、新一代智能地铁列车、广东清远磁浮车等百余个产品研发工作。长光卫星技术有限公司是我国第一家商业遥感卫星公司，依托"星载一体化""机载一体化"等关键核心技术，成为国内唯一一家拥有卫星研发、生产、发射、运营等全产业链环节的商业公司。中国一重集团有限公司是中国核岛装备的领导者、国际先进核岛设备供应商和服务商，是世界炼油用加氢反应器的最大供货商、冶金企业全流程设备供应商。中国航发哈尔滨东安发动机有限公司，是我国轻型航空动力、航空机械传动系统的专业化研制生产基地。

2023 年，东北地区拥有规模以上工业企业 16838 家，占全国规模以上企业总数的 3.49%。（1）辽宁省工业增加值同比上涨 5.0%。从三大门类看，采矿业增加值增长 1.0%，制造业增长 6.3%，电力、热力、燃气及水生产和供应业下降 2.4%。从经济类型看，国有控股企业增加值增长 3.2%；私营企业增长 6.5%；股份制企业增长 4.5%，外商及港澳台商投资企业增长 6.8%。从产品看，碳纤维及其复合材料产量增长 1.5 倍；燃料油产量增长 44.1%；汽车产量增长 23.2%，其中新能源汽车产量增长 29.2%；平板玻璃产量增长 6.6%；工业机器人产量增长 4.4%。（2）吉林省工业增加值同比增长 6.8%。从经济类型看，国有及国有控股企业增长 7.8%，集体企业增长 46.2%，外商及港澳台商投资企业增长 10.7%。从门类看，采矿业下降 2.6%，制造业增长 8.6%，电力、热力、燃气及水生产和供应业增长 0.9%。全年全省规模以上工业中，重点产业增加值比上年增长 8.5%，六大高耗能行业增加值增长 6.0%，高技术制造业增加值增长 2.4%，装备制造业增加值增长 12.5%。全年全省规模以上工业企业利润比上年下降 3.1%。从门类看，采矿业亏损，制造业下降 9.3%，电力、热力、燃气及水生产和供应业由亏损转为盈利。重点产业利润下降 5.0%，高技术制造业利润下降 6.7%，装备制造业利润增长 1.7%。（3）黑龙江省工业增加值同比下降 2.3%。

在规模收益方面，辽宁省 2023 年工业企业主营业务收入 35677.3 亿元，同比下降 1%。吉林省规模以上工业企业主营业务收入突破 14000 亿元，汽车制造业实现营业收入同比增长 8.7%，拉动全省规上工业企业营业收入增长 3.5 个百分点；装备制造业实现营业收入增长 17.2%；食品产业实现营业收入增长 4.2%；信息产业实现营业收入增长 24.9%。黑龙江省规模以上工业企业营业收入 11861.0 亿元，同比下降 5.6%，利润总额同比下降 35.6%。东北地区服务业增加值 2023 年达到 7814.1 亿元。根据中国服务型制造联盟统计，东北地区大型企业占总体服务型制造企业总数的 17%，中型及以下企业占 83%。从服务型制造模式看，东北地区采取定制化服务占比 28.95%，全生命周期管理 26.32%，供应链管理 18.42%，总集成总承包 18.42%，节能环保服务为 7.89%。辽宁省在全省重点推进"十项任务"，分别是创新设计、定制化服务、供应链管理、网络化协同制造、服务外包、全生命周期管理、系统解决方案（总集成总承包）、信息增值、金融服务和智能服务。吉林省的制造业向服务型制造转型升级聚焦于定制化服务、供应链管理、全生命周期管理、网络化协同制造、系统整体解决方案和学习技术增值服务等领域。黑龙江省围绕工业设计、定制化服务、供应链管理、共享制造、全生命周期管理、总集成总承包、节能环保、学习增值和专业化服务布局，推动制造向"制造+服务"转型。截至 2020 年，东北地区服服务型制造平台主要为第三方专业服务平台，占比 70%，制造企业衍生的服务平台和共享制造平台占比分别是 20% 和 10%。辽宁省永安机床小镇建设共享制造公共服务平台，实现共享制造受益企业超过 500 家，估计降本 1000 万元，增效 5000 万元。哈尔滨工业大学中小企业服务平台为黑龙江制造企业提供分析测试、技术支持、成果转化和工艺改进等服务，促进创新发展，培育服务新业态。

从政策支持看，2021 年发布的《辽宁省国民经济和社会发展第十四个五年规划和二〇三五年远景目标纲要》明确提出"推动装备制造业与现代服务业融合发展，促进企业由生产型制造向服务型制造转变"。早在 2016 年，辽宁省就已经发布了《辽宁省发展服务型制造专项行动推进方案》，2020 年发布《辽宁省数字经济发展规划纲要》和《辽宁省制造业设计能力提升专项行动计划（2020—2022 年）》，2021 年发布《辽宁省省级服务型制造示范企业（项目、平台）认定管理办法》和《辽宁省进一步推进服务型制造发展工作方案》等，部署实施服务型制造"四大行动""十项任务"和"2551"工作目标，推动全省工业经济转型升级。吉林省相继出台了《中共吉林省委吉林省人民政府关于加快服务业发展的若干实施意见》《吉林省工业和信息化厅关于促进制造业数字化转型指导意见》以及《吉林省推进制造业与服务业融合发展行动实施方案》等，明确提出推进制造业服务化转型、提升生产性服务业发展水平、提高信息技术和要素支撑能力为主要任务，大力培育制造业与服务业融合发展的新模式、新业态、新产业，促进制造业网络化、智能化、协同化、服务化发展。黑龙江省制定了《黑龙江省制造业转型升级"十三五"规划》《黑龙江省发展服务型制造实施方案》《"数字龙江"发展规划（2019—2025 年）》以及《黑龙江省服务型制造发展专项行动方案（2022—2026 年）》，提出以智能制造为主攻方向，大力振兴实体经济，构建以先进装备制造业、资源精深加工业、战略性新兴产业和现代服务业为支撑，大中小微企业协调并进，新技术、新产品、新业态、新模式加速壮大的现代产业新体系，着力建设工业强省，为老工业基地振兴和全面建成小康社会奠定坚实基础。明确了围绕重点模式路径，实施设计服务提升示范行动、制造效能提升示范行动、客户价值提升示范行动、服务模式创新示范行动，推动工业服务设计、定制化服务、供应链管理、共享制造、全生命周期管理服务、总集成总承包服务、节能环保服务、信息增值服务、专业化服务及其他模式创新，为全省数字化转型提供路径和方向指引。

从发展成效看，入选国家级服务型制造示范数量供给 26 家（个），其中，辽宁省 15 家，吉林省 10 家（个），黑龙江省 1 家（个）。截至 2020 年 10 月，辽宁省共遴选省级示范企业 97 家，示范项目 77 个，示范平台 62 个；吉林省遴选省级示范企业 30 家。从产业集群看，东北地区积极培育服务型制造集聚区和产业集群。辽宁省营口市高新区生物降解材料及制品创新型产业集群和吉林省吉林市高新区电子信息创新产业集群于 2021 年入选国家科技部创新型产业集群试点（培育）榜单。在营口市，辽宁省围绕镁、海蜇、汽保设备三大产业布局产业集群；大连市瓦房店轴承生产企业，涵盖钢材备料、锻造、热处理、磨加工等所有轴承生产工序；丹东市以机械加工、纺织服装和电子仪器为主导建设轻工业产业集群。吉林省布局长春市智能化园区，先进制造业重大项目专班 2019 年共招商 58 项。黑龙江省积极推动园区服务改革。从产业结构看，2012 年长春市成立装备制造产业开发区，形成装备制造配套产业集群。开发区先后引进总部纳税企业

110 家，建设项目超 40 个。2017 年开发区入选吉林省中部产业转型升级示范区。2019 年接洽芬兰冰雪装备制造基地。位于沈阳市中德高端装备产业园区的华晨宝马铁西工厂每 55 秒就有一台新车下线。沈阳鼓风机集团坚持将年销售收入的 5%～7% 用于研发投入，自主研发 10 万等级空分装置用压缩机，实现核心动力设备国产化，研发技术水平领先全球。从数字化转型基建看，辽宁省 2019 年通过工业互联网全球峰会，有 5 个项目入选国家工业互联网 App 优秀解决方案。工信部认定了沈阳市搭建的装备制造业工业设计产业链云平台为"国家中小企业公共技术服务示范平台""国家服务型制造示范平台"。吉林省布局优势产业链及行业龙头企业，长客、一汽、启明等先进制造企业和信息技术企业与 64 所高校、107 个研发机构和 12 个国家重点实验室形成工业互联网创新研发中坚力量。黑龙江省 2019 年上线龙哈工业云，目前已注册企业超过 1100 家，发布产品能力信息 1300 余条，完成设备接入 1300 余台。

《东北振兴指标体系及动态评价报告》显示，"十四五"时期，全国所有省份、无一例外均能实现稳定的增长，我国综合国力稳步提升。东北地区"稳中有进、相对落后"的趋势难以骤改。相对而言，呈现出"辽徘徊，吉挫止，黑下行"的特征。

三、服务型制造企业创新能力

中国企业通过积极参与国际分工，在资源获取、技术提升、规模增长等方面都取得了举世瞩目的成就。中国企业是经济全球化进程的受益者和贡献者（谢恩等，2021）。中国企业联合会数据显示，2022 年，中国制造业 500 强的营业收入总额 47.11 万亿元，较上年增长 17.09%，实现净利润 1.47 万亿元，较上年增长 24.42%，营业收入利润率和净资产收益率分别为 3.12% 和 11.30%。2016—2020 年，我国制造业 500 强营业收入总额增长率分别为 -1.54%、6.53%、12.74%、9.65%、7.18% 和 7.50%，同期服务业 500 强的营业收入总额由 27.10 万亿元增长到 43.59 万亿元。2016—2020 年制造业 500 强平均利润率为 2.43%、2.57%、2.80%、2.61% 和 2.93%，但总体利润率仍不足 3%，利润率在 5% 的企业占比 25%，行业数量占比不足 25%。2020 年制造业 500 强中，374 家企业利润率低于

5%，占比 74.8%，同期服务业 500 强净利润率 7.03%。制造业企业主要分布于传统产业是其规模增速较慢的原因之一，近年来，钢铁、有色、水泥、电力、煤炭等工业品产量平均增速普遍低于 5%。伴随欧美日制造业回流计划和工厂转移至其他亚非国家，我国制造业规模增长或将进一步放缓。2006—2020 年制造业 500 强和服务业 500 强的劳动生产率都大幅提升，服务业 500 强人均营业收入从 70.69 万元增长至 266.37 万元，制造业 500 强人均营业收入从 87.67 万元增长至 293.77 万元，见图 3.16。

图 3.16 我国制造业、服务业 500 强人均营业收入

长期处于全球产业分工价值链的低端环节，粗放式发展、注重有形资产、强调生产规模扩张是制约我国制造业企业发展的重要因素。注重无形资产、加强知识资产储备，提高产品附加值是制造业发展高端化和转型升级的必然选择。企业创新能力是制造企业增加价值链中的知识性、技术性的重要途径，是实现企业增值，延展价值链和突破核心技术、核心产品和核心业务的关键环节。从可测视角看，企业的创新全球化能力是其创新能力前沿性、有效性和鲁棒性的重要表征之一。世界经济论坛曾联合思略特咨询公司对 120 家领先的中国全球化企业进行调查研究，显示中国企业谋求全球化发展过程中，其工作重心不断变化。中国企业不仅重视资源和市场，也注重技术和人才，通过收购及并购处于海外高附加值行

业的企业，提升自身创新能力并推动企业可持续地全球化发展，包括扩大市场占有率或地域覆盖范围，缓解风险或开拓新的市场机遇，收购独有的知识产权、产品、渠道或技能，发挥收购方与目标企业能力优势，实现特定协同效应，提高精益水平、推动利润增值，实现横向扩展，建立全新的价值主张或业务模式，提供基本类似的产品或减轻竞争压力等。中国企业不断加大海外创新力度，构建在全球化进程中系统地应对运营挑战的能力，按照企业自身创新优势发展全球化能力和全球化推动创新的双路径提升其创新全球化能力。图 3.17 显示了 2014 年企业创新全球化能力提升方式的变化，至今仍有借鉴意义。

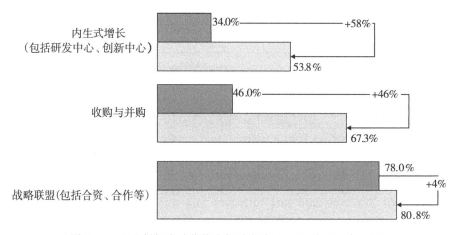

图 3.17　企业创新全球化能力提升方式（2014 世界经济论坛）

服务型制造概念在 2006 年年底正式提出，这种产业形态将服务和制造相融合，制造企业通过相互提供工艺流程级的制造过程服务，合作完成产品的制造；生产性服务企业通过为制造企业和顾客提供覆盖产品全生命周期的业务流程级服务，共同为顾客提供产品服务系统（Drucker，1998；孙林岩等，2007、2008）。服务型制造不同于以往只专注提供有形产品的生产型制造，服务型制造向顾客提供的不仅是产品，还包括服务或依托产品的服务。服务型制造网络的持续发展需要多个具有相关性和优势互补的组织共同合作，通过制造企业和生产性服务企业联盟、产学研联盟合作、总分公司或母子公司式组织来协同完成。这就要求企业具有整合产业链和供应链上相关资源的能力，将本企业和来自其他企业或组织的产品和服务进行组合集成，形成产品服务系统，建立统一的制造和服务规范，有效的联盟合作机制，构成协同、高效、协同的服务型制造网络。区别于传统制造模式，服务型制造网络效应的表现之一就是服务资源配置敏捷高效。Dove（2002）认为，敏捷性是企业应对未知，识别商业环境威胁，并把不确定转为可控机遇的能力；Chrisopher（2000）认为，敏捷是涵盖组织结构、信息系统、物流流程和思维方式的全业务能力；Silveira et al.（2001）认为，敏捷性的最终体现是通过高度灵活的流程和集成为客户提供单独设计的产品和服务。

服务型制造是社会经济发展对企业的新需求，是企业重新定位市场后的成长形态。市场机会识别是企业决策和进行资源配置活动的基础，意味着企业层面的需求识别能力与需求响应能力的一致性是促进企业构建竞争优势的关键（Roberts & Grover，2012）。企业需要动态且持续地整合和重新配置资源，改进组织结构以维持卓越的盈利能力和组织进化的环境适应性（Yeow et al. 2018；Mousavi et al.，2018；Teece，2018），这种动态维持的背后是一种能力自我强化的逻辑，充当了生成性的副作用，促进了战略层面和改变动态能力的惯例之间复杂的相互作用（Mousavi et al.，2018）。企业组织随着市场的发展将资源结合、转化或更新为新能力的特定流程或惯例能够优化企业供应、生产和分销的方式（Prange et al.，2018；Kim et al.，2011）。动态能力是满足、创造和改变市场需求的能力，以迅速感知和快速反应为特征，赋予企业各个运营流程与惯例的操作敏捷性，激活外部资源产生协同效应，是企业实现敏捷性的关键（孙新波等，2019）。

服务型制造也是推动产业升级的主要驱动力量。在生产社会化、专业化分工和协作中，企业内外经济联系不断深入，从原料、能源、半成品到产品，从研究开发、协调生产进度、产品销售到售后服务，都加深了网络化产业链价值链的联系。服务型制造的业务流程可以是制造企业从聚焦产品制造阶段出发，分别或者同时向其前后端拓展延伸，拓展延伸依托产品的服务和相关增值服务业务，也可以是制造企业依靠原有的生产性服务优势，放弃或外包产品加工制造的部分业务，转型为以提供专业服务为主。覆盖制造产业链的各个环节和产品全生命周期的整个业务流程，可由某一个服务型制造企业单独完成，也可由基于联盟合作关系的制造企业和生产性服务企业共同完成。无论制造企业走向何种制造服务化路线，尤其是对于走产品服务一体化路线或服务产品化路线，包括加工组装在内的产业链上各环节业务都由一个企业单独完成的情况是少见的，有些研发、设计、制造、销售和服务活动都局限于一国是不合理，甚至是不可能完成的，因为单个企业或是一个国家很难在整个制造业产业链的所有环节上都具有优势。在这种情况下，通常需要由一国或全球范围内多个具有相关性和优势互补的组织共同合作，通过制造企业和生产性服务企业联盟、产学研联盟合作、总分公司或母子公司式组织来协同完成。这就要求企业具有整合产业链和供应链上相关资源的能力，将本企业和来自其他企业或组织的产品和服务进行组合集成，形成产品服务系统，建立统一的制造和服务规范，有效的联盟合作机制，构成协同、高效、有序的服务型制造网络。服务制造网络（service—manufacturing network）是一个集成制造和服务功能的协作式价值创造网络。孙林岩等（2008）认为服务制造网络中，包括供应商、服务商、制造商、分销商、客户在内的各成员之间在新产品开发、生产计划制定、质量保证、设备管理、库存管理、基础设施建设等领域的协同与合作更为紧密，以实现创新性、个性化、低成本、高质量产品服务系统的准时交付。刘炳春（2011）认为，将分散化的制造企业、服务企业和顾客协同化运作，就形成了服务型制造网络，服务型制造网络组织通过企业业务流程和工艺流程的专业化分工，实现交易成本的降低以及规模经济和生态经济效应。冯良清（2012）认为，服务型制造网络是服务型制造的组织模式，是一种复杂的网络组织体系，网络节点由许多价值模块构成，其运作特征是模块化外包。通过服务业高质量发展提升制造业企业竞争力，实现从工业经济向服务经济转变，是全球产业演进的重要趋势。制造业企业竞争力的提高不再局限于企业内部，由技术突破或规模经济来实现效率改进，而是着眼于全球网络化产业链，通过增加服务要素、增强创新能力来为客户创造价值。

　　大国博弈和国际秩序演化大背景下，中国服务型制造企业创新国际化进程面临前所未有的挑战。在国家层面，先后印发了《关于推动先进制造业与现代服务业深度融合发展的实施意见》《关于深化新一代信息技术与制造业融合发展的指导意见》《推动物流业制造业深度融合创新发展实施方案》《关于加快推动制造服务业高质量发展的意见》等文件，着力推进我国制造业和服务业的融合发展。从技术维度看，中国制造类企业的国际化多为资源驱动，仍然处在国际价值链的低端。调查研究显示，在企业全球化发展的不同阶段，处于不同行业的中国企业选择了不同的发展路径。例如在全球化发展初期，中国企业往往采用以全球化促进创新的路径，即首先扩大在全球市场的规模，以获得资源、出售低成本产品、获得政府宏观政策扶植与支持。随后利用自身现有的全球网络和资源，通过创新寻求向价值链的高附加值领域发展。我国国有大型企业多选择这类路径，即国有企业全球化的主要目的是寻求新资源和新市场，其自主创新能力是受国内社会经济发展状况和国家重大需求引导的。为了应对市场变化，处于高新技术产业的企业往往采用依靠自身创新优势发展全球化能力的路径，即这些企业首先掌握核心的创新能力满足全球化市场的严格标准，其次再进行全球化能力提升。由于长期依赖外部市场和西方发达国家技术，核心技术"卡脖子"问题迟迟得不到解决。从市场维度看，中国企业仍然遵循国际大循环为主的思路，较少考虑国内外市场的协同。从全球治理的维度看，当前中国企业在全球合作系统中仍然处于被动接受规则、遵循现有国际秩序格局下制度安排的地位。随着逆全球化趋势的凸显，中国企业在跨国经营活动中越来越多地受到所嵌入的政治、制度等因素的制约。如何进一步完善全球治理，加强市场话语权是中国企业亟需解决的问题。此外，中国企业的国际化战略还需要整合风险和安全方面的考虑。如何基于人工智能、区块链、云计算、大数据和物联网等新一代信息技术，利用大数据和人工智能帮助企业精准识别生态中潜在风险源，实时监测风险动态是中国企业需要面临的挑战。

企业创新能力研究视角始于 Balachandra R. 和 Friar J. H. （1997）对新产品分类并提出 R&D 计划权变架构模式。在此基础上，基于资源基础观和动态能力视角对资源演化分析并凝练创新能力（Teece D. J.，1998），以及从吸收能力、学习、知识管理层面，结合创新知识特性的创新能力内涵研究。创新能力的核心能力理论是 Prahalad 和 Hamel（1990）提出的，被定义为企业在长期创新过程中形成的独特的、更为系统的、令竞争者难以模仿的能力。创新能力的吸收能力注重企业对知识溢出的敏感程度。创新能力的动态能力的提出强调高阶能力和常规能力之间的协同、演化匹配、更新（Elkinst Kellerr T.，2003）。考虑创新内容和创新过程，许庆瑞（1986）提出创新能力主要分为创新决策能力、R&D 能力、生产能力和市场营销能力四个方面。考虑创新要素，许庆瑞等（2003）根据创新能力的组织结构将创新能力分为"单一创新—组合创新—全面创新"；许庆瑞和张军（2017）将能力要素分为"互补要素-核心要素与互补要素协同发展"的能力序进律。考虑创新过程，根据在创新链中占据的位置不同，魏江和许庆瑞（1996）将创新能力分为技术创新能力和非技术创新能力，之后继续沿此逻辑将创新能力划分为：创新决策、研发、生产、市场营销、资金和组织六方面的能力。考虑创新能力，许庆瑞和张军（2017）以技术创新能力的形成和演进过程将创新能力分为"低层次创新能力向高层次创新能力演进"，以及按照创新要素与绩效的直接程度将创新能力划分为战略柔性能力—组织柔性能力—技术创新能力；考虑创新系统，通过整合创新能力的一致性，陈力田等（2012）将创新能力划分为要素能力和架构能力。

企业全球化能力研究起源于跨国公司，形成了包括垄断优势理论、内部化理论、国际生产折中理论（OLI 理论）、国际化过程理论等（Jonhanson J. 和 Vahlne J. E.，1977）经典国际化理论。OLI 理论认为所有权优势（ownership）是企业开展国际化的三大基础因素之首（另外两个分别是区位优势（location）和内部化优势（internalization））。Kundu S. K. 和 Katz J. A.（2003），Yiu D. W. 等（2007），毛蕴诗和汪建成（2005）应用 OLI 理论，聚焦于企业所拥有的稀有的、难以替代的、难以被模仿的知识和技术资源对企业国际化的驱动作用进行探讨，关注企业特有的优势资源所发挥的关键作用。这一时期企业普遍将创新视为全球化能力的重要战略元素。调查报告显示，许多企业，尤其是创始人具有相关技术背景的企业中，创新不仅是其海外战略的关键环节，而且植根于企业的核心价值之中，受到企业管理层的高度重视并在全企业推行。实践过程中，除产品创新外，中国企业在服务、技术和业务模式（包括管理流程和管控模式）方面全面创新。例如海尔集团的业务模式创新一直是其全球化战略的工作重点，东软集团的技术和产品双重创新构建了健康医疗服务生态系统。这一时期，我国企业创新全球化能力的挑战主要是缺乏差异化的创新能力、对创新/研发缺乏足够的资金支持、企业文化未包括创新、难以建立适当的创新管理结构和授权体系、难以建立专业、标准的创新流程和体系、难以建立创新管理信息系统和难以吸引和留住创新人才。Mathews J. A.（2002）提出 LLL 模型，认为 Linkage（连接）—Leverage（杠杆）—Learning（学习）的过程能够帮助企业通过与海外企业建立连接，快速访问东道国资源，充分利用海外业务机会，实现对东道国知识和先进资源的学习。Rui H. 和 Yip G. S.（2008）提出战略搜寻视角，指出新兴经济企业国际化的重要战略意图是获取海外市场中的先进技术、营销资源和管理专长等。Luo Y. 和 Tung R. L.（2007）的跳板理论，将新兴经济企业的国际化作为其获取母国没有的优势资源（技术、管理知识、品牌等）、寻求海外机会（市场、制度等）以实现追赶战略的"跳板"。Buckley P. J., et al.（2007），Nuruzzaman N., et al.（2020），Wang C., et al.（2012）指出，新兴经济政府能够为某些企业（尤其是国企）提供政策支持和政治保护，强化企业资源、降低企业的海外投资风险，从而促进企业的国际化进程。Xia J., et al.（2014），Mariotti S. 和 Marzano R.（2020），Shi W., et al.（2017）认为新兴经济体普遍存在知识产权保护薄弱、政府干预力度大、地方保护主义浓厚等问题，新兴经济企业可能通过国际化来逃离母国的制度性约束。李自杰等（2014）指出，中国企业的国际化演化路径大多呈现出快速的、跨越式的特点。Ramamurtil R. 和 Hillemann J.（2018）认为政府创造的优势与中国的自然禀赋相辅相成，能在很大程度上提高中国企业的国际竞争力；跨越式优势让后发的中国企业可以在能耗行业和一些朝阳行业获得竞争优势。Buckley P. J., et al.（2018），Luo Y. 和 Tung R. L.（2018），Meyer K. E., et al.（2014）研究了中国企业国际化特征、动因、战略决策等主题，大部分基于制度理论探讨了中国政府以及国有股权对企业国际化的相关影响，例如中国企业国际化的偏好高风险地区、扩张速度快、偏好远距离市场、偏好并购等高投入进入模式、缺少企业专有优势等主要特征。范建亭和刘勇（2018）通过经验分析指出中国企业与国外企业在国际化对企业绩效影响上表现不同。张玉利和吴刚（2019）指出，应关注有中国特色的母国要素，包括以国有股权、国有企业为主要特征的正式制度，以及包含"关系"、政治关联和社会文化等因素的非正式制度。杨勃和徐晖（2020）分析了跨国公司的逆全球化战略转型问题。谢恩等（2021）从创新战略角度指出，中国企业在逆全球化形势下如何与当地研发机构、当地企业等创新主体更好的创新合作，其构建国际创新链的战略导向、战略调整变革与内在机制仍需进一步研究。

数字经济条件下，魏江等（2021）对企业创新战略理论进行拓展，包括资源依赖理论、制度基础观和创新环境理论，其中，资源依赖理论的基本观点是组织间的相互依赖使得当其他组织进行获得时会让本组织发生不确定性后果，可能影响本组织的持续竞争优势以及生存空间，拓展为数字经济使得组织中创新资源和关键参与者的正式控制降低，数据作为关键资源，具有流动性和共享性；制度基础观基本观点是特定的正式和非正式制度框架下，行动者进行理性的战略决策，同时行动者的行为反过来形塑制度规则，拓展为平台生态系统是一种新型组织场域，平台所有者和参与者共同制定"游戏规则"，新组织内各类参与者面临多层次、多来源复杂制度影响；创新来源理论包括网络理论和社会资本理论，其中网络理论基本观点是网络可以使成员组织从信息共享、资源共享、操作合理化以及集体力量增强中获益。拓展为企业能够以较低成本有效的维持强关系，可以存在非对称关系，企业主导、外部利益相关者自发形成的新型合作创新网络，价值获得机制是网络效应和社会互动；社会资本理论基本观点是社会资本是指社会网络内部及社会网络之间的各种联系。个体拥有的资本可以转化成群体属性。规范、信任及共识有助于产生社会资本。拓展为从结构、关系、认知和沟通维度刻画企业组织，社会资本具有可操纵性。创新资源理论的资源基础观基本观点是企业必须获取和控制有价值的、稀缺的、难以模仿的以及不可替代的资源来获取持续竞争优势。拓展为企业关键核心资源改变，资源的数字化使其具有可模仿性和可替代性，资源的可供性使资源可以自由移动，数据资源的使用者成为资源价值的定义者，企业从需求方的角度关注与用户共创价值。创新过程理论包括组织学习理论和开放史创新理论。其中组织学习理论基本观点是组织学习是检验并纠正错误的过程。拓展为组织隐性知识学习效能弱化，组织系统内知识权力的高度分异和组织学习场景多元化；开放式创新理论基本观点是企业利用内外部资源进行研发优势利用内外部资源进行商业化。拓展为开放史创新的开放度、开放规模、开放范围发生重大变化。创新治理理论主要是交易成本理论，基本观点是市场交易成本和困难决定了有时候选择层级治理（机构内部生产）作为经济治理结构更好，有时候则选择市场更佳。拓展为企业的机会主义和不确定性较低，交易的自执行使以往必须在企业内完成的交易可以在市场中完成。基于不同的创新战略理论，我国企业应用了种类繁多的创新战略。但创新战略类型多集中于需求引发创新（即发现需求并进行相应创新，如海尔集团）、改进创新（面向市场竞争持续改进提高产品价值，如小米公司）和技术突破创新（基于技术持续改进，如沈阳机床）。有研究显示，我国企业全球化过程中采用前两种创新战略的企业过半数，能够依靠技术创新推动全球化能力提升的企业数量有限。有些企业在国内是技术推动者，在国际市场还是会采用跟随战略，以应对海外市场来自产品和技术方面的挑战和竞争。进一步地，仅仅依靠创新战略并不能保证我国企业创新全球化能力提升，还存在诸如技术创新突破和运营模式创新、市场化创新脱节问题；创新运营模式如何落地实施以满足国内外不同需求；中国企业如何平衡母国与东道国、标准和创新、控制和授权等问题。从标准化创新流程和体系看，目前中国企业创新全球化能力提升抱有"试错"态度，在迅速适应市场变化的同时具有较大的海外创新风险。相当一部分企业没有固定的创新流程和体系，授权和审批体系会做出调整，运营流程和资源配置原则也会临时调整。本土化创新团队的作用需要引起重视。例如1999年成立的华为印度研发中心，已培养了很多中国技术人员，同时该中心也招聘并培养了大量的印度本土人才。海外研发团队的本土化及当地和国内员工之间的有效交流，助力了华为的创新全球化能力提升。研究报告显示，开放式创新、对市场潜力的持续评估、客户参与、全球产品投放等创新能力都有助于提升企业创新能力。

第四章　企业创新能力分析

一、国有企业

　　所有权结构决定了国有企业数字化转型需要基于有组织自主创新的战略建构。林毅夫等（2022）研究认为，20 世纪 90 年代末以来，由于国有资产逐渐向上游具有自然垄断性质的基础设施行业集中，国有企业对经济增值的影响在相当程度上取决于能否消除基础设施瓶颈。国有企业是我国产业高质量发展的主力军，是加快建设创新型国家的突击队，是做好现代化经济体系建设的排头兵。国家统计局披露，2023 年 1—2 月，规模以上工业企业中，国有企业实现利润总额 6506.6 亿元，同比增长 9.9%；私营企业实现利润总额 2559.3 亿元，同比下降 19.9%。国有企业需要参与构建国内经济良性循环，并在疫情冲击和国际环境动荡局势下应对外部循环的挑战。国有企业通过推进技术创新、新产品培育、新模式扩散和新业态发展，全面提高产业链供应链国内外统筹布局能力，开拓经济增长新空间。由此，国有企业数字化转型涉及产业链全链条，不仅需要降本增效，还要兼顾效率公平和产业生态的高质量发展。《2020 年我国企业数字化转型进程报告》显示，数字化转型对我国企业增加值的贡献额从 2018 年的 11.08%提高到 2020 年的 13.31%，对经济产出拉动作用明显。对比三大产业发展水平可知，2020 年服务业企业数字化转型对经济产出贡献为 15.47%，对比工业 12.89%和农业 4.69%，服务业占比最大且增长稳定。截至 2022 年 6 月，国有企业上市公司数量为 1303 家，占所有 A 股上市公司数量 26.98%；国有企业上市公司总市值为 43.74 万亿元，占所有 A 股上市总市值 48.66%，几乎占到总市值的半壁江山。截至 2021 年 12 月 31 日，国有企业营业总收入和利润总额分别为 44.05 万亿元和

4.98万亿元，占比分别为66.39%和73.18%。由国资委发布的"2020年国企数字化转型100个典型案例"，案例源于65个企业，其中，能源与交通运输占比总量近50%，其次是通信和矿业，工业和产业转型占比超过80%。《2021国有企业数字化转型发展指数与方法路径白皮书》显示，我国国有企业绝大多数集中在场景级、领域级，表明国有企业数字化转型基础扎实，基本实现关键业务场景数字化，大部分国企处于从深化场景应用向企业级主营业务领域的全面集成、柔性协同和一体化运行转变阶段，基于主营业务流程贯通和数据开发利用，提升跨层级、跨业务的集成融合水平和资源配置效率是大部分国企转型工作的重点。国企中，大部分更注重技术应用、流程优化、数据辅助决策等应用解决方案实施及业务数字化和运营管控数字化转型，在数字化战略、组织变革方面相对较弱。《2022国有企业数字化转型调研报告》显示，利用新的生产要素是推动国有企业数字化转型的主要内因，占比56.4%；响应国家战略，占比54.5%，应对同业竞争、连接生态企业占比分别是47.3%和37.3%。国有企业多从提升管理效率和优化营销与服务入手进行数字化转型。自建系统及应用、外包定制解决方案和采购标准化工具是企业数字化转型的主要实现方式，且行业间差异明显。比如制造业、建筑业和服务业多采用自建系统和外包定制，采购标准化工具的标准相对较低，能源行业以自建系统为主，占比达62.5%。

创新驱动发展仍是国企创新全球化能力提升的重要动力源。国资委数据显示，2022年，中央企业研发投入首次突破1万亿元，累计投入研发经费6.2万亿元，打造国家级研发平台764个，全国重点实验室91个，专职研发人员104.5万人，两院院士231位，截至2021年年底，央企拥有国内研发机构总计超过5327个。"十四五"规划提出打造数字经济新优势，要充分发挥海量数据和丰富应用场景优势，促进数字技术与实体经济深度融合，赋能传统产业转型升级，催生新产业、新业态、新模式，壮大经济发展新引擎。在此契机下，国有企业资源集中，可以充分发挥科技引领作用。集中创新资源构建自主创新体系，以建设创新辐射源赋能共性技术和关键核心技术攻关，引导前瞻性和战略性科技创新方向，围绕原始性技术、颠覆性技术、先导技术等领域，充分激活国有资本在产业转型升级和高质量发展中的科技引领作用。国有企业创新引领，布局前沿数字科技产业。培育壮大AI、大数据、区块链、云计算和网络安全等新兴数字产业，加强关键领域关键数字技术创新应用，强化数据技术能力，沉淀和整合数据资产。加强投资大、风险高、回报周期长的前沿数字科技产业布局，解决培育期市场失灵问题，以数字科技产业带动传统产业升级，推动传统产业反哺数字科技产业。《2022 国有企业数字化转型调研报告》显示，国有企业数字化转型过程的主要障碍包括，企业转型战略虚焦，即企业由于缺乏数字化转型的清晰愿景，无法对症下药制定数字化战略。对数字化转型认识不足和企业内部的认知差异被认为是国有企业数字化转型战略虚焦的主要原因。

《国资报告》显示，2022 年国有企业营业收入规模为 62.6 万亿元，城镇就业人数为 45931 万人。2022 年中国企业 500 强中，国有企业数量 258 家，占比 51.6%，营收比 69.21%，净利润占比 67.07%。国企改革三年行动方案实施以来，非金融央企人均营业收入比 2020 中国企业 500 强中的非金融央企提高了 43.71 万元，人均净利润提高了 1.75 万元，资产周转率加快了 0.07 次/年；收入利润率、资产利润率、净资产利润率分别提高了 0.25 个百分点、0.29 个百分点和 0.74 个百分点。地方国有企业人均营业收入、人均净利润率分别比 2020 中国企业 500 强中的地方国企提高了 69.63 万元、1.88 万元，收入利润率持平未变，但资产周转率放慢了 0.04 次/年，资产利润率、净资产利润率分别降低了 0.12 个百分点、0.32 个百分点。2022 年中国企业 500 强中，制造业企业 256 家，服务业企业 171 家，其他企业 73 家。其中，黑色冶金行业企业净增 6 家，石化及炼焦净增 4 家，工业机械及设备制造业、动力和储能电池业、多元化投资业均净增 3 家，化学原料及化学品制造业净增 2 家，计算机及办公设备业净增 2 家。生产性服务业整体复苏较好，公路运输、物流及供应链、综合商贸 3 个行业均净增加 2 家。

国家统计局公报显示，2022 年，全年规模以上工业中，高技术制造业增加值比上年增长 7.4%，占规模以上工业增加值的比重为 15.5%；装备制造业增加值增长 5.6%，占规模以上工业增加值的比重为 31.8%。全年规模以上服务业中，战略性新兴服务业企业营业收入比上年增长 4.8%。全年高技术产业投资比上年增长 18.9%。全年新能源汽车产量 700.3 万辆，比上年增长 90.5%；太阳能电池（光伏电池）产量 3.4 亿千瓦，增长 46.8%。全年电子商务交易额 438299 亿元，按可比口径计算，比上年增长 3.5%。全年网上零售额 137853 亿元，按可比口径计算，比上年增长 4.0%。全年新登记市场主体 2908 万户，日均新登记企业 2.4 万户，年末市场主体总数近 1.7 亿户。国有企业通过做强主业，抢抓数字经济产业新赛道。依托国企在资源型产业、重化工产业的主要地位，围绕我国经济从高速增长转向高质量发展的需要，以投资驱动的"跨越式"发展方式，布局产业新赛道，抢占数字经济产业竞争制高点，打造世界一流企业。着力打造现代产业链"链长"，推动知识产权开放共享，补齐产业链供应链短板，提升供应链保障能力和产业体系鲁棒性，解决产业链供应链整合发展联动问题，加速完善双循环，制定产业规则，推进现代产业体系建设，形成整体性发展新优势，构建全球产业体系。

党的二十大报告指出要"深化国资国企改革，加快国有经济布局优化和结构调整，推动国有资本和国有企业做强做优做大，提升企业核心竞争力"。林毅夫等（2022）研究显示，国有企业投资增加时与基础设施相关变量的变化情况，发现当国有企业投资增加时，与交易费用相关的企业成本收入比、企业亏损比例均显著下降，同时资本回报率提高，这提供了国有企业通过基础设施发挥作用的证据。"抓大放小"以来，国有企业深耕新型基础设施建设。国资委数据显示，"十四五"期间，央企规划新基建投资项目 1300 多个，总投资超过 10 万亿元。近 70 家中央企业超过 700 户子企业在新基建领域加大布局，2021 年投资超过 4000 亿元。新兴数字化技术使能了制造业企业拓展数字化驱动的服务转型，数字化和智能化的高级服务将极大拓展国有企业的效能空间。国有企业持续加大新兴产业投入，从 2017 年不足 7000 亿元到 2021 年超过 1.3 万亿元，年均增速超过 20%。在 5G、大数据中心、人工智能、工业互联网、特高压、新能源汽车充电桩、城市轨道交通等领域，央企正加大布局力度。截至 2021 年年底，国有企业已经建设了新能源汽车、北斗、电子商务、区块链等一批数字创新平台，创建了海工装备、物流大数据等协同创新平台。国有企业加快培育新动能、塑造新优势，是构建我国现代产业体系的有力支撑，企业数字化进程如图 4.1 所示。

从战略性新兴产业领域看，2021 年中国企业 500 强中国企民企六四分，国有企业在新能源、节能环保和新材料领域表现突出，如国家电网旗下南瑞集团、中国电建旗下的华东勘测设计研究院、中国建筑旗下的中建科工以及中国中信旗下的泰福特钢等、北京国资的京东方、陕西国资的陕西汽车、山东国资的海信家电

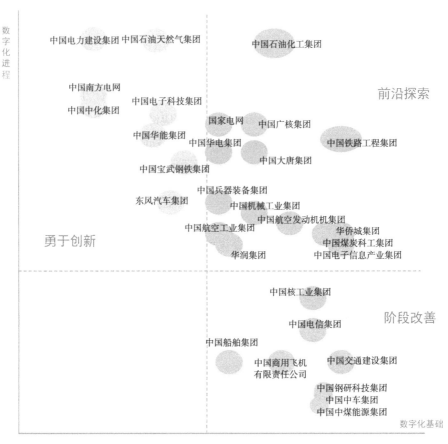

图 4.1 企业数字化进程

来源：数据学堂

和海信视像等企业。国企大力发展公共服务属性突出、集中度高，关系国计民生、国家安全、产业安全的新型基础设施产业，成为数字新基建主力军，为解决社会数字化转型提供坚强底座；聚焦教育、医疗、养老、抚幼、就业、文体、助残等社会民生数字服务营业，加大布局智能交通、智慧物流、智慧能源、智慧医疗等重点领域，完善数字化区域产业经济和服务功能建设；深化产业结构调整，聚焦战略性新兴产业领域，加大对关键技术研发、核心零部件和元器件研制、高端装备制造的投入，保障我国产业链供应链安全，有效支撑数字产业高质量发展。我国国企改革三年行动指出，要在形成更加成熟更加定型的中国特色现代企业制度和以管资本为主的国资监管上取得明显成效，在推动国有经济布局优化和结构调整上取得突出成效，在提高国有企业活力效率上取得明显成效。国企通过数字创新，深化生产关系变革，加大数字技术应用，以科技创新更大程度解放生产力，深化生产关系变革与创新。推进国有资本布局优化和结构调整，促进国有经济资源有效配置和产业结构升级，聚焦主责主业，以数字经济赋能实体经济，推动产业高质量发展，提升国有资本配置效率，形成资源合力。我国国有企业以数字技术融合应用加快推进体制机制改革，推进国企改革过程，赋能优化和落实管理制度，加快构建符合数字经济发展要求的现代企业制度，开展鼓励新模式新业态的制度创新，充分激发全员创新创业活力潜力，同时实现数据驱动的管理决策，提升监管效能，加快构建国企监管大格局。国有企业 R&D 人员中有 45.98% 具备中级以上职称或博士学历。"十三五"期间，央企实现的海外营业收入超过 24 万亿元，利润总额近 6000 亿元，对外投资收益率为 6.7%。面对我国数字化人才短缺、产业资源不足、创新动力不够、前期市场失灵等问题，发挥国企自身资源优势，集中资源、资本、数据，推动创新资源整合协同，与民营企业、中小企业相互融合、共同发展，加快建立数字经济新生态。推进国际数字产能和制造合作，在"一带一路"建设中发挥国家队作用，创新投融资合作发展模式，更好融入全球创新和产业分工体系。

西安陕鼓动力股份有限公司成立于 1999 年，是以陕西鼓风机（集团）有限公司（1968 年建厂）生产经营主体和精良资产为依托发起设立的股份公司，2010 年 4 月在上海证券交易所 A 股上市，股票代码 601369。公司秉承"为人类文明创造智慧绿色能源"的企业使命，致力于成为能源、石油、化工、冶金、空分、电力、智慧城市、环保、制药和国防等国民经济支柱产业的分布式能源系统方案解决专家，构建了以分布式能源系统解决方案为圆心的"1+7"业务模式，为客户提供设备、EPC、服务、运营、供应链、智能化、金融七大增值服务，从单一产品制造商向系统解决方案提供商和现代服务型制造商转型，推进了数字化产业发展。陕鼓动力在 2000 年转型后 1 年的总资产增量相当于转型前 50 年的增量。自 2002 年起，陕鼓动力主要经济指标居国内同行业前列，是中国工业行业排头兵企业。2005 年开始，陕鼓动力业务范围开始从传统的装备制造业向系统解决方案业务拓展。2010 年公司进行第一次业务转型升级，由设备制造商向服务商转型，形成能量转换设备制造、能量转换系统服务、能源基础设施运营三大业务并行的模式。2016 年开始二次转型，依托制造+服务+运营模式全面进军天然气分布式能源领域。随着分布式能源战略的深入推进，公司下游市场逐步由"冶金+化工"为主的传统工业领域向"轻工、能源电力"为主的非传统工业领域拓展，同时，陕鼓动力布局发展国防军工、智慧城市等新市场领域业务，国际化进程亦有所加快。到 2017 年实现同比 9.72% 的营收增长。2019 年，陕鼓动力人均营业收入、人均利润、人均销售利润率等主要经营指标超过国际一流先进企业，企业业务结构实现均衡发展。到 2019 年，工业服务和运营类业务收入占比已有 2011 年的 28.7% 并持续稳步上升至 80.61%。2020 年，能源基础设施业务收入占比已达到 24%，新增气体项目投资额同比增长 452%。以工业成套与设备维护升级服务为主的工业服务业务日趋成熟，收入占比从 2010 年的 15% 增加至 2020 年的 25%。工业服务与能源基础设施运营已逐渐成长为陕鼓动力关键业务，其能量转换设备基本可以达到下游市场全覆盖，囊括冶金、石化等主要工业行业。2021 年，在"双碳"目标下，2021 年公司下游客户节能设备与服务需求大幅增加，公司营业收入约 103.61 亿元，同比增加 28.47%，业绩增长主要得益于装备制造市场需求快速增长及公司国内外业务的良好布局、坚持创新转型的高质量发展。陕鼓动力已经从单一透平机械制造商向分布式能源领域系统解决方案与服务商转型，能够从全流程角度构造定制化的系统解决方案，降低能耗、提高产能，并最大化回收利用余能，一定程度上增强了冶金与石化行业设备用户的粘性，有助于对该行业客户进行深耕，获得稳定增长与收益。

南方电网公司成立于 2002 年，负责投资、建设和经营管理南方区域电网，参与投资、建设和经营相关的跨区域输变电和联网工程，为广东、广西、云南、贵州、海南五省区和港澳地区提供电力供应服务保障；从事电力购销业务，负责电力交易与调度；从事国内外投融资业务；自主开展外贸流通经营、国际合作、对外工程承包和对外劳务合作等业务，与东南亚国家电网相联，截至 2021 年年底，公司累计向越南送电 394.9 亿千瓦时，向老挝送电 11.5 亿千瓦时，向缅甸购电 215.4 亿千瓦时，对缅甸送电 19.4 亿千瓦时。供电总面积 100 万平方公里，供电人口 2.54 亿，2021 年全网统调最高负荷 2.16 亿千瓦，南方五省全社会用电量 14506 亿千瓦时，全球 500 强企业排名第 91 位，资产总额 10822 亿元，营业收入 6725 亿元，连续 15 年国资委经营业绩考核 A 级。南方电网公司立足我国资源禀赋特点，深入推进国家西电东送战略，构建清洁能源跨省区优化配置大平台。西电东送形成"八交十一直"输电大通道，最大送电能力超 5800 万千瓦，占全国 20.3%，年送电量超 2200 亿千瓦时，占全国 14.9%。累计送电 2.7 万亿千瓦时，累计减排二氧化碳 17 亿吨、二氧化硫 1200 万吨。积极构建多元能源供给体系，在保障能源安全、优化能源布局中发挥牵引作用。2021 年，五省区非化石能源装机 2.22 亿千瓦（其中风光 6400 万千瓦），占总装机 55%。"十三五"期间，非石化能源电量占比连续 5 年超过 50%，比全国平均水平高出约 20 个百分点。2021 年单位 GDP 电力碳排放 0.2962 吨/万元，较 2005 年下降 51%。

南方电网公司通过持续优化创新管理体系平衡企业复杂性与成本，改进企业组织形式进而实现有效管理。公司构建起以科技创新为关键、以服务和商业模式创新为核心、以管理创新为支撑的全面创新体系，基本形成了公司创新管理"四梁八柱"。2022 年，研发投入预期达 110.16 亿元，达到主营业务收入的 1.44%，创新项目投入预期达 42.24 亿元，同比增长 13.8%。新承担国家级、省部级科技项目 43 项，国家重点研发计划项目 9 项，国资委攻关项目 8 项，国家自然科学基金项目 3 项，并首次获得重大集成项目。公司累计有效专利授权数 39641 件，发明专利 12539 件。年度新增发明专利 2247 件，有效发明专利占比 32%，PCT 专利申请公开 276 件，同比增长 87.8%。用于并行冗余协议网络中的时钟输出控制方法和系统专利获得中国专利金奖，获得省部级及以上科技奖励 20 项。随着技术创新多样性需求增加，公司就生态文明体系建设和能源电力产业升级进行了创新形式分析，以 3060 双碳目标为引领，能源生产和消费革命加快推进，绿色生活生产方式加快形成；公司经营范围内海上风电、怒江可开发水电资源等新能源资源丰富，极具新能源发展潜力，推进清洁生产，发展环保产业，需要更多技术创新支持，着力构建清洁低碳、安全高效的现代能源体系；新一轮科技革命与产业变革加速，先进信息技术、互联网理念与能源产业深度融合，催生智能微网、先进储能、电动汽车、多能互补、多网融合等新业态、新产业；公司持续加强关键核心技术攻关，推动科研成果转化应用，提升自主创新能力，大力推动新技术应用融合，积极主动推进数字化转型，全面提升电网发展质量。

南方电网公司贯彻落实党的二十大精神，深入实施创新驱动发展战略，坚持党建引领，加快构建一流创新管理体系，部署一流科技项目，建设一流创新平台，培育一流科技人才队伍，培育一流创新成果，打造一流创新生态，以科技主动赢得南网发展主动，锻造"国之重器"，全力将公司打造成为国家战略科技力量和全球能源创新高地，以科技强企支撑公司高质量发展。公司大力推动科技体制机制改革，形成科技体制改革三年攻坚方案，围绕科技治理体系、新型举国体制、项目立项和组织管理、科技成果与奖励管理、科研人才队伍建设、创新生态打造等内容系统部署了六大行动，共30项改革任务。构建了以创新领导小组为领导机构，网省两级创新管理部门为中坚的"大科技"管理格局。深化理念导入，印发公司全面质量管理工作总体方案和理念导入工作计划，营造了人人关系质量的良好氛围，深化"大质量"观念。编制印发公司管理成熟度评价导则及实施指南（试行版），形成适用于供电企业的全面质量管理指引性文件。各试点单位质量管理成果实现质的突破。充分发挥新型举国体制优势与国家战略科技力量作用，历经近20个月的攻坚克难，至2021年底圆满完成全部5项关键核心技术攻关任务，形成一批具有全球竞争力的自主知识产权成果，解决了相关领域"卡脖子"问题，实现了关键核心技术自主可控，为国家产业链供应链安全提供了重要保障。高端装备取得历史性突破，实现了柔直套管、分接开关、高压电缆等高端装备的国产化及首台套应用。锻造了电力产业链长板，为产业链上下游企业参与国际竞争创造了有利条件。开创新型电力系统、数字电网、智能传感等重点领域，形成前沿技术布局和战略储备。

南方电网公司实施特高压直流输电国家科技支撑计划项目，完成我国±800千伏特高压直流输电关键技术研发与成套设备研制，率先建成世界首条±800千伏特高压直流工程（云广直流工程）。创造了32项世界第一，填补特高压直流输电的技术标准、设备规范、试验规范的世界空白，被评为"2009年亚洲最佳输配电工程奖"和"国家优质工程金质奖"。推动了我国直流输电从高压到特高压的跨越式发展，使我国直流输电设备研发、设计、制造等综合能力跃居世界先进水平。该项目获得2017年国家科技进步奖特等奖、国家优质工程金奖、中国工业大奖。公司牵头承担国家863计划课题"大型风电场柔性直流输电接入技术研究与开发"，研究解决多个大型风电场接入电网关键技术问题，加强风电等新能源并网能力。率先攻克多端柔直输电技术这一世界难题，成为世界首个完全掌握多端柔直输电核心技术的国家。有力提高现有输配电电网的安全稳定水平，促进电力产业结构升级与优化，促进可再生能源的规模化开发利用。南方电网创立交直流并联大电网关键技术体系，建立世界上规模最大的交直流电网稳定控制系统，并在国家"西电东送"工程中成功应用，建成世界上规模最大、作用最突出、效益最明显的交直流并联大电网。提出交直流主网完整模拟、220kV 部分电网宽频等值的多模态模拟技术，实现世界上规模最大的交直流并联电网全电磁暂态实时仿真。公司 2004 年建成国内第一条 35kV 超导电缆，2017 年研制成功世界首台 500kV 交流超导限流器，2021 年研制世界首台输电级超导直流限流器，实现从核心材料到关键部件的全国产化，实现国际上首次示范运行，同年研制国内首条 10kV 三相同轴高温交流超导电缆，在深圳成功投产。自主研发了态势感知主站系统和采集装置，建成覆盖南方电网区域全部 70 家调度主站，3918 座厂站的网省地一体化态势感知系统，实现网络安全风险可发现、可控制及可溯源，保障了大电网的安全稳定运行，形成了涵盖产学研用的高价值产业链，成套解决方案已经向国内其他行业输出，促进了能源行业网络安全科技进步。公司提出跨流域互补的安全稳定控制协调优化技术并建成多直流协调稳控系统，实现了多回直流复杂组合故障后的精准稳定控制，提升了多区域能源通道送出能力，提出了基于大容量、高压柔性直流的异步互联电网黑启动技术，丰富了多区域能源送出结构的"多区域、多分区并举"黑启动技术手段。围绕电力与通信、交通、工业等领域的融合，提出了跨行业能源资源共享协同融合关键技术与解决方案，成果应用于国家能源局首批"互联网+"智慧能源示范项目，建成了国内外首个大型城市能源互联网示范工程，成果整体达到国际领先水平。南方电网公司组织实时"揭榜制""挂帅制""赛马制"科技项目与日俱增，累计已达 60 项、45 项和 4 项，实时单位已覆盖总部、超高压公司、广东电网公司、广西电网公司、云南电网公司、调峰调频公司、南网数研院等 7 家单位，涉及项目包括国家级、省部级、公司级、分子公司级全部项目类型。公司不断优化重组和新增培育各层级科技创新平台，形成包括国家级、省部级、公司级、分子公司级等四级科技创新平台的实验室体系，覆盖公司"十四五"创新驱动规划布局 28 个研究方向，并采用分级管理模式。其中直流输电技术国家重点实验室，拥有功能完备的直流输电系统涉及、仿真、试验与验证能力。特高压电力技术与新型电工装备基础国家工程研究中心，在特高压交直流污秽和电磁环境试验研究等方面，居世界领先水平。国家能源大电网技术研发（实验）中心，建有世界上规模最大、最先进的交直流大电网实时仿真系统。南方电网公司高端人才队伍实力雄厚，拥有院士 2人，首席专业技术专家 12 人，高级技术专家 21 人，建立了完善的公司一流人才梯队。公司加强对高层次人才、青年人才承接科技项目的支持，以重大科技项目为载体，加快科技人才培养与使用，选拔 25 名优秀高层次人才开展精准支持，实施系列精准支持措施 143 项，面向战略级专业技术专家设置"高层次人才专项"。成功研制国内第一款电力专用主控芯片并实现量产，实现电力工控领域核心芯片从"进口通用"向"自主专用"转变。实现电力二次设备核心元器件自主可控，对于国家电力能源和信息安全、工控领域科技自主可控具有重大意义。在业内首次突破 5G 承载配电网生产控制类业务核心技术难关，无线空口高精度网络授时技术成功纳入 5G 国际标准。搭建数字孪生实验室环境，完成业内首次5G 电力虚拟专网安全实验室测评，入选工信部全国首批"5G 应用安全创新示范中心"。业内首次发布新型电力系统技术标准体系表，率先在行业制定新型电力系统技术标准行动路线图。开发电力系统计算分析云平台，计算效率较单机提升360 倍以上。建成"网-省-地"三级新能源调度运行管理平台，大幅提升新能源厂站的可观、可测、可控能力。建成国内首个网地一体虚拟电厂运营管理平台，在粤港澳大湾区首次利用网地一体虚拟电厂精准削峰。发挥南方电网公司"龙头企业"牵头作用，建设数字电网技术装备现代产业链，形成"产-学-研-用-政"创新产业生态，带动上下游企业实现数字电网技术装备的全面自主可控、技术达到世界一流水平，打造成为国家级先进制造集群，助力数字中国目标实现。公司预计到 2025 年年底，部分领域技术达到国际先进水平，国产化替代率达到100%。搭建国内领先的数字电网技术装备共性技术平台，形成完整的研发、设计、制造、试验检测和认证体系。到 2035 年年底，产业链整体技术和平台能力达到国际领先水平，打造国际一流品牌，掌握国际标准制修订话语权。拥有一支覆盖数字电网技术装备现代化产业链各领域、全链条的国际一流创新团队和领军人才队伍。南方电网公司与 11 所内陆高校，2 所港澳高校，中科院广州能源所共建联合研究院，加强应用基础研究、前沿技术研究和关键共性技术研究，提升核心技术创新能力，力争取得我国能源转型过程中前沿技术和颠覆性技术的重大原创性突破。目前，公司联合研究机构合作经费预计超过 12 亿。数字化转型是一个循序渐进的过程，需要企业在转型过程中，瞄准目标，持续迭代，不断优化，最终实现企业的全面数字化。

二、装备制造企业

制造业包括装备制造业和终端消费品制造业。根据《国民经济行业分类》，装备制造业包括金属制品业，通用设备制造业，专用设备制造业，铁路、船舶、航空航天和其他运输设备制造业，电气机械和器材制造业，计算机、通信和其他电子设备制造业，仪器仪表制造业，金属制品、机械和设备修理业等行业大类。通用设备制造业中的青岛海尔生物医疗为样本安全、药品及试剂安全、疫苗安全、血液安全等场景提供覆盖−196℃到 8℃ 全温度范围的生物医疗低温存储解决方案的生物安全综合解决方案提供商，2020 年其物联网血液安全信息共享已在北京、上海、青岛等多地落地，涉及甲级医院超过 1300 家，遍及全国 28 个省份。专用设备制造业中的福建龙马环卫，通过城市环卫一体化总集成总承包服务，提供环境卫生规划设计、环卫装备综合配置、金融解决方案、智能环卫系统管理等服务，成为典型的环境卫生整体解决方案提供商。电气机械和器材制造业中的宁波东方电缆，集研发设计、生产制造、检验检测、安装铺设、工程服务与运维服务于一体，是全球海陆缆系统综合解决方案提供商。计算机通信和其他电子设备制造业的厦门盈趣科技基于智能控制部件、消费电子产品、汽车电子产品制造等业务转型为智能家居、车联网整体解决方案提供商。仪器仪表制造业中的瑞纳智能设备，基于国内领先的智能模块化机组、超声波热量表、智能温控装置等供热节能设备的研发制造与 IoT、大数据等技术整合，转型为集能源负荷预测、热网监控、能耗分析、计量管控、安全预警等服务业务于一体的综合智慧供热整体解决方案提供商。

数字制造运用 IoT 快速、动态响应产品需求，机械传感器与控制系统互联互通，实现制造和生产流程及供应链网络的实时优化和自主决策。信息系统拓展至资产管理领域，用于预测性维护、统计评估和测量，以此增强资产可靠性，延长资产生命周期。从原材料采购到客户交付，以及已交付项目的维护和服务，是众多装备制造企业价值链物联化的主要目标。我国制造企业面临严峻的内外部环境变化压力，受限于劳动力成本、原材料价格、高耗能高物流成本和资源环境等多重因素，传统制造企业资源消耗型扩张道路难以为继，主要表现为生产成本上升、产量规模扩张乏力、核心技术欠缺、研发投入有限、生产组织方式变革困境等。外部问题主要集中在数字技术带来的制造模式变革，企业间实现了信息共享、资源整合，在研发、制造、物流等多环节多领域交叉融合，分散化生产/制造孵化了社群化生产、众包设计、个性化定制等生产模式，生产者和消费者可以合二为一成为"产销者"。可见，数字技术与制造业深度整合使得制造企业在生产方式、组织形式和产品模式等方面发生根本变化。数字技术使得生产方式智能化、物联化和泛在化成为可能，如传感器、智能控制系统、工业机器人、自动化成套生产线等催生了"无人工厂""黑灯工厂"等；数字基础设施和工业信息系统保障了机器运行、车间配送、企业生产、市场需求动态匹配，原材料供应、零部件生产、产品集成组装等全过程精益生产。企业组织形式围绕产业链供应链协同制造变得柔性化、虚拟化和泛在化，企业甚至部门演化为企业生态系统的功能/资源节点，不同节点间的材料供应、机器运行、产品生产、渠道销售都由网络系统调度和配置。生产可以根据客户需求实时调整生产工序和工艺流程，实现大规模定制化生产，企业的价值链从传统制造核心转向了制造加服务，直至提供整体解决方案。制造业服务化及服务型制造成为趋势，与设备或资产的周期性收入相比，服务可以带来持续的收入流，为制造企业提供增长引擎。

国家统计局数据显示，2022年我国装备制造业实现利润2.88万亿元，同比增长1.7%，占规模以上工业利润的比重为34.3%，比上年提高2.0个百分点。工业和信息化部数据显示，2023年1—3月，我国装备工业营业收入达7.6万亿元，同比增长8.7%，增速较2021年下降48.7个百分点。其中，电气机械和器材制造业、金属制品业营业收入同比增速较快，分别同比增长23.9%、10.7%。分行业看，铁路船舶航空航天运输设备行业利润比上年增长44.5%，实现快速增长；电气机械行业受新能源产业等带动，利润增长31.2%，增速连续8个月实现较大幅度增长，是拉动工业利润增长最多的制造业行业。装备制造业增加值占全国规模以上工业增加值的33.7%，其中，机械工业增加值增速为6.0%。2023年

1—3月，通用设备制造业、专用设备制造业，铁路、船舶、航空航天和其他运输设备制造业，电气机械和器材制造业、仪器仪表制造业增加值增速分别为2.7%、4.7%、2.2%、23.9%、7.4%；汽车制造业、计算机、通信和其他电子设备制造业、金属制品、增加值增速分别为4.0%、2.6%。截至2021年年底，装备工业规模以上企业达10.51万家，比2012年增长近45.30%；资产总额、营业收入、利润总额分别达到28.83、26.47和1.57万亿元，比2012年增长92.97%、47.76%、28.84%。2021年，装备工业中战略性新兴产业相关行业实现营业收入20万亿元，同比增长18.58%。我国装备制造业资产规模到2020年累计达到412946.5亿元，同比增长8.24%。受外部环境影响，2020年装备制造业主要行业固定资产投资增速大幅下滑，见图4.2。2022年6月，A股上市公司装备制造业投资项目共118项，同比下降8.53%；投资金额为926.47亿元，同比增长72.99%；项目平均投资额为7.85亿元/宗，同比增长89.12%。2022年，中国机械工业联合会重点关注的120种产品中，有41种产量同比增长，占比34.2%；有79种产品产量与上一年度相比有所下滑，占比65.8%。对比2020年和2022年联合会关注产品特征。2020年，联合会重点关注产品特征为：高端数控机床和工业机器人等智能装备产品产量保持显著增长态势。下游需求结构升级推动机床工具产品向数控机床方向升级。如机床工具产品中，数控程度较高的金属切削机床产品产量稳定增长，尤其是数控金属切削机床产品，产量较上年增长了16.21%，机床数控装置产量较上年增长14.98%。数控化程度低的金属成形机床整体呈负增长，产品产量下降8.65%。工业机器人产品产量2020年累计达237069台，比上年增长19.06%。工程机械类产品产量明显快速上涨。如混凝土机械产量同比增速达38.13%，挖掘机产量同比增速36.75%，电动叉车和内燃叉车产量同比增速分别是28.63%和29.20%。起重机同比增速11.66%。支持线上消费及运输相关的装备和产品产量保持高速增长。如包装专用设备产量同比增加5.82%，金属集装箱产量同比增加12.31%，金属密封件产量较上一年增加2.36%。多种通用基础零部件产品产量均实现正增长，其中液压元件产量同比增长13.02%，气动元件产量同比增长2.41%，弹簧产量同比增长2.59%，齿轮产量同比增长5.22%，工业链条产量同比增长6.69%。2020年，电工电器行业重点监测的26种产品中，产量较上年增长比例50%。清洁能源发电产品产量增长迅速，如水轮发电机组、风力发电机组产量同比增速分别是 85.17% 和 8367%；燃气轮机、电力电容器产量同比分别下降 18.33% 和 16.24%。农机装备重点统计的 10 种产品中，大型拖拉机、收获机械以及棉花加工机械产量分别同比增长 55.99%、13.12% 和 65.37%；小型拖拉机、谷物收获机械和饲料生产专用设备产量分别减少了 47.18%、36.61% 和 18.25%。仪器仪表中的高端智能产品，如光学仪器、试验机、工业自动调节仪表与控制系统产量分别增长 13.83%、1.14% 和 8.06%；电工仪器仪表、分析仪器及装置、汽车仪器仪表以及环境检测专用仪器仪表产量均为负增长。环境污染专用设备中固废处理设备产量较上年增长 48.95%，水质污染防治设备产量同比增速 5.34%，大气污染防治设备、噪声和振动控制设备出现负增长。汽车产量 2020 年为 2462.49 万辆，较上年减少 1.43%，尤其是排量小于 1 升的基本乘用车和多功能车产量较上年分别减少了 60.24% 和 27.24%。2022 年，主要产品产销特点有：（1）汽车制造业上半年汽车产销分别完成 1211.7 万辆和 1205.7 万辆，同比下降 3.7% 和 6.6%；其中 6 月当月产销量已恢复至 250 万辆左右水平，环比增长 30% 左右，同比增速超过 20%。在汽车产销复苏的带动下，6 月当月汽车发动机、模具、气动元件等产品产量由负转正。（2）能源存储产品保持增长，上半年太阳能电池（光伏电池）、铅酸蓄电池、锂离子电池等产量均实现较高速度增长。（3）原材料行业设备更新带动相关生产装备产量增长，炼油化工生产专用设备、金属冶炼设备、金属轧制设备产量增幅均达到两位数。（4）基建对投资类产品的带动效应已开始显现，6 月当月水泥专用设备产量同比由负转正增长 20.83%，环比增长 25.31%；12 种工程机械产品合计销量环比增长 7.8%，其中挖掘机、装载机、推土机销量环比分别增长 0.7%、3.6% 和 2.1%。（5）农业机械产品生产呈回落走势，10 种监测产品中 8 种产量下降，但拖拉机产品的行业集中度有了进一步提高。对比看出，外部冲击影响下，市场需求低迷惯性仍在持续，国内市场总需求持续收缩，消费和投资信心有待进一步提振。经济回稳基础尚未稳固，还处于恢复关键期。从趋势看，制造企业产品利润率持续下降，新资本设备的订单不断萎缩，客户基于产品的品牌忠诚度不稳定。除了调整成本、功能或质量增加产品差异化优势外，制造企业服务化是有效改善措施。服务可以基于设备、性能或使用情况，提供基于产品的服务（如维护和维修）、增值服务（如技术咨询）、流程优化服务（如改善资产运行状况）、基于结果的服务（如整体设备效率）等。

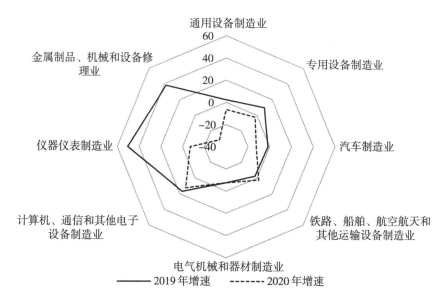

图 4.2　我国主要装备制造业主要行业固定资产增速

从价值创造看，截至 2022 年，A 股上市公司超过 5000 家，公司总市值 87.75 万亿元，其中创业板市值 11.31 万亿元，科创版市值 6.13 万亿元；主板市值 70.25 万亿元，制造业上市公司总市值 44.58 万亿元。根据证监会《上市公司行业分类指引》，制造业上市公司 2543 家，占 A 股上市公司总数的 64.59%。制造业上市公司 2020 年总市值为 44.58 万亿元，同比上涨 64.14%，实现净利润 1.14 万亿元，同比增长 34.12%，营业收入同比增速 12.12%。装备制造业子行业估值变化较大的是铁路、船舶、航空航天和其他运输设备制造业，见图 4.3。

根据证监会行业分类，制造业可分为计算机、通信和其他电子设备制造业，电气机械和器材制造业，医药制造业和汽车制造业等 30 个细分行业，2020 年相关指标见表 4.1。从公司数量看，计算机、通信和其他电子设备制造业上市公司数量为 401 家。超过 100 家的制造业细分行业有 7 个，对应 1683 家上市公司，占全部制造业上市公司的 66.2%，见图 4.4。工业软件上榜企业 1 家。从总市值看，得益于 5G、AI、IoT 等新基建行业的迅猛发展，计算机、通信和其他电子设

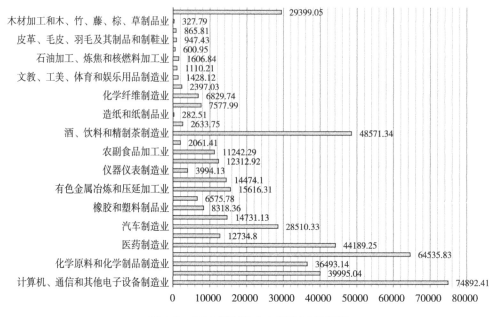

木材加工和木、竹、藤、棕、草制品业 327.79　29399.05

皮革、毛皮、羽毛及其制品和制鞋业 865.81　947.43　600.95

石油加工、炼焦和核燃料加工业 1606.84　1110.21

文教、工美、体育和娱乐用品制造业 1428.12　2397.03

化学纤维制造业 6829.74　7577.99

造纸和纸制品业 282.51

酒、饮料和精制茶制造业 2633.75　48571.34

农副食品加工业 2061.41　11242.29

仪器仪表制造业 12312.92　3994.13

有色金属冶炼和压延加工业 14474.1　15616.31

橡胶和塑料制品业 6575.78　8318.36

汽车制造业 14731.13　28510.33

医药制造业 12734.8　44189.25

化学原料和化学制品制造业 64535.83　36493.14

计算机、通信和其他电子设备制造业 39995.04　74892.41

图 4.3　2022 年制造业上市公司总市值

备制造业总市值 7.75 万亿元，占制造业总市值 17.4%。从盈利能力看，制造业总收入前五大行业分别是：计算机、通信和其他电子设备制造业 2.78 万亿元，汽车制造业 2.30 万亿元，电气机械和器材制造业 1.90 万亿元，黑色金属冶炼和压延加工业 1.64 万亿元，有色金属冶炼及压延加工 1.40 万亿元，总计 10.02 万亿元，占制造业总收入约为 54.41%。从平均毛利率看，制造业平均毛利率排名前五大行业分别是：酒、饮料和精制茶制造业占比 65.9%，医药制造业 50.6%，软件和信息技术服务业 48%，纺织服装、服饰业 38.4%，仪器仪表制造业 37.7%。从平均净利润看，制造业平均净利润前五大行业是：酒、饮料和精制茶制造业占比 29.4%，软件和信息技术服务业 24.6%，仪器仪表制造业 14.7%，非金属矿物制品业 12.1%，橡胶和塑料制品业 11.2%。从行业发展看，关联科技、新基建行业，如计算机、通信和其他电子设备制造业，仪器仪表制造业，铁路、船舶、航空航天和其他运输设备制造业 PMI 超过 55%。

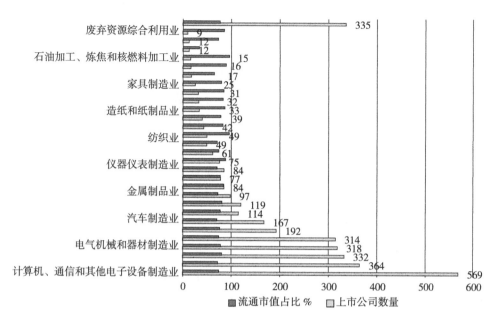

图 4.4 2022 年装备制造业上市公司数量

表 4.1 灯塔工厂概览

批次	公布时间	全球数量（累计）	中国数量（累计）
第一批	2018	9	3
第二批	2019.01	16	5
第三批	2019.11	26	6
第四批	2020.01	44	12
第五批	2020.09	54	16
第六批	2021.03	69	21
第七批	2021.09	90	31
第八批	2022.03	103	37
第九批	2022.10	114	42
第十批	2023.01	132	50

从生产过程看，离散制造和流程制造占 2022 年全球数字化转型支出的近

30%，其次是专业服务和零售行业。我国离散制造企业数字化转型进度、转型水平和企业规模近似正相关。根据世界经济论坛发布的全球制造业"灯塔工厂"名单，全球累积"灯塔工厂"90家，其中中国企业有31家，其中不乏三一重工、海尔、美的等离散制造企业。在新基建、双循环以及数字经济的驱动下，我国制造业企业数字化转型全面提速，重点领域关键工序数控化率由2012年的24.6%提高到2020年的52.1%，数字化研发设计工具普及率由8.8%提高到73%。IDC报告显示，2024年，我国制造业IT市场相关投资规模预测为258.2亿美元，IT应用市场规模达到103.9亿美元，2019—2024年复合增长率为10.2%。离散制造业国有企业以智能制造为主要方向，推进生产设备智能化、生产数据可视化、生产过程透明化、生产现场无人化，有企业围绕产品生命周期、产业链供应链实现了数据互联互通、资源集成共享和业务协同优化，加速向服务化延伸转型。同时，服务可以覆盖整个产品生命周期，优质服务能不断改善客户体验。这类企业注重数字化转型基础，提升关键业务创建的数字化物流化智能化水平。有67.99%的离散制造业国有企业在若干单一职能范围内开展了数字化技术应用，在诸如研发设计、生产制造、运营管理等场景进行综合集成，25.26%的离散制造国有企业实现主营业务集成融合、动态协同和一体化运营。流程制造业国有企业普遍具有良好的数字化转型基础，注重提升关键业务场景的动态协同和智能化水平。65.26%的企业在若干单一职能范围内应用了数字化技术，实现场景内部综合集成，29.09%的企业实现了主营业务集成融合、动态协同和一体化运行。流程制造企业受产业链供应链上下游波动影响明显，加快推进设备设施的智能化升级改造，强化生产安全管控，推动一体化运营管理是这类企业关注重点，如有10.5%的企业实现了能源供应使用、排放过程集中监控管理，32.2%的企业实现了主要设备在线监控、故障诊断与及时维护，24.4%的企业具备一体化运营管理能力，20.0%的企业具备供应链协同能力。IDC于2015年发表的物联网在制造业发展观点显示，IoT对制造企业改进如图4.5所示。

创新作为引领发展的第一动力，充分发挥了其提升制造业与服务业融合发展的智能化、数字化、精细化水平的推动作用。依托智能算力基建化、海量数据积累与治理、深度学习算法等，移动工业互联网平台成为制造企业面向应用场景的新基础，企业以工程化方式推进工业智能落地，包括工业数据中台、边缘计算、

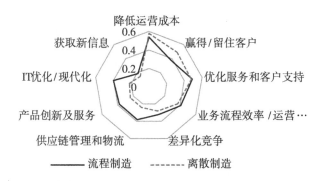

图 4.5　IoT 与制造企业（IDC，流程制造 n＝165，离散制造 n＝95）

ML 平台、算法模型在内的全栈工业 AI 进程。装备制造企业转型数字化工厂，边缘计算平台、工业大数据平台、工业物联网平台和云原生开放平台成为核心架构。IDC《2022 年第一版全球数字化支出指南》显示，全球数字化转型正由效率变革向价值变革、由企业内向产业链价值链拓展。数字化转型提升企业内部生产和运营管理效率是探索的重点方向，生产管控和运营管理类应用约占案例样本的 70%。同时，产品和服务模式创新正成为转型探索新的价值增长点，企业利用数字技术连接产品和设备，并基于设备数据提供运维和后市场服务模式。发展工业互联网、智能制造、定制化生产、按需制造、产业链协同制造等制造业新模式、新应用，加大在智能制造等领域的联合研究和共同发展。《2023 年全球创新指数》显示，研发支出最高的企业的全球研发支出在 2022 年达到了 1.1 万亿美元，创历史新高。2022 年，全球研发（R&D）支出最高的企业的支出增长约 7.4%（低于 2021 年的 15%）。根据工业和信息化部发布数据，从创新投入看，我国制造业研发投入强度从 2012 年的 0.85% 增加到 2021 年的 1.54%，专精特新"小巨人"企业的平均研发强度达到 10.3%。从创新成果看，规上工业企业新产品收入占业务收入比重从 2012 年的 11.9% 提高到 2021 年的 22.4%（见图 4.6、图 4.7）。《2022 年全国科技经费投入统计公报》显示，高技术制造业研究与试验发展（R&D）经费 6507.7 亿元，投入强度（与营业收入之比）为 2.91%。

2023 年，我国制造业新增注册量达到 166.2 万家。制造企业注册资本在 500 万元以下的企业占比 29%，营收在 100 万元以下企业占 12.8%。面对数字经济市

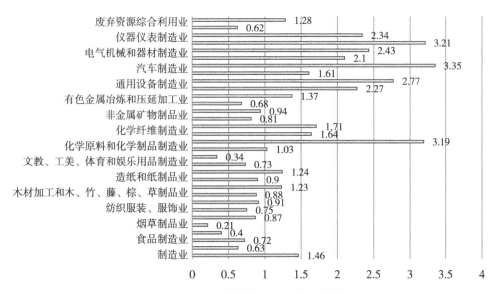

图 4.6　2021 年制造业 R&D 投入强度

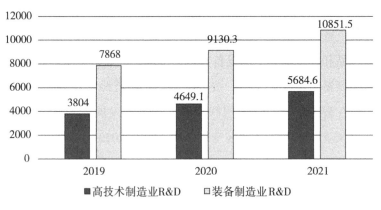

图 4.7　2019—2021 年制造业 R&D 投入

场环境多变、用户需求异质且多样，不少制造企业选择顺应技术变革要求。国家统计局数据显示，2023 年制造业技改投资增长 3.8%，高技术产业投资增长10.3%。截至 2023 年 6 月 30 日，A 股上市公司共计 4874 个（剔除 ST、ST＊、北交所及 B 股），2023 年 1—6 月新增 141 家，按照证监会最新《上市公司行业分类指引》，其中制造业上市公司 3248 家（同上），占上市公司数量的 66.64%，

2023 年 1—6 月增加了 107 家，占新增上市公司总数的 75.89%。如表 4.2 所示，制造业上市公司的核心业务价值充分体现出来，产业影响力不断加强，产业贡献度明显增长。据工业和信息化部数据，2021 年，以制造业上市公司为主体的我国重点工业企业关键工序数控化率、数字化研发设计工具普及率分别达到 55.3% 和 74.7%，较 2012 年分别提高 30.7 个百分点和 25.9 个百分点，一批智能示范工厂加快建成，智能制造应用规模全球领先，数字化新业态、新模式也不断发展创新，开展网络化协同和服务型制造的企业比例分别达到 38.8% 和 29.6%。企业利用网络化、数字化提升质量、效率和效益的作用非常明显，产业竞争力也得到提升。石化、钢铁、建材等行业已拥有一批制造能力和智能化水平独步全球的领先企业。以上均表明制造业上市公司更加注重内在价值创造，由依靠重组并购、追求规模等外在价值创造模式转向依靠科技创新、数字化重构流程、强化精益管理、强固产业链尤其是供应链等内在价值创造模式。

表 4.2   **2022 年制造业细分行业表**

行 业 名 称	上市公司数量	总市值（亿元）	流通市值占比（%）	占 A 股总市值比重（%）
计算机、通信和其他电子设备制造业	569	74892.41	74.38	8.53
专用设备制造业	364	39995.04	71.95	4.56
化学原料和化学制品制造业	332	36493.14	80.71	4.16
电气机械和器材制造业	318	64535.83	77.83	7.35
医药制造业	314	44189.25	74.42	5.04
通用设备制造业	192	12734.80	76.42	1.45
汽车制造业	167	28510.33	70.29	3.25
非金属矿物制品业	114	14731.13	77.21	1.68
橡胶和塑料制品业	119	8318.36	80.72	0.95
金属制品业	97	6575.78	72.28	0.75
有色金属冶炼和压延加工业	84	15616.31	84.59	1.78
铁路、船舶、航空航天和其他运输设备制造业	77	14474.10	77.18	1.65
仪器仪表制造业	84	3994.13	70.39	0.46

续表

行业名称	上市公司数量	总市值（亿元）	流通市值占比（%）	占A股总市值比重（%）
食品制造业	75	12312.92	88.36	1.40
农副食品加工业	61	11242.29	74.26	1.28
纺织业	49	2061.41	70.75	0.23
酒、饮料和精制茶制造业	49	48571.34	95.59	5.54
纺织服装、服饰业	42	2633.75	82.75	0.30
造纸和纸制品业	39	282.51	78.07	0.32
黑色金属冶炼和压延加工业	33	7577.99	87.01	0.86
化学纤维制造业	32	6829.74	82.81	0.78
家具制造业	31	2397.03	84.41	0.27
文教、工美、体育和娱乐用品制造业	25	1428.12	79.74	0.16
其他制造业	17	1110.21	64.88	0.13
石油加工、炼焦和核燃料加工业	16	1606.84	89.40	0.18
印刷和记录媒介复制业	15	600.95	95.80	0.07
皮革、毛皮、羽毛及其制品和制鞋业	12	947.43	33.96	0.11
废弃资源综合利用业	12	865.81	73.16	0.10
木材加工和木、竹、藤、棕、草制品业	9	327.79	85.38	0.04
软件和信息技术服务业	335	29399.05	76.45	3.35

来源：Wind 数据库

　　先进制造突破传统制造以物理实体为核心、分工与协作关系相对固定的发展模式，充分发挥我国完备产业链和综合应用场景优势，基于平台推动全要素、全产业链、全价值链的全面连接和协同优化，实现产业链供应链协同运作，重塑产业链供应链网络整体竞争优势和利益分配格局，实现制造业存量规模化扩张和增量的跨越式增长。根据工信部 2021 年发布的国家先进制造业集群布局看，高端装备制造产业主要分布在我国东部沿海经济区及长江中游经济区。在细分产业上，山东青岛与湖南株洲为先进轨道交通装备产业集群；江苏徐州与湖南长沙为先进工程机械产业集群；江苏南京为新型电力产业集群；浙江温州为电器产业集群；广深佛莞为智能装备集群；陕西西安为航空集群。一般地，先进制造产业可进一步细分为智能制造装备产业（机器人与增材制造，重大成套设备，测控装备，智能基础零部件及其关联服务）、航空装备产业（航空器装备制造及其服务）、卫星及应用产业（卫星装备及应用技术设备，应用服务及其他航天器及运载火箭制造）、轨道交通装备产业（高铁装备制造，城市轨道装备，其他装备及轨道交通服务）和海洋工程装备产业（海洋工程装备、深海石油钻探设备、海洋环境监测与探测装备、海洋工程建筑及相关设备和服务）。

从"十四五"规划及同期的战略性新兴产业规划可知，智能装备制造应用场景持续拓宽，智能机器人成为多种前沿新兴技术交叉融合的靶点，如北京重点规划建设工业机器人产业基地，集聚一批机器人核心部件、智能工厂解决方案等企业；广东布局了工业机器人、服务机器人和特种机器人等。重点领域高端装备国产化成为焦点，北京推进罗罗发动机等重大项目落地，建成航天精密光机电产业园；上海加强航空航天技术攻关及配套能力建设，加速民用大飞机和航空发动机型号研制，推动单通道飞机（C919）实现适航，加快支线飞机（ARJ21）批量生产和系列化改进改型，推进宽体客机（CR929）研制；山西推进煤炭精细化勘探、智能化开采等领域的新技术和成套装备研发，建设煤机智能研发、电传动矿用自卸车等项目；江苏关注关键核心零部件和高端装备，推动工业互联网、智能制造、共享制造、再制造等模式应用。"十四五"期间，国家深化北斗系统应用，北京布局建设北斗产业创新中心，培育全链条全流程的复合型"北斗+"集成业态，孵化北斗时空智能企业；四川推动北斗技术成果在防灾救灾、应急关联等领域的转化应用；陕西布局地基增强技术覆盖，加大在自然自然利用、勘察测绘、交通运输、应急管理、现代农业、智慧物流等领域的应用。先进制造产业优势地位凸显，广东布局支持 600 公里时速高速磁悬浮系统、400 公里时速高速轮轨列车、250 公里时速高速货运列车等新型轨道交通装备研发和应用；重庆建设跨坐式单轨、As 型地铁、双流制车等轨道交通车辆；上海发展大型邮轮、LNG 运输船、超大型集装箱船、高端客滚船、全自动化码头作业装备、海上油气开采加工平台、海洋牧场装备等高技术高附加值产品；广东发展船载智能终端、船用导航雷达、海洋自动监测系统等高端海洋电子设备和系统。

通用电气（GE）创立于 1892 年，业务囊括医疗、航空、电力、可再生能源、油气、交通、金融、数字等领域，是全球历史上成功的多元化跨国集团之一。Jeff Immlt 在 2001 年正式接任 Jack Welch 执掌 GE，任期内，911 事件、次贷危机、欧债危机、英国脱欧等使得社会经济环境动荡不安。Immlt 任期内致力于使 GE 成为更简单、更有价值的公司，在大规模调整原有业务的同时，大力发展工业互联网及数字化业务。2001 年，GE 将原来的 13 个集团重组为 11 个。2005年，GE 整合基础设施、工业、商务金融服务、NBC 环球、医疗和消费者金融等 6 个业务集团。2010 年，GE 缩减至科技基础设施、能源、NBC 环球、家庭商业解决方案、金融等 5 个集团。随后，GE 剥离了 NBC 环球、塑料、家电、水处理等增长缓慢且技术含量低的业务。2015 年，GE 出售超过 3000 亿美元的金融业务，只保留了支持医疗、航空、能源等工业业务的金融服务，并推进核心业务扁平化重构，重组为电力、可再生能源、油气、航空、医疗、交通、能源互联和照明、金融等业务集团。调整传统业务的同时，GE 发力工业互联网，推进数字化业务发展。GE 致力于通过大数据、云计算、移动技术的融合，以工业互联网把所有的"应用孤岛"紧密连接，创造出一个由机器、智慧与数字组成的庞大工业生态系统。基于此，GE 推出了工业云平台 Predix，并把公司内所有与数字化相关的部门整合成为一个新的业务集团：GE 数字集团（GE Digital），推出类似Apple Store 的 GE Store 作为工业互联网和数字化变革的中枢平台。2017 年，Immlt 在"致股东的一封信"中表示，20 年前，工业界大多数企业推行的"数字肌肉"外包，已经被证明失败了。我们吸收了这个教训。今后，GE 所有新入职的员工都要学习编程。我们没有期待他们都能成为会写软件的程序员，但是编程作为数字化未来的"可能性的艺术"，员工必须理解。同期美国 Microsoft 的DelBene 表示，微软之前把原来的 IT 组织称为核心服务而不是 Microsoft IT，是因为 IT 即业务、业务即 IT，微软 IT 部门不再是支持性组织而是微软的核心业务组织。通过重整 16 个核心流程、定义流程愿景、规划流程版本路标、设计成功指标等，DelBene 对微软核心流程进行了数字化再造。可见，当时的 GE 和 Microsoft就已经认识到必须花时间重构组织并为组织赋能。

GE 建立了以 GE 商店为核心的数字工业生态系统，目标是通过 GE 商店广泛分享在各项业务中的科技以及软件能力，为整个工业生态系统注入活力，利用GE 对物理资产的深刻认识和数据连接优化能力，推动数字世界和物理世界融合，实现机器和软件无缝协作，引领工业变革。初始的 GE 商店提出了软件卓越中心（Software Center of Excellence）、文化与简化（Culture & Simplification）、技术（Technology）和全球范围（Global Scale）四项举措。后续发展中，上述举措逐步演化出了 GE 数字集团、全球运营中心、全球研发中心和全球增长组织，成为 GE 商店的核心构成要素。到 2016 年，GE 商店构成要素演变为全球范围、技术、共享服务、数字化、金融、领导力和增材制造，主要业务涵盖电力、可再生能源、燃油和燃气、航空航天、健康、交通以及能源与照明。2014 年，GE 就联合 AT&T、IBM、思科和英特尔，共同发起成立了工业互联网联盟。构建工业界和信息与通信技术界共同参与的新兴数字工业生态建设。GE 商店第一个功能是连接外部用户，类似消费者逛商店的体验，告知客户 GE 整个系统中有哪些技术和服务、可以解决哪些问题。只需一个入口，任何用户均可以获得经整合的 GE 各类业务部门和数十万员工的支持。GE 通过这一平台向客户提供整体解决方案，精简服务流程，提升市场响应速度，并以协作方式为各类客户提供全面和高价值的服务方案。GE 商店第二个功能是连接并整合内部资源。通过数字化集团、全球运营中心、全球研发中心、全球增长组织等横向组织，GE 商店将公司内部各纵向业务集团连接，促进先进技术、产品、软件及模式在各个业务集团之间充分共享，不再限于只为某一单元或地区提供支持，由此盘活了 GE 积累的技术和人才，实现更快的业务增长与更高的收益。例如，当客户需要开发一座钻井平台海底采油系统时，GE 商店可以迅速整合 GE 航空先进材料技术、GE 医疗影像技术、GE 能源管理输配电技术、GE 油气泵和压缩机技术等。GE 数字集团是 GE 数字工业生态系统的旗帜。GE 数字集团既有数字化管理职能部门的身份，又兼具业务部门的特点，数字化集团和其他业务集团从纵横两个方向相互支持。横向上，GE 数字集团直接受 GE 数字 CEO 和 GE 首席数字官 CDO 的领导，提供横向的产品线、Predix 操作系统、数字化基础设施以及全球研发中心的软件研究等产品或支持；纵向上，GE 的各业务集团内部分设业务 CDO，负责本业务集团与数字化相关的实施规划、共同度量、互相问责等，向各业务 CEO 汇报，并受数字 CEO 和 GE 首席数字官 CDO 的指导与协调。GE 数字集团的核心是工业云平台 Predix，GE 致力将其打造成工业互联网标准和工业操作系统。借助 Predix 平台与外部客户、供应商等利益相关者连接，GE 建立起新型的数字工业生态系统。

Predix 负责将各类业务、各种工业资产设备、各利益相关方相互连接并接入云端。Predix 将机器数据流、计算分享能力与人相连接，从而使参与方能够更高效地管理资产和运营，助力数字工业转型，实现生产能力、供应能力和设备使用寿命方面的切实收益。Predix 的主要功能包括：资产安全监控、工业数据管理、工业数据分析、云技术和移动技术营业。比如 APM（Asset Performance Management）资产绩效管理解决方案套件，通过数据分析提高 GE 和非 GE 资产的可靠性和可用性降低成本和运营风险。此外，Predix 提供海量数据、工业洞察和基础开发环境。接入其中的组织或人员可以在 Predix 平台上控制数据连接并运行第三方分析软件，开发者利用 Predix 的 App Factory 快速开发建模、实现和部署工业互联网营业。软件开发者、客户和设备供应商基于 Predix 平台，可将机器设备与软件数据整合，建立数字化智慧工厂，形成工业社区。目前为止，GE 工业互联网平台服务汽车业客户 250 位，包括财富 500 强前 10 名中的 8 位客户；食品饮料以及快消客户超过 1000 家，财富 500 强前 10 名中 5 位客户使用 GE 软件优化其生产制造；重工业客户超过 2500 家；化工客户超过 1000 家，油气客户超过 500 家，发电客户超过 500 家。2016 年，GE 与海尔签署全球战略合作框架协议，双方利用 Predix 平台，共同开发工业设备健康状态管理、可靠性管理和运营维护优化方面的软件系统，重点覆盖智能工厂和智能家居两大领域。2016 年上海数字创新坊投入使用，提供设计思维工作坊、Predix 开发者训练认证、用户体验设计等服务。同期，Predix 与华为建立战略合作伙伴关系，提出双方基于 GE 的 Predix 应用平台以及华为的物联网网关、网络控制器、连接管理平台、大数据计算平台等信息通信技术及基础架构展开联合创新，共同提供工业数字化和自动化解决方案，加速基于云华的工业数字化应用部署。2017 年，GE 与中国电信签署战略合作协议，推动 Predix 落地中国。GE 通过搭建平台系统地关注降低产品成本、强化营运资金责任、缩短周转时间、减少机构以及扭转业绩不佳的业务。比如在保持 CFM LEAP 航空发动机性能不变的前提下，降低 30% 成本。通过跟踪 10 个主要业务计划库存，改进营运资金责任机制，削减成本，实现了 95% 自由现金流转换。GE 全球运营中心提供服务共享，包括财务、供应链、人力资源、商务运营、环境健康和安全等多个专业领域。服务共享模式简化并加速了 GE 业务内部流程和业务间协作，在整合过程中也创新出全新理念和解决方案。

基于 GE 商店，共享服务通过供应链整合向外逐步延展到整个产业链，GE 也将供应链伙伴共享智能制造的实践经验用于协助本地伙伴加速智能制造升级。GE 数字集团在本地供应链开展先进制造试点。目前 GE 在中国的 38 家制造工厂，占地面积超过 150 万平方米，每年本地制造价值超过 30 亿美元。通过供应链升级计划，简化跨业务供应商认证体系，GE 推进了本地合作伙伴在全产业链上的跨企业、跨产业协同。全球研发中心是 GE 商店的关键支撑，目前已构建全球研发中心网络，一系列技术横向应用于公司各项业务。GE 成立产品突破实验室，负责加速 GE 商店的技术并商用于下一代产品，包括市电平价风力发电、效率高达 65% 联合循环电厂、采用碳化硅低成本太阳能逆变器，以及下一代航空涡轮电推进技术。

浪潮集团是中国领先的云计算、大数据服务商，拥有浪潮信息、浪潮软件、浪潮国际三家上市公司。主要业务涉及云计算、大数据、工业互联网、新一代通信及若干应用场景。已为全球 120 多个国家和地区提供 IT 产品和服务。浪潮集团服务器市场占有率中国第一，全球第二。政务云市场占有率中国第一，大型集团管理软件市场占有率中国第一，存储出货量中国第二，全球第五。2021 年，专利申请量 7000 余项，有效专利 12000 余件，牵头制定服务器领域全部基础国家标准。目前有国家级创新平台 11 个，包括国家级企业技术中心、高效能服务器和存储技术国家重点实验室、国家信息存储工程技术研究中心、国家双创示范基地等。浪潮信息、浪潮软件和浪潮国际 3 家公司已上市。全球员工 33000 名，研发科技人员占比 61%。浪潮基于在云计算、AI、工业互联网、应用软件、大数据、新一代通信等领域自主研发的产品和技术，打造了智慧政务、智慧城市、数字乡村、智慧教育、智慧医疗、智慧文旅、智慧水利、智慧粮食、智能制造、智能交通、智慧能源等数字化应用场景。浪潮集团持续深耕政务服务领域，连续多年在政务服务领域全国市场占有率第一。业务已覆盖 29 个省份、15 个省本级、125 个地市、800 多个区县，浪潮承建的贵州"全省通办"，重庆"渝快办"等项目获数字政府卓越成就奖。浪潮牵头制定全球首个智慧城市运营国际标准，蝉联国际数据集团（IDG）中国领军智慧城市服务商（2017—2020）。目前已在 35 个城市开展智慧城市建设运营，如为济南打造的"智慧泉城"获得全球智慧城市产业数字化转型奖、全国智慧城市十大样板工程等。面向乡村，浪潮集团提供全面周到，针对性强的"1128"体系解决方案，以数字化手段赋能乡村建设，支撑了农业农村部苹果全产业链大数据建设试点项目，打造的"三涧溪社会治理现代化综合平台"已经成为三涧溪智慧乡村的"神经中枢"，赋能基层治理，服务乡村振兴。浪潮深耕水务行业，以新一代数字化平台为底座，融合 GIS、BIM、IoT、AI 等技术，提供 ERP+IoT+AI 综合解决方案，实现从原水到供水厂、管网、二次供水、终端用户服务全流程数字化管理，全面提升水管理效能。已服务于广州水投、广州自来水、广州净水等大型水务企业，助力水务行业数字化转型升级。浪潮集团服务矿山行业已逾 20 年，是国家能源矿产大数据研究中心和工业大数据管理培训基地，已为煤炭 50 强企业的 15 家提供智慧矿山建设服务。山能新矿集团数据采集规范已纳入国家矿山数据融合共享规范，成为国家行业标准，临矿集团大数据获工信部大数据产业发展试点示范项目。浪潮提供面向建筑行业的整体解决方案，结合 IoT、大数据、AI 等先进技术，覆盖建筑行业的现场人员、材料、设备管理、绿色施工，助力建筑企业建造智能化、运营数字化和决策智慧化，已服务于中国建筑、中国能建、上海建工等千家建筑企业。浪潮以服务交通强国建设为目标，面向交通行业提供一体化融合解决方案，打造"交通智慧大脑"，服务部、省、市、县四级交通运输部门及各省市高速集团/机场集团/交投集团/港口集团，该平台目前已在广东、重庆、贵州、北京等众多省市落地应用。浪潮集团为分布式智能电网产品与服务供应商，围绕绿色校园、智慧用能、零碳产业区、零碳机构和零碳交通等场景建设低碳智慧城市，实现绿色发电、高效用电，为能源领域带来极简、绿色、智能、安全的解决方案。聚焦超高清交互显示、智慧服务、智能感知、智慧家庭及智能医疗等五大专用智能终端领域，赋能智慧行业。浪潮集团支持了 2021 年春晚 8K 直播及北京冬奥 8K 超高清直播。

　　面向三大关键问题，浪潮集团的科技创新管理体系为颠覆性技术创新战略及其动态管理、协同创新组织体系、自主创新体系、开放创新体系、数字化管理平台、精准化高科技人才激励与培养，以及科技创新能力动态监测的"6+1"建设方案。科技创新战略管理框架包括战略洞察、战略规划、战略解码和战略执行与评估四阶段。围绕集团战略定位制定科技创新战略，聚焦核心技术突破，根据不同技术领域特点和基础制定不同技术战略。浪潮集团共有二级研发机构 24 个，浪潮人工智能研究院、浪潮科学研究院、浪潮科创中心三个集团级科研机构，在全球设立 20 余个区域研发中心。其中，浪潮科学研究院，面向科技前沿技术，面向国家重大战略，面向经济社会数字化转型进行重大科研布局，定位于世界一流的新一代信息技术科研创新平台，聚焦开展产业关键共性技术研究、解决集团各业务板块发展的瓶颈难题、建设公共研发平台。目前拥有包括欧洲科学院院士、俄罗斯工程院院士、泰山领军人才等科研人才 150 余人。浪潮科创中心主要聚焦于集团主导产业横向扩展和纵向延伸的产业升级、新兴战略产业的培育与创新人才的培养，整合内外部创新生态，为新技术应用、新产品试制、新方案落地提供试验田。浪潮集团坚持开放式创新，广纳天下英才，在全球布局研发中心，集合海内外优势研发资源，把握全球科技竞争先机。目前已在海外设立 5 个研发中心，全国设立 14 个研发中心。

浪潮集团创新提出联合开发模式 JDM（Joint Design Manufacture），以与用户产业链融合为基础，面向用户具体业务，打通需求、研发、生产、交付环节，按需设计、生产和交付。围绕用户需求进行大规模定制，加速改造传统的研发、生产和交付模式。建立了长链条协同的敏捷化软件产品运营管理体系，支撑包括业务规划、售前方案、产品研发、项目交付、技术平台等 M2C 的全过程。集团为激励科技创新，制定科研平台、科技成果转化、专利标准等管理办法，共设立 5 项科技创新激励办法和制度，10 余项激励点，2021 年集团向二级单位共发放奖金约 2500 万元。浪潮集团作为国资背景企业，企业员工个人持股不得超过 1%，科技型中小企业最高 3%，离职创业可突破此股权限制。浪潮发布《浪潮集团有限公司鼓励员工创新创业管理办法（试行）》，包括入孵项目每创办一个企业，产业单位可加 1 分；员工离职创业，可与产业单位签订协议，明确员工离职创办企业后，若想返回原产业单位继续工作，原则上员工原工资、职级等待遇不降低，离职创办企业期间的工龄，在浪潮内部视同连续工龄。如集团有离职创业项目危化品自动充装全流程数字孪生系统，是与鲁泰化学合作改造 7 个充装位，通过机器视觉与自动控制系统结合，实现现场多充装口同时充装，代替人工操作，全天候工作，大大提高装车效率。集团建立了产学研深度融合的创新生态，发挥全球高校及科研院所优势科研资源，深入开展基础技术研发、成果转化、科研人才培养，助力集团高质量发展。创新生态包括基础科研，主要是国家级企业技术中心，高效能服务器和存储技术国家重点实验室，跨行业跨领域工业互联网平台和国家信息存储工程技术研究中心；平台共建，主要是产业学院、专业共建、师陪基地、联合实验室和实习实训；成果转化主要是创新创业、项目孵化、共建实体和产业链；人才培养主要是培养博士、博士后及研究成果发表。如集团成立的浪潮–西电联合实验室，面向国家和行业重大需求，攻克国产数据库，突破包括多模存储、异构硬件加速、实时计算、并发访问、中间件、迁移和安全防护等国产数据库核心关键技术，开展数据库领域前沿科学问题研究和孵化，建立国产自主的数据库生态，科教融合共同培育领域高端人才。研发的浪潮开务分布式数据库已成功应用于浪潮云州工业互联网平台、北方健康医疗大数据平台、中国邮政储蓄银行反欺诈系统，并在西安电子科技大学、河北工业大学、郑州大学等高校部署数据库实训平台，联合高校助力过程数据库生态建设和人才培养。浪潮集团积极引入国外某研究所存储领域相关科技成果并开展创新应用，有效助推浪潮存储业务取得高速发展。Gartner 公布 2021 年第四季度全球存储市场报告，浪潮存储逆势增长，出货量跃居全球前四。同时，IDC 公布浪潮存储 21 年销售额同比增长 59%，两倍市场平均增速。浪潮存储产品已在科研、通信、金融、医疗、政府等行业关键业务中批量部署，标志着浪潮存储具备了服务各行各业及各类应用场景的高可靠、高性能能力。例如浪潮支撑中建材特色专业型工业互联网平台申报，连接设备 127 万台/套、沉淀工业模型 1478 个、接入工业 App218 个、服务企业数 2871 个等。以"1+N+X"模式，服务蚌埠市信息显示、光伏新能源材料、特种玻璃、应用材料产业发展，实现信息显示产业人均产能提升 145%，产品毛利率提升 18%，产品研制周期降低 42%等。助力中储粮打造全球最大粮食物联网，建设横向协同的集团管控平台，实现"人、钱、粮、业、资、财"信息化全覆盖，打造中储粮数据共享平台，挖掘数据价值、促进数据共享，实现科学决策。建设惠三农综合服务平台，落实惠农、惠企政策，提高对外服务水平，服务"三农"。搭建上下一体、垂直管控的数字化监管体系，打造"千里眼"实现智能化、可视化远程监管。承建上万家收储点的政策性粮食一卡通系统、上千家直属库智慧粮库，引领行业转型打造全球最大的储粮物联网平台。赋能广州自来水打造智慧供水云平台，构建供水全业务"1 个云平台+27 个业务域"管理体系，实现供水全流程智慧运营管控，用户端多端融合，便民利民，供水全过程服务网办比率 100%，用户业务办理材料压缩比率 60%以上，居民类业务实现刷脸办；

企业端助力数字转型，降本增效，内部业务线上办理率 90%，工单处理时限缩短 20% 以上，智慧水厂电耗下降 9%，物耗下降 23%，智慧泵站运行成本下降 50%；政府端开放共享，高质发展，向政务平台共享数据 6 万条/月，政务服务效能指数在广州市 49 个单位中位居前列，14 项指标中，减材料率、移动端服务体验、时限压缩率等 10 项指标获得满分。

综上所述，常见制造企业服务化类型如表 4.3 所示。客户服务渠道以联络中心、线上沟通以及合作伙伴/分销商服务运营为主，大多企业仍面临数字化程度差异导致的决策延迟、技术支持或响应时间延迟的问题。

表 4.3　　　　　　　　　　制造企业服务化类型

基于知识的服务	在线监控
培训	按性能付费
流程优化服务	设备维修与维护
服务级别的协议	预测性维护
设施优化/设备运行咨询	竞争对手解决方案支持
提供备件	纳入合作伙伴服务（生态系统）
基于结果的服务	将现有产品/应用转化为服务

三、新零售企业与制造

聚焦于服务型制造价值来源，Green、Davies 和 Ng（2017）认为存在两种潜在的研究范式：一种是以交换价值为中心的产品延伸或附加服务化，偏向于产品主导逻辑，服务是有形产品的附属品，产品服务属性的增加会提升产品的复杂程度，产品与服务之间是互补关系；另一种是以使用价值为中心的客户共创服务化，偏向于服务主导逻辑，服务应基于客户体验或使用物理产品的具体情境，通过设计包含企业与客户资源的服务系统来实现。制造企业服务化转型的变化包括向用户提供不仅只是产品还包括多样的产品服务组合，甚至是纯服务。而服务企业制造化是更精地准通过客户服务需求定制所需产品，企业盈利点分布在整个服务交付的各个环节。

新零售不仅是市场热点，更是服务型制造边界拓展的可选项之一，是定制化产品生产的新模式。京东京造 2022 年销售额同比增长 60%，100 个以上品类年均销售额增长超过 300%，新产品开放成功率超过 90%；阿里巴巴旗下犀牛工厂，成为全球第一家服装行业"灯塔工厂"，实现"定制服装批量化生产"。传统品牌店的改造和创新都在重新利用线下优势为消费者提供更好的体验和服务，如苹果、联想之家等；阿里巴巴、腾讯、京东为代表的互联网公司均已布局线下业务，淘宝心选、苏宁极物，网易严选。阿里研究院新零售研究报告认为，新零售是以消费者体验为中心的数据驱动的泛零售形式，包括以心为本、零售二重性和零售物种大爆发三个特征。新零售通过将数据与商业逻辑深度结合，实现消费方式逆向牵引生产变革。以公有云为基础，融合 AI 和 IoT 技术，新零售将零售渠道建立在柔性化、智能化和协同化的数字基础设施上，依托产业链供应链网络，实现了零售活动线上线下一体的消费场景。如阿里云提供包括服饰、快消、美家、商超、连锁、房地产、餐饮、酒店文旅等场景解决方案，推出"数智化转型五部曲"，即基础设施云化、触点数字化、业务在线化、运营数据化、决策智能化。腾讯云提出智慧零售解决方案，主要产品包括智慧营销、智慧门店、智慧购百合智慧快消。天翼云集合自身网点和渠道优势，推出新零售解决方案——智慧看店。基于中国电信弹性云计算及宽带资源，采用人脸识别技术，面向零售行业用户提供 AI 门店经营数据服务。华为云提供云计算、大数据、AI、5G 等底层技术能力并联合专业零售行业合作伙伴打造智慧零售解决方案，链接品牌商、供应商、分销商、服务商等零售业生态伙伴，以帮助零售企业数字化转型。

Frost & Sullivan 的《中国新零售行业研究报告》显示，中国新零售动态包括下线市场红利期凸显，低线城市消费需求多体现在消费扩容，小镇青年成为互联网零售下半场的主要驱动因素；品牌商转向以消费者洞察为核心，根据消费者需求进行精准商品研发、行销和规划，实现消费者体验最大化；新零售企业通过线上数字化营销方式在消费者到店之前完成消费需求洞察，依托线下配送物流网络高效将商品送达，实现了有效的流量前置拦截；无人零售模式快速发展，伴随新冠疫情蔓延，无接触配送及自主无人收银等无人零售方式带来行业利好，目前的痛点主要是物品识别以及配送成本运营方面；家庭小型化趋势使得消费者在生活必需品购物方式上从低频大量购入转变为少量多次，小型和社区型便利店业态提供消费者"最后一公里"的消费便利。

2016 年，随着我国网购增速下降，马云预测纯电商时代已经过去，未来将进入"新零售"时代。2016 年 2 月起，小米科技正式推出"小米之家"品牌，将其线下直营店作为其进入零售行业的大本营，经由小米之家跨界"新零售"，如图 4.8 所示。其核心竞争力变为"硬件+新零售+互联网服务"，其中，硬件包含手机、电视、路由器和生态链产品，是米家的核心业务；互联网服务业务包括 MIUI、游戏互娱；新零售更多代表的是渠道，是以小米之家为核心的零售板块。小米之家最初定义是小米新零售的核心，其新零售链路是：在十几个业务板块中，以米粉用户为轴心，打造生态链（小米产业投资+智能家庭产品组合）+多渠道（小米官网+全网旗舰店+小米之家）+好产品（强产品力+多产品线+爆款产品引流）。小米之家是小米线下的自有渠道，承载着小米品牌和产品市场占有率的独立新业务。小米所倡导的新零售的核心追求是通过全渠道广泛覆盖用户，将许多线上消费者不大敢或犹豫的商品转化到线下购买，从而极大程度提高了米家产品的购买宽度和范围，并推动线下米家的运营效率。通过线上系统分析和安全使用帮助小米之家选址，小米通过米柚对米粉的定位服务，将米家开在离用户最近的位置，坪效 27 万元的小米自有渠道小米之家所有费用率加起来，包括研发、制造、维修、服务、市场、渠道等只占小米营业额的 5%，或是商品零售价的 5%，远低于传统商业这些费用至少占到零售价的 50%。小米自建基础能力，包括仓储、物流、客服、售后等服务，形成了小米全渠道、全产业链整合和"双王者"状态，好的产品组合和好的渠道组合互相博弈使得小米有效实现成本控制。

新零售下沉市场的典型代表是拼多多。美国东部时间 2018 年 7 月 26 日，成立不到三年时间的拼多多正式登陆纳斯达克。目前企业上市审核制度主要以注册制和核准制两种为主，其中，中国 A 股实施核准制，中国香港和美国纳斯达克实施注册制。我国 A 股市场企业上市标准相对较高，拼多多成立曾处于连续三年亏损状态，选择美股，短时间内利用国际证券市场的商机发展自己是重要的。拼多多在境外上市采用了同股不同权结构，便于直接利用股权融资，且避免股权过度稀释，保障企业稳定发展。年报显示，截至 2022 年 2 月 28 日，拼多多创始人黄

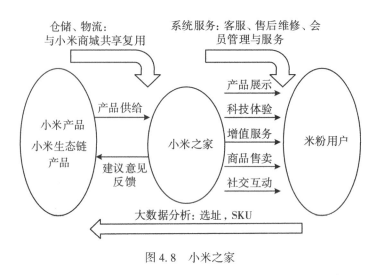

图 4.8 小米之家

峥持股为 27.9%、腾讯持股为 15.5%、拼多多合伙人集体持股为 7.3%、Banyan Partners Funds（高榕资本）持股为 6.6%、红杉资本持股为 2.6%。

去中心是拼多多模式除去社交的又一个典型特征，将众多买家变成自己的流量入口，聚焦中低消费人群，不断提高用户黏性，通过微信海量活跃用户，基于社交关系的拼团分享模式，有效降低用户成本，触及大量人群。根据网经社数据显示，2014 至 2020 年，我国社交电商市场规模由 950.1 亿元快速增长至 23000.5 亿元，年复合增长率约为 70%。财报显示，截至 2021 年年底，拼多多年活跃买家数为 8.69 亿，较上一年底的 7.88 亿，同比增长 10%。京东达到月 GMV（即平台交易额）百亿用了 6 年时间，而拼多多用了 2 年。拼多多收入来源主要是在线商城业务和商品销售业务，由于平台商品的单价较低，追求薄利多销，为吸引更多用户，压缩自身毛利，只收 0.5% 的手续费。2021 年第四季度，拼多多营收 272.31 亿元，同比增长 3%，美国通用会计准则下，利润为 69.07 亿元（2020 年同期为亏损 20.48 亿元）。2021 全年，营收 939.50 亿元，较上年同期增长 58%，主要有三部分构成，分别是广告收入（online marketing services and others）725.63 亿元，佣金收入（transaction services）141.40 亿元，商品销售（merchandise sales）72.46 亿元，美国通用会计准则下，利润为 77.69 亿元，扭亏为盈（上年同期亏损 71.80 亿元）。广告收入一直是拼多多的营收大头，占比连续三年下降，2019 年占比 88.96%，2020 年占比 80.61%，2021 年占比 77.28%。2021 年，广告收入 725.63 亿元，较 2020 年 479.54 亿元增长 51%。佣金收入是拼多多的第二块主要收入，占比一直在 10% 上下，2018 年占比 12.23%，2019 年占比 11.04%，2020 年占比 9.73%，2021 年占比 15.05%。2021 年，佣金收入 141.40 亿元，较 2020 年 57.87 亿元增长 144%。商品销售（merchandise sales），2020 年首次出现在拼多多财报，该部分收入来自于在线自营业务收入，2020 年占比 9.67%，2021 年占比 7.71%。2021 年，商品销售 72.46 亿元，较 2020 年 57.51 亿元增长 26%。2021 年第四季度，拼多多营收 272.309 亿元，比 2020 年同期 265.477 亿元增长 3%。其中，广告收入 224.25 亿元，比 2020 年同期 189.22 增长 19%，佣金收入 47.24 亿元，比 2020 年同期 22.68 亿元增长 108%，商品销售 0.82 亿元，比 2020 年同期减少 98%。拆分营收数据表明：（1）佣金收入是年拼多多增长最快的业务，为总营收增速的 2.48 倍；（2）广告收入占比连续三年下滑，三年下降 11 个百分点；（3）第四季度营收增速较低，主要由商品销售收入减少导致（亿邦动力，2022）。

上市之前拼多多进行了四轮融资，共计融资 17 亿美元：2015 年由 IDG 资本、光速中国投资的 0.09 亿美元的 A 轮融资；2016 年由高榕资本、新天域资本、腾讯产业共赢基金、凯辉基金投资的 1.1 亿美元 B 轮融资；2018 年由腾讯产业共赢基金、红衫资本中国投资的约 2.13 亿美元 C 轮融资；同年由腾讯、高榕资本投资的 13.69 亿美元 D 轮融资。但根据招股说明书内容显示，公司 2016 年和 2017 年分别发生 2.92 亿元和 5.25 亿元亏损，同时创业三年累计亏损为 13.12 亿元人民币。黄峥表示拼多多可以用来上市的时间很短，机遇就是现在，上市可以通过公众的监督获得更好的成长。而且拼多多也面临用户增长放慢、竞争更加激烈的压力，迫切需要开拓市场，寻找新生资源，如果仅局限于现有市场，并继续沿用当前的高速发展阶段商业模式，其增长速度将逐渐放缓，甚至停滞。黄铮认为，一个电商平台如果将消费者看作数据，最终是无法符合消费者的真实需求的，提供高性价比并且带给消费者快乐是更重要的。因此，拼多多将自己定位成一个由 AI 驱动的"Costco"和"迪士尼"的结合体，它所做的就是读懂消费者的情绪，进行高效的信息匹配，升华人们的体验感。将网络虚拟世界和现实世界相结合，集高性价比产品和娱乐为一体，以此来缩短产业链，减少社会资源的浪费，创造了一种全新的商业形态。当然拼多多要获得更加良性的发展，势必面临严峻的挑战。如 iPad 权属纠纷案、CDMA/GSM 双模式移动通讯方法专利侵权纠纷案、网络游戏私服侵犯著作权案等，知识产权纠纷案接连不断。拼多多平台的低入驻门槛模式及平台与商家之间的关系导致商家质量参差不齐，假冒伪劣商品泛滥。随着平台用户数量的增加，用户多样化、消费升级也成为拼多多面临的棘手问题。

社区电商小红书是 2013 年，由毛文超和瞿芳在上海创立的，旨在为用户提供以图文、短视频等形式标记年轻生活方式的社交平台。2021 年年底，小红书商业产品四大方面包括结构型的 SPU 数据、影响用户消费决策路径的"浏览+搜索"、B-K-C 链路协同以及面向用户全生命周期的度量体系。截至 2021 年 12 月，小红书月活达到 2 亿，其中 72% 为 90 后，超 50% 来自一二线城市，男性用户比例达到 30%。小红书以社群分享带动产品销售的商业模式，在用户提供有价值的内容分享的同时，可能掺杂影响平台声誉的种种问题。2019 年 3 月，小红书的"种草笔记"涉嫌造假登上新浪微博热搜；7 月，平台 App 在各大安卓应用商店集体下架；8 月，苹果 App Store 搜索专栏已无法查询小红书 App。平台备受争议的内容主要包括：烟草广告、笔记造假、为品牌代写代发笔记、疑似售卖假货等问题。小红书经过整顿调整，同年 10 月，各大应用商店开始恢复小红书的下载使用。

2014 年 12 月，小红书平台正式开启自建商城"福利社"。通过"种草笔记"建立相关商品的购买链接，使得小红书直接将社区与电商紧密联系。当用户在逛社区时看到心仪的商品，可以直接通过链接进入"福利社"购买，随后在使用过程中，也能在社区对该商品分享自己的使用感受和心得体会。这种社区+电商的商业模式形成了从购物到分享到再购物的生态循环。同时，社区购物数据提供了用户对商品需求的精准推送，"福利社"商品销售范围不断扩展，从初始的护肤品和化妆品到家用电气、饰品包包、保健品及家居用品等方方面面，并先后与 Jesinta（饰品）、Lavallette（小马包）、LG、松下电器、大昌商行等品牌开展了合作。小红书还成为多个爆款的孵化器，如国产美妆"完美笔记"上线小红书第一天就实现了 20 多万元的销售额。2017 年，演员林允入驻小红书。随着她在平台上发布的系列美妆笔记，带货化妆品销量暴增，成为受人欢迎的"美妆博主"。随后，以明星为 KOL（Key Opinion Leader，关键意见领袖）入驻平台的模式成功推广，实现热点话题多点带动的深度交流与互动，形成了独特的 UGC（User Generated Context）氛围。

互联网和新媒体带来的数字化阅读对实体书店冲击明显。电商改变了图书销售格局，也阻碍了实体书店的发展，在 2013 年前后，传统书店闭店潮席卷了整个行业。第十九次全国国民阅读调查结果于 2022 年 4 月 23 日在北京发布。调查显示，2021 年我国成年国民的综合阅读率为 81.6%，人均纸质图书阅读量 4.76 本，人均电子书阅读量 3.30 本，均较上年有所提高。中青年人成为数字化阅读主体，"听书""视频讲书"等阅读形式为读书提供更多选择。2021 年，我国成年国民图书阅读率为 59.7%，较 2020 年的 59.5%增长了 0.2 个百分点；报纸阅读率为 24.6%，较 2020 年的 25.5%下降了 0.9 个百分点；期刊阅读率为 18.4%，较 2020 年的 18.7%下降了 0.3 个百分点；数字化阅读方式（网络在线阅读、手机阅读、电子阅读器阅读、Pad 阅读等）的接触率为 79.6%，较 2020 年的 79.4%增长了 0.2 个百分点。2021 年有 77.4%的成年国民进行过手机阅读，较 2020 年的 76.7%增长了 0.7 个百分点；71.6%的成年国民进行过网络在线阅读，较 2020 年的 71.5%增长了 0.1 个百分点；27.3%的成年国民在电子阅读器上阅读，与 2020 年（27.2%）基本持平；21.7%的成年国民使用 Pad（平板电脑）进行数字化阅读，与 2020 年（21.8%）基本持平。从数字化阅读方式的人群分布特征来看，越来越多的中青年群体成为数字化阅读的主体。具体来看，在我国成年数字化阅读方式接触者中，18~59 周岁人群占 92.8%，60 周岁及以上人群占 7.2%。据《2020—2021 中国实体书店产业报告》显示，书店主要收入的来源依旧是图书销售的盈利。2020 年，接受调查的书店中，有 24 家图书销售收入占比 100%，近 1/3 的书店图书销售收入占比 50%~79%。

随着人们阅读习惯的变化，实体书店步履维艰。一些著名书店，如上海市最大的书店——上海明君书店，曾有十二家直营店，五家加盟店，逾 20 万会员，于 2007 年倒闭；曾经遍布中国 18 个城市，拥有 36 家零售门店的北京贝塔斯曼于 2008 年闭店；全国最大民营书店北京第三极书局，于 2010 年倒闭；北京四大民营图书零售业巨头，中关村高校园区三大学术书店之一的风入松书店和有 31

家零售门店的光合作用书房均于 2011 年闭店。2020 年，受疫情影响，全国关闭书店数量达到 1573 家。与此形成对照的是一家民营书店代表——西西弗书店，从 1993 年成立以来，秉持"参与构成本地精神生活"的价值理念，深耕图书零售和阅读文化领域，坚持为大众读者持续提供优质的图书产品和阅读体验。书店通过响应国家公共教育支持政策，拓宽产品线和服务渠道，将咖啡馆并入书店，积极向"复合式"转向，共同协作创出"物理书店+阅读体验+书友会+新鲜交流"的平台，打造矢量咖啡、不二生活、推石文化等品牌，优化服务质量。30 多年来，西西弗形成了一套完整复合的业务、管理、团队体系，集团总部细分 20 多个专业垂直管理系统，目前在全国 29 省、80 多个城市拥有 360 多家全直营连锁店。在泛文化领域框架下，西西弗以图书零售为主营业务，文创、轻餐饮、图书出版策划、文化活动等多线条业务立体发展。目前旗下有主品牌西西弗书店（SISYPHE BOOKS），及矢量咖啡、不二生活文创、推石文化、7&12 阅听课等子品牌。从初期的理想人文书店，到体系化连锁发展，西西弗经历了从 1.0 到 2.0 的自我迭代塑造，当前正处于面向 3.0 阶段的全面升级构建之中。西西弗书店致力于在不久的未来，发展成为文化零售、文化内容、文化资源融合一体的文化平台服务商。

西西弗书店 1993 年诞生于遵义，其 1.0 模式旨在为读者提供书籍，让广大书籍爱好者方便购书。定位于草根书店，西西弗书店成为一个"和文学著作、和在这里工作的每个人、和来到这里的每个人、和你所处的地方，也包括和自己对话"的对话书店。2009 年，面对同业竞争压力，西西弗书店开启 2.0 模式。西西弗在重庆的两家 Park 书店相继开业，在 Park 书店，西西弗将物理空间划分为能对读者形成便利性、随机性和体验性的小空间。借用发达国家成熟的橱窗文化，展示优质图书和创意产品，分享书友心情小文字，让逛书店读书成为一种日常生活体验。2.0 模式的书店不仅仅只是购书或看书的地方，而且是一个具有文化体验感的生活空间。3.0 模式是伴随跨界融合思维出现的。2011 年，西西弗入驻重庆 NOVO 商城，正式命名"西西弗文化空间"。该店集成了 Park 书店、UP Coffee 矢量咖啡、Booart life 不二生活创意馆三种品牌业态，标志西西弗书店正式转型为以普及大众文化体验为主旨的二代文化空间。2015 年，西西弗开启"O2O"模式，线上线下同步发展，相互促进，使西西弗品牌进入更多客户的视野。2020年西西弗店量突破300家，入驻城市超过80座，2021年新开门店40家。

西西弗书店通过产业间内部融合重组，将图书销售、工艺品销售于饮品销售三大业态进行组合，坚持以书籍为核心产品，基本产品是学术期刊、时尚生活类杂志和报纸，工艺品、文具和饮品是附加产品。总营收的75%是图书，且书籍占的空间是80%、咖啡馆是15%、不二产品是5%。西西弗细分出标准线、主题线、定制线三大店型产品线，分别匹配不同城市商业实体定位，开创专业图书产品线和大数据系统，搭建互动交流平台，与读者共享城市文化空间。西西弗书店横跨图书销售、工艺品销售与饮品销售三大业态，多元化的产品和经营方式带来了更多资源和客源，提高了利润。利用跨界品牌资源，实现自身发展，扩大品牌边界。2019年，西西弗与喜马拉雅FM平台联合，在苏州举办"听"书会；与英国时尚品牌Victoria. Hude合作开展英伦文化展，与DewamParty达成战略合作，并入驻47家门店，一起打造生活仪式感。在有形服务方面，西西弗书店以欧式风为主打造温暖而精致的氛围。凡是在书店内购买书籍、手工艺品或饮品的顾客均可到书店休息区停留。店内配有完整的三级导航系统，大宗客户服务部等多种形式的服务。无形服务上，书店在所有销售区都安排了工作人员。线上服务这块，西西弗自建线上商城，方便客户了解实体店内活动，如本周推荐书、本周特惠书、新书上架、主编推荐、读者推荐等。同时，通过微博、豆瓣等平台，书店不断发布活动预告，宣传新书籍。线下实体店，通过举办线下书会、成立会员群，开展主题售书等活动，让读者有机会对接自己喜爱的作家、名人。西西弗的"O2O"模式有力支撑了其实体店的发展。

综上所述，充分利用用户洞察，深入了解产品服务使用情况，有的放矢优化产品服务组合，深度挖掘价值链以提高客户计划中的服务和使用情况，实现了新零售与制造有效整合。用户价值是这类企业主导的服务目的，在跨职能关键绩效、客户满意度、收入增长和服务级别协议，基于流程的有效交付和基于结果的服务等方面与前述制造企业侧重点有所不同。此外，新零售企业通过合作伙伴生态系统制定服务战略和实施服务交付，加快补充服务执行速度，提高服务采用率。应用数字技术帮助客户服务和现场服务职能展开工作，尽早实现产品服务配置和控制，增强服务透明度，扩大服务规模，降低运营成本，提高工作安全性和智能化水平。

四、制造业金融

制造业是推动经济长期稳定增长的核心，是构建新发展格局的关键环节。十九届五中全会指出，"十四五"期间要坚定不移建设制造强国，建立现代财税金融体制。要加快构建金融有效支持制造业的体制机制，发挥好金融市场、金融机构、金融产品、金融服务的作用，推动制造业技术创新，实现产业基础高级化，打造现代化产业链，加快制造业产业结构调整，增强制造业效率效益和核心竞争力。2022 年，工业和信息化部等有关部门出台多项政策，《关于开展"携手行动"促进大中小企业融通创新（2022—2025 年）的通知》，强调以金融为纽带，优化大中小企业资金链。《关于开展"一起益企"中小企业服务行动的通知》，加强投融资服务，推动符合条件的企业对接多层次资本市场。《优质中小企业梯度培育管理暂行办法》针对主导产品属于制造强国和未来强国建设重点领域的优质企业，提出运用金融等政策工具促进其高质量发展。

数字经济时代，银行可通过提升制造业金融服务水平，在经济高质量发展时期实现风险经营能力提升与金融服务范围的实质性扩张，提升自身盈利能力并改善净资产收益率表现。股本回报率（ROE）和成本收入比（CIR）是衡量银行财务状况的常用指标。2020 年，全球前 250 家银行的平均 ROE 为 6.29%，平均 CIR 为 48.75%。ROE 一般是通过创新产品或服务模式，利用企业生态系统中的创新性合作伙伴实现增值贡献提高的。CIR 则是通过柔性劳动力配置、技术资源有效整合，优化研发周期或认知型产品，以及创新生态系统优化工作流程降低的。

市场监管总局统计显示，截至 2023 年 1 月，我国市场主体达 1.7 亿户，其中个体工商户 1.14 亿户，约占总量 2/3。为满足中小企业不断增长的流动资金需求，投贷联动作为金融服务创新模式应运而生。投贷联动融合了债务融资、股权投资的属性，可以使商业银行通过"股权+债权"的方式为科创企业提供资金支持，还可以用股权收益弥补信贷风险，缓解中小企业融资难题，有利于银行和中小企业互利共赢。如招商银行的"千鹰展翼—创新型成长企业培育计划""科技金融生态合作联盟"，建设银行的"双联动经营""建银科创投贷联动股权投资基金""创业者港湾"，北京银行的"北京银行中关村投贷联动共同体、中关村小巨人创客中心""投贷通产品"等。数据显示，2022 年，我国投向制造业中长期贷款余额同比增长 36.7%，比各项贷款增速高 25.6 个百分点。科技型中小企业贷款余额同比增长 24.3%，比各项贷款增速高 13.2 个百分点。"专精特新"企业贷款余额同比增长 24%，比各项贷款增速高 12.9 个百分点。截至 2022 年 6 月末，国有六大行制造业贷款余额合计为 9.16 万亿元，占 59 家上市银行合计数的 64.19%，之后分别是 10 家股份制商业银行、30 家城市商业银行和 13 家农村商业银行，占比分别为 22.56%、10.23% 和 3.01%，如图 4.9 所示。2022 年，A 股再融资募集资金总额为 13048.60 亿元，不同市值区间融资规模差距较大。实施再融资的中小市值公司主要处于制造业。在实施再融资的 100 亿元市值以下上市公司中，募集资金规模排名前五的行业分别为，基础化工（299.99 亿元）、机械设备（232.62 亿元）、电子（191.73 亿元）、建筑装饰（165.88 亿元）、汽车（149.30 亿元）。中小市值公司制造业融资的强劲需求，体现了中国制造业在技术升级和市场扩张方面的潜力和动力。毕马威《2022 年中国股权投资动态》报告显示，2022 年新成立的基金以成长型、政府引导基金、母基金和风投基金四类为主，从规模来看分别占比 56.1%、19.1%、11.1% 和 10.6%。2022 年政府引

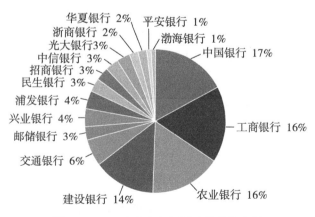

图 4.9　2022 上半年各行制造业贷款余额

导基金在整体募资市场较低迷的环境中，实现规模逆势攀升，新成立基金规模达1353 亿美元，为 2021 年的两倍多。其中超 20 亿美元的基金共 13 只，目标筹集金额达 789.2 亿美元，占政府引导基金总规模的 58%，主要投资方向聚焦于前沿科技和先进制造业。

《产业数字金融研究报告（2021）》显示，产业数字金融是以产业互联网为依托，数据为生产要素，数据信用为核心特征的新型金融形态。由产业数字金融衍生的新业态包括产业链金融、物联网金融、绿色金融、农村数字金融和科创金融。推动产业链上下游集成的信息化与工业化融合发展，在企业服务、工业互联网、智能硬件、智慧交通等领域数字金融服务发展迅速。数字金融服务从互联网用户端向企业端、从消费端向产业端、从虚拟经济向虚实融合的转型态势明显。2022 年，IT 及信息化投融资事件占投融资事件比重 29.5%，投融资金额占投融资总金额比重 24.95%；医疗健康投融资事件占投融资事件比重 17.87%，投融资金额占投融资总金额比重 17.98%；制造业投融资事件占投融资事件比重 19.69%，投融资金额占投融资总金额比重 12.15%，具体如图 4.10 所示。2022 年第一季度银行共处理网上支付业务 235.70 亿笔，金额 585.16 万亿元，移动支付业务 346.53 亿笔，金额 131.58 万亿元。截至 2021 年 12 月，我国已有 50 余个第三方平台支持数字人民币交易（新华网融媒体未来研究院）。生活服务类平台，如美团、京东、携程等，为数字人民币提供多元消费场景。2021 年 11 月，易宝支付开通数字人民币受理业务，正式在厦门航空官网上线。截至 2022 年 1 月，拉卡拉参与了全部数字人民币试点地区试点工作，开发了系列数字人民币应用产品。2022 年 4 月，微信开放对数字人民币的支持，支付宝上线数字人民币搜索功能，帮助新用户开题数字人民币钱包。从 2013 年到 2022 年上半年，产业互联网投融资事件数占相关领域投融资事件数的比例从 29.5% 上升至 63.6%。其中，企业服务投融资事件数占比由 17.1% 上升至 32.9%，如图 4.11 所示。2022 年《数字乡村发展行动计划（2022—2025）年》《"十四五"推进农业农村现代化规划》《关于做好 2022 年金融支持全面推进乡村振兴重点工作的意见》相继出台，加强农村数字基础设施建设、加大"三农"领域金融支持等措施，移动支付便民工程，除覆盖交通、医疗、零售、教育、公共缴费等领域外，还在农村特色产业、农产品收购等领域广泛应用，创新助农服务新模式。

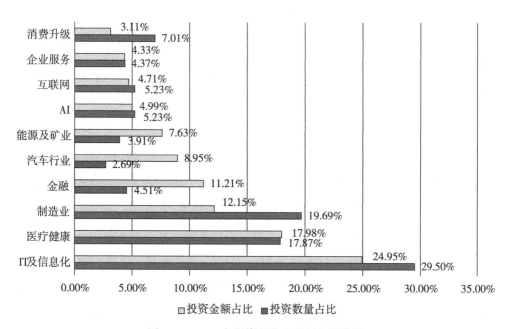

图 4.10　2022 年投资额前十的行业及数量

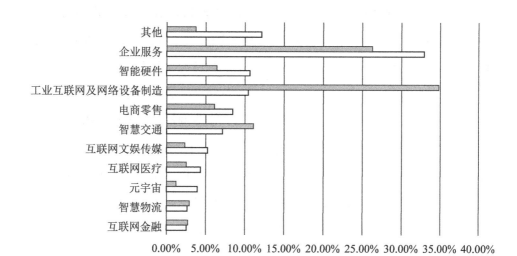

图 4.11　投融资统计

从发达国家经验看，美国企业的产融结合主要以资本市场为基础，通过金融创新推动发展。如美国商业银行在 20 世纪中期设立的银行持股公司，成为银行业金融机构参与或收购工商企业业务，产融结合的基础。美国证券业成熟，企业资金配置主要通过资本市场完成。纽交所和美国证券交易所构成美国场内股票交易市场，纳斯达克证券交易所为新兴产业提供融资平台。柜台交易市场、第三第四市场组成了美国场外交易市场。美国通用公司旗下的 GE 金融，主要为公司主营业务提供金融服务，业务范围涵盖汽车金融服务、商用设备融资、航空器融资、商业分销融资、消费金融服务等诸多领域。GE 金融板块利润占到总公司利润的 40%以上，且长期将金融和产业收入比稳定在 4 : 6 左右。在德国，银行与企业之间结对成为企业集团，方式主要有：银行掌握工业企业股权，实现资本直接导入；银行和工业企业进行人事结合；银行与企业联合，组成一定规模的集团。银行不仅经营贷款、证券、保险等业务，还参与实体企业投资，且贷款政策对高新技术行业中的中小企业有一定利好。政府对贷款或股权投资担保或设置风险分担措施。由此，增强金融系统对制造业信贷创新服务是制造业金融的重要任务之一。银行提升制造业金融服务能力，在扩大业务范围的同时实现结构调整，改善银行 ROE 表现，支撑银行业与实体经济协同发展。截至 2022 年 6 月，招商银行、兴业银行、杭州银行、中国银行制造业贷款增速明显上升。其次，完善信贷政策和风控管理制度，鼓励创新服务模式，创新金融服务产品，强化政府基金引导作用和政策性金融机构的示范作用。最后，创新融资融智渠道，深化资本市场改革，支持制造企业多渠道多维度开展合作。此外，参照德国混业经营模式，银行可以深度参与制造企业生产活动，如改进生产流程，充分准备生产环境。与企业协作打造开放式生态系统，应用数字化工具协助企业改善运营、改进客户体验和认知型产品，协同推进运营模式改善功能结构并降本增效。

1995 年，美国成立了全球第一家无任何分支机构的网络银行——美国第一安全网络银行（SFNB）。用户通过互联网登录银行主页，选择所需业务类型，包括信息查询、利率牌价、安全服务、客户服务、银行自助等所有前台交易都可实现。而后台则由 19 名员工集中在一个地点，包括银行管理维护也是远程控制操作。First Direct 银行是一种无网点直销银行。1989 年 10 月，First Direct 银行由英国四大银行之一的美联银行创建。初期，First Direct 银行通过位于英国利兹市的 call center 提供 24 小时服务，以高效的线上电话人工服务为线下客户服务。伴随互联网的发展，直销银行的服务渠道大幅拓展，利兹总部由八个各司其职的部门组成，从单纯的电话银行发展成了电话网络银行。以第三方支付、众筹、手机理财 App 等为代表的互联网金融产品标志着我国的互联网金融进入高速发展时期，在支付、借贷领域给银行传统业务带来了巨大冲击。由此传统银行在保持自身良好稳定性的基础上，充分应用大数据、云计算等数字技术，带动银行在服务产品和管理体系方面开拓创新，逐渐完善线上金融生态体系，不断深化完善产品体系，改进直销银行、交易银行、场景银行和平台银行建设，内化科技金融，构建消费金融生态。2013—2016 年，我国商业银行纷纷开设直销银行。2013 年，民生银行和兴业银行先后成立直销银行部。2015 年，中信银行与百度战略合作，成立独立法人模式直销银行——百信银行。随着我国互联网金融科技不断发展，互联网银行进入快速发展期。深圳前海微众银行、浙江网商银行和四川新网银行是我国首批获得营业牌照的三家互联网银行。其中，前海微众银行主要股东包括：深圳市腾讯网域计算机网络有限公司、深圳立业集团有限公司和深圳市百业源投资有限公司。浙江网商银行主要股东是阿里小微金服、上海复星工业技术发展有限公司和万向三农集团有限公司。四川新网银行主要股东有新希望集团有限公司、四川银米科技有限责任公司和成都红旗股份有限公司。

2014 年 12 月，我国首家互联网民营银行——前海微众银行正式运营。依靠政府大力支持和数字技术驱动，前海微众银行围绕网络空间和物理空间的映射关系布局，致力于设计满足市场需求的产品和业务。"草根"产品微粒贷、人脸识别发放贷款、构建健全的风险控制系统、不断创新存款方式，微众银行通过数字技术连通消费者、中小微企业和金融机构等，打造了金融服务生态圈，利用生态系统强化互惠合作、资源共享和配置，建立创新共同体。得益于腾讯股东引流能力，微众银行在微信和 QQ 上推出了凸显普惠金融特性的"微粒贷"产品。区别于前海微众银行，浙江网商银行除了服务于小微企业和个人消费者之外，还致力于农村用户融资难、融资贵等问题，推出农村金融市场产品"旺农贷"。四川新网银行服务可维护仍为互联网消费者和小微企业，推出"好人贷"、创客贷等产品。前海微众银行的"微粒贷"服务对象主要是长尾客户，满足他们的小额需求，具有"无需担保、循环授信、随借随还"的特点。通过腾讯引流，微粒贷采用白名单邀请制，形成"无营业网点，无营业柜台，甚至无需财产担保，一切业务均依托互联网"的营业模式。不同于传统银行，前海微众银行不再采取抵押担保方式减少贷款违约率，通过将用户个人交易与身份信息存储、挖掘和分析，清晰透明用户每一笔交易，降低交易过程中的监控和追踪成本。比如截至 2019 年，微粒贷已向全国 31 个省、直辖市、自治区近 600 座城市超过 2800 万客户发放超过 4.6 亿笔贷款，累积放款额超过 3.7 万亿元，授信客户中，约 77% 从事非白领服务业，约 80% 为大专以下学历，笔均贷款约 8000 元，超过 70% 已结清贷款利息低于 100 元。2015 年，微众银行 App 正式上线，旨在通过优选理财产品、实时提现、便捷资金调度，让用户轻松理财。微众银行与物流平台"汇通天下"、线上装修平台"土巴兔"、二手车电商平台"优信二手车"等国内知名互联网平台联合开发产品，将互联网金融带来的普惠利好垂直渗透至普罗大众的衣食住行，实现资源有效整合和配置。印度国家银行（SBI）拟创建移动应用来整合服务、产品和功能，同时集成第三方产品数据。SBI 设计了综合在线平台 YONO（You Only Need ONE），包括数字银行、提供投资和其他金融服务的金融超市、提供合作伙伴生活方式产品的在线市场以及通过分析实现端到端打通上述功能的整体数字化转型。该平台涵盖超过 100 种数字客户旅程，并提供多种在线银行、金融和消费功能。美国 M&T 银行应用混合云共享银行核心信息，为业务分析师和数据工程师提供访问通道，支持实时数据访问和多场景重用。银行核心业务系统与混合云应用的创新性整合为银行创造了巨大的业务价值，还将数据驱动的混合云应用开放周期和价值实现事件缩短了 40%，通过自主服务更有效率的解决客户问题。

金融业数字化进程助力银行与非金融合作伙伴构建共生生态系统，先进数字技术为金融机构重新设计流程和运营模式，并保障安全性、可控性和共生性。制造企业与金融业共生不仅需要双方敏锐的商业和技术能力，还需要稳定的合作战略，不断增值的客户关系，创新的服务模式和开放的组织形式。金融机构与制造企业可以通过实时共享相关信息和事件增强协同性。数字经济环境下，银行需明确支付的价值在于将交易产生的洞察转变为支付流以外的高度定制化服务，因此其信用风险评估、金融犯罪评估、现代化/自动化开户、自动化贸易融资文档、自动化信贷申请、智能化客户服务、数字化员工团队互动流程、数字化贷款管理及数字化付款环节需要与目标制造企业对接，使得定制化服务成为双方创造盈利性互动的基础渠道。

第五章　创新能力提升机制

　　党的二十大报告指出：必须坚持科技是第一生产力、人才是第一资源、创新是第一动力，深入实施科教兴国战略、人才强国战略、创新驱动发展战略、开辟发展新领域新赛道，不断塑造发展新动能新优势。党的十九届五中全会通过的《中共中央关于制定国民经济和社会发展第十四个五年规划和二○三五年远景目标的建议》提出，"坚持创新在我国现代化建设全局中的核心地位，把科技自立自强作为国家发展的战略支撑，面向世界科技前沿、面向经济主战场、面向国家重大需求、面向人民生命健康，深入实施科教兴国战略、人才强国战略、创新驱动发展战略，完善国家创新体系，加快建设科技强国"。在2021年5月举办的两院院士大会暨中国科协第十次全国代表大会上，习近平总书记指出，强化国家战略科技力量，提升国家创新体系整体效能。修订后的《科技进步法》明确，国家完善高效、协同、开放的国家创新体系，统筹科技创新与制度创新，健全社会主义市场经济条件下新型举国体制……促进各类创新主体紧密合作、创新要素有序流动、创新生态持续优化，提升体系化能力和重点突破能力，增强创新体系整体效能。可以看出，创新已被提升至统领全局的战略支撑地位，国家创新体系已经成为经济社会发展和国家安全的重要支撑。

　　创新加速是当今科技创新和社会发展的新特征（陈劲，2021）。《中国创新发展报告（2020—2021）》显示，数字技术驱动的创新能够为企业创造更多和可持续的经济价值。企业核心竞争力也由"制造能力"转变为"研发设计能力+数字化制造能力+融通创新能力"。数字技术使得创新模式由"企业产能推动"的产学研合作创新模式，转变为"客户需求拉动"的全面协同、融合发展创新模式。陈劲和尹西明（2019）研究认为，改革开放前40年，我国企业和产业技术创新主要是市场化改革、对外开放和人口结构优势所形成的巨大国内外市场需求拉动的技术创新，这一需求拉动型科技创新路径，为我国企业开展技术引进、渐进式创新、二次创新、组合创新等应用性创新和工程科技创新提供了可能，也提供了新产品应用和快速迭代的用户基础，并与互联网的崛起一道促成共享经济和用户创新等经济与创新模式的快速发展。伴随国际经济社会发展变化，单靠需求拉动路径带动科技创新已难以为继，也无法契合制造业强国建设、核心技术突破和经济发展原动力提升的要求。陈劲等（2020）指出，对于中国而言，在进入新发展阶段、贯彻新发展理念、构建新发展格局的背景下，在从创新型国家行列朝着创新型国家前列前进的转折点时期，必须发挥新型举国体制的优势，尽快强力摆脱对传统科技创新路径的依赖，加快国家、产业和企业科技创新战略转型，从模仿跟随到引领，从引进模仿升级至集成、原创和整合，更根本的是从以"需求引致的科技创新路径"为主，补弱增强，向"以基础研究和核心技术供给路径为主，以需求引致的路径为辅的新型双引擎整合式创新强国路径"加速转型，实现科技创新动力模型和经济社会发展驱动模式的实质性与根本性转型升级，为加快实现科技自立自强、构建高质量的新发展格局和全面塑造新发展优势提供源源不断的战略支撑。

《2022 年全球创新指数报告》显示，中国排名较去年再上升 1 位，名列第 11 位，连续 10 年稳步提升，位居 36 个中高收入经济体之首，见表 5.1。报告从创新投入和创新产出两个方面，设置政策环境、人力资本与研究、基础设施、市场成熟度、商业成熟度、知识与技术产出、创意产出等 7 个大类 81 项细分指标，对全球 132 个经济体的创新生态系统表现进行综合评价排名。中国在该报告中主要表现包括 9 项细分指标排名全球第一。创新投入方面，国内市场规模，提供正规培训的公司占比，阅读、数学和科学 PISA（国际学生评估项目）量表等 3 个细分指标排名第一。创新产出方面，本国人专利申请量、本国人实用新型申请量、本国人工业品外观设计申请量、本国人商标申请量、劳动力产值增长、创意产品出口在贸易总额中的占比等 6 个细分指标排名第一。知识产权高质量发展指标表现良好。《2022 年全球创新指数报告》显示，2021 年，中国品牌总价值达 1.9 万亿美元，同比增长 7%，全球排名第 18 位；风险投资规模达 940 亿美元，同比增长 84%，全球排名第 16 位。2020 年，高新技术产品出口值达 7577 亿美元，同比增长 6%，全球排名第 4 位；高科技制造业占制造业的比重达 48.1%，

较 2018 年增长 1 个百分点，全球排名第 14 位；知识产权收入达 89 亿美元，同
比增长 34%。世界五大科技集群中国独占两席。东京-横滨地区依然是全球最大
的科技集群，深圳-香港广州地区、北京、首尔、圣何塞-旧金山地区分列第二至
第五位。《中国创新发展报告（2020—2021）》从创新环境、创新资源、创新成
果和创新效益四个领域测度我国创新能力发展状况。研究显示，我国创新资源规
模优势明显，但创新资源的密度和强度仍需改进；创新活动产出增速较高，但应
用价值不显著。应持续推进创新驱动发展战略，加大对基础研究和应用研究的投
入，优化 R&D 经费支出分配结构，构建高效的合作平台，促进创新成果转化，
提升创新成果国际认可度，积极开拓应用渠道、提升应用价值。

表 5.1 　　　　　　　　　　2022 年全球创新指数排名截取

国家	整体排名	创新制度	人力资本和研究	基础设施	市场成熟度	商业成熟度	知识和技术产出	创意产出
瑞士	1	2	4	4	8	7	1	1
美国	2	13	9	19	1	3	3	12
瑞典	3	19	3	1	13	1	2	8
英国	4	24	6	8	5	22	8	3
荷兰	5	4	14	14	18	10	5	10
韩国	6	31	1	13	21	9	10	4
新加坡	7	1	7	11	4	2	13	21
德国	8	20	2	23	14	19	9	7
芬兰	9	11	8	3	17	5	4	18
丹麦	10	9	10	5	15	15	12	14
中国	11	42	20	25	12	12	6	11

来源：WIPO

陈钰芬（2021）对我国制造业产业创新能力进行了综合分析，研究结果显
示，我国产业创新能力整体发展迅速，以科学为基础的产业创新能力发展最
快，创新能力指数增加值为 1.7027，专业化供应商产业、规模密集型产业和

供应商主导型产业的创新能力指数增加值分别为 1.4235、0.6528 和 0.3683。综合创新能力研究表明，创新投入发展良好，但创新环境、创新过程和创新绩效待改进。对 27 个产业研究结果表明，铁路、船舶、航空航天和其他运输设备制造业，仪器仪表制造业，计算机、通信和其他电子设备制造业以及医药制造业等创新能力强的产业，在创新方面投入资金、人力等资源，提供创新来提升产品从而获得高附加值。酒、饮料和精制茶制造业，农副产品加工业，木材加工和木、竹、藤、棕、草制品业，纺织服装、服饰业以及皮革、皮毛、羽毛及其制品和制鞋业发展过程中缺少创新，难以通过创新提升产业水平。以科学为基础的产业和专业化供应商产业的创新能力领先于规模密集型产业和供应商主导型产业。

数字经济时代服务型制造企业创新能力是发展生产力的重要基础和标志，是把握新一轮科技革命的战略选择，全新业态有可能从根本上改变现有的企业发展路径、产品形态、产业模式，重塑各类资源要素泛在组合流动，各类资源节点融通逾渗，重构企业组织模式，网络化产业链供应链，畅通国内外经济循环。

一、创新形式机制设计

Schumpeter 为代表的奥地利学派提出"企业家加速"是经济增长的外生驱动力，解释了创新如何促进经济增长，企业家通过执行新企业、新技术、新供应源和新组织模式的新组合并形成创造性破坏，富有冒险精神和创新行为的企业家（Aghion & Howitt，1992）是促进市场经济增长的中间力量。Swan（1956）和 Solow（1956）认为长期、可持续的经济增长必须依靠外生的技术进步。Arrow（1962）将技术进步看作资本积累的副产品。Romer（1986）认为，只有垄断竞争市场的企业才有足够的资本能力进行资本升级，而这种典型的资本投入方式就是研发投入，进行新产品研发或产品质量升级。

陈劲（2021）从企业创新能力进阶和创新理论发展逻辑阐述的创新形式见图 5.1。国际创新学界认为工业组织的吸收能力来自它们自己进行研发的努力，一个组织通过自主研发达到的相关知识水平决定它吸收和利用外部知识的能力。

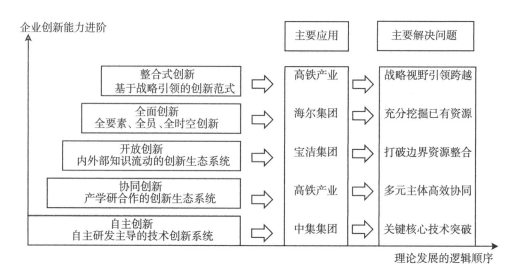

图 5.1　企业创新能力与创新形式

来源：《整合式创新》

《国家中长期科学和技术发展规划纲要（2006—2020 年）》指出，自主创新，就是从增强国家创新能力出发，加强原始创新、集成创新和引进消化吸收再创新。自主创新能力是国家的核心竞争力，也是企业的核心竞争力。傅家骥（1998）在企业的层面，对自主创新进行了界定："企业凭借努力，通过探索，实现技术的突破、突破技术方面的难点，基于此，凭借自身努力，持续进行创新驱动，将技术转化为商品，获得利润，实现既定的目标。"陈劲（1994）在研究我国企业的学习模式对创新的作用时，认为自主创新是发展中国家技术引进的最终目标。张炜和杨选良（2006）认为，自主创新是发展中国家在创新实践中提出的一个概念。宋河发等（2006）定义自主创新是主体通过努力的付出，获取创新产权，实现创新收益，开展的长期竞争的活动。自主创新具有不确定性、高风险等特性，强调企业对用户需求的深刻洞察，对科学原理的应用创造，以往的惯性科研发展思路和组织模式往往不能奏效，受限于整合能力，仅靠企业和研究机构难以有效开展系统性自主创新。尽管我国已成功探索出了如何在新兴市场和发展中国家发展数字经济的模式和道路。但是如何进一步推动数字经济和实体经济深度融合，通过数据流通、共享和合作整合供应链上下游节点，补齐短板，提高全要素生产率，赋能企业创新全球化能力仍需进一步探索。

有组织创新是指组织内部管理人员通过创新活动的制度化、组织化，有计划、有组织地进行创新活动。有效的管理要求有组织的创新，有组织的创新能培养创新精神，形成创新习惯。使创新活动有计划、有目的、有组织地进行，避免了创新的盲目化，容易取得创新成功。创新治理是治理的理念、结构、模式等在科技政策管理中的运用，将解决政府失灵和市场失灵的措施有效结合，旨在提高效率、降低成本、优化资源的有效配置以及促进科技创新与社会经济协同发展。创新治理主体的多元化为科技政策执行力的提高创造了条件。

学习是工业技术创新过程中主要的活动形式，它对技术知识的转移、交流与使用，以及技术能力的积累与提高有较大价值。在一国或企业的技术引进到自主技术创新过程中，存在着不同的主导学习模式（陈劲，1994）。创新驱动经济发展的微观基础在企业。国有企业和大型民营企业在国外先进技术的消化、吸收和转移中发挥着重要的战略作用，通过筹建先进是技术创新体系，以期在重大技术攻关中实现突破，真正实现自主创新与创新驱动（许庆瑞和吴志岩，2014）。区别于新古典经济学，J. Schumpeter（1934）认为，创新是技术、经济和社会发展于变革的驱动力量。创新就是企业家不断地把生产要素和生产条件的新组合引入到生产体系，从而实现从内部革新经济结构的创造性的破坏过程。由于新组合的引进具有不稳定性和平稳性，经济发展产生了周期性变化，经济周期的波动性也进一步证明了创新在经济发展中的重要作用。C. Freeman（1965）从历史分析法、经济学、科技政策学等角度全面和系统地分析了创新经济学的主要现象和规律，建立了第一个系统的创新经济学理论体系。基于 Schumpeter 长波技术论，Freeman（1974）从技术创新与劳工就业关系角度研究经济长期波动，形成了"Freeman 长波理论"，认为新技术或新兴产业的发展是经济长波上升的重要驱动力。N Rosenberg（1976）从制度角度出发，把技术变革作为经济发展的内生变量，通过大量案例和数据证实了技术先进性对经济发展的推动作用，并拓展了创新研究的边界。Rothwell（1994）指出经济发展正在由技术推动向市场拉动转变，市场的驱动力在新产品开发和经济增长方面扮演着越来越重要的角色。Pavitt（1984）发现不同产业、区域存在重要差异，并且创新对不同区域经济增长的驱动机理也有所差异。Cooke（1997）提出了区域创新系统理论，认为系统性学习和交互式创新能力是区域经济发展的关键机制。交互式创新能力强调区域经济发展的制度观：构建合理的创新制度，使得区域内的创新主体进行全方位的、网络化的协同创新模式，最终推动区域经济发展。OECD（2001）认为，创新集群是具有互补竞争优势的主体在产品链与价值链上相互作用、进而形成重视技术创新的网络，并把创新集群作为推动国家创新体系建设和经济发展的重要驱动力。Christensen（2002）提出技术创新需要与破坏性技术相互融合，企业必须开展破坏性商业模式的创新。破坏性创新是基于顾客创造价值揭示非顾客消费群体，通过获取非顾客消费群体参与竞争，对准那些最不可能购买已有产品的消费群，找出他们不愿消费的直接原因，为企业开展商业模式的创新开辟了新的路径。Nelson 和 Winter（1982）提出动态演化的企业和自然选择的市场机制是影响经济变迁的两个关键机制。Drucker（1985）通过数据和案例证明了企业家的创新与创业精神及其实践驱动着美国经济不断从传统经济向创业型经济转变。Porter（1985）应用经济分析方法分析企业的外部产业环境和内部经营能力，识别企业获得竞争优势的战略制定方法，从国家战略角度指出驱动经济增长的力量一般包括要素驱动、投资驱动、创新驱动等，而创新驱动的立足点是提升企业的创新能力。Prahalad 和 Hamel（1990）认为，企业竞争优势来源于企业核心能力，即用最低的成本、最高的效率开发出差异化的创新产品。商业模式创新是企业在应对市场变化和获取行业竞争优势时确保经济价值体现的重要形式，它可以进行破坏性创新，不断洞察客户的需要并挖掘企业在市场、隐性、被忽视的商业机会，在经济交易活动间构建桥梁，创造性地整合与配置资源，进而释放经济价值并获取长期的可持续的竞争优势（李文莲和夏健明，2013）。Hame（2000）从企业战略出发认为企业之间的竞争就是商业模式的竞争，不同的企业不连续、不间断的实施破坏性创新与商业模式创新就是推动本行业发展的重要动力来源。Narver（2004）对商业模式进行界定，并指出商业模式创新是以主动性市场导向和反应性市场导向为主的，其中主动性市场导向的创新特点更加关注消费者所拥有的潜在需求，必须通过挖掘他们的潜在需求进行顾客与新市场的创新；反应性市场导向则是企业为更适应已有市场的结构或者是对消费者已有的表象需求进行反馈和回应的反应性创新。Teece（1997）把环境要素纳入分析框架，提出动态能力，解决了核心能力的刚性局限，为企业的可持续创新以及驱动经济发展提供了里程碑式的指导意义。为了可保持的竞争优势，企业的创新能力应该是动态变化的，需要在"运动"中不断提升。许庆瑞等（2006）指出企业创新应是一个多样化的生态系统，一个过于同质化的组织，不能适应快速变化的环境，组织的多样性为创新提供了条件。Dosi（2008）给出组织惯例和路径决定了企业是否在"做正确的事"和"正确地做事"，组织惯例和路径是企业能力构建的基石。欧光军等（2002）从技术集成、知识集成、组织集成、管理集成四个无形层面提出团队集成动态创新模式，认为集成创新是自主创新的一个重要内容，是一种创造性融合过程，它把各个已有的单项技术或要素有机地组合起来，融会贯通，构成一种新产品或经营管理方式，创造出新的经济增长点。Tidd & Bessabt（2009）指出了创新的分类：产品、流程、定位以及范式四个方面的创新，认为商业模式创新与这四个方面的创新是不同的，它是一种全新的范式创新，改变企业业务层面潜在的思维方式，商业模式创新是一种非连续性的创新。创新的本质包含技术创新与商业创新两个层面，其中科技创新是技术创新的根本和体现，科技创新是初始创新，而相应的商业创新是创造新的价值，包含流创新和源创新两个层面，其中源创新就是商业模式创新。Bock & Uerard（2010）认为，企业需要不断挖掘和利用机会进行渐进式的技术变革和不连续性的产品创新，借助商业模式创新开展变革与创新。商业模式创新的特殊性与过程性不同于一般组织变革的非规范化、非连续化的激进式的长期变革过程。

坚持自主创新的同时吸收外源技术可以成为促进创新能力提升、实现产业技术升级的重要途径（许庆瑞等，2020）。林毅夫等（2005）定义企业自主创新是指企业独立地依靠自己的智慧和力量进行的一种拥有自主知识产权的创新，且包括在此基础上实现新产品价值的过程，具体表现为原始创新、集成创新和引进技术再创新。操龙灿（2006）指出，企业的自主创新具有技术突破的内生性、技术于市场方面的率先性、知识和能力支持的内在性等特征。其本质特点是自主创新所需的核心技术来源于企业内部的技术突破，是企业依靠自身力量，通过独立的研发活动而获得。一般地，自主创新主要包括三方面含义：一是加强原始性创新，努力获得更多的科学发现和技术发明；二是加强集成创新，使各种相关技术有机融合，形成具有市场竞争力的产品和产业；三是在引进国外先进技术的基础上，积极促进消化吸收和再创新。陈劲等（2010）解析了上述一般自主创新的逻辑困境，提出我国的自主创新是从二次创新到组合创新、最终实现全面创新的演变过程。自主创新以全面创新惯例为指引，以组合创新为平台，通过二次创新吸收国外先进的技术，以集成创新实现技术范式的突破，形成具有自主知识产权的技术发明和技术应用，为国家发展创造出显著的经济效益和社会效益的创新过程。其中二次创新是在引进技术的基础上和已有的技术范式条件下，沿着既定的技术轨迹而进行创新。二次创新能够为技术后发国家带来明显的"后发优势"，能够在短时间内获得技术输出国多年积累的经验和知识，节约研究开发费用，缩小开发新市场的风险和不确定性，节约市场开拓成本。后发优势主要来源于采用新的生产设备和生产技术所形成的相对较高的生产效率和低成本。许庆瑞和郭斌等（1997）认为，组合创新是指在企业发展战略引导下，受组织因素和技术因素制约的系统性协同创新行为，注重渐进创新与重大创新的组合、产品创新与工艺创新的组合、技术创新与文化、组织创新的组合以及技术创新与战略创新的组合等。陈劲等（2010）指出，组合创新是一个动态的过程，在这个过程中企业的组织结构、组织文化和信息流网络都在不断地进行动态调整，以促进创新效率的提高，其有效实施需要企业内部战略、组织、资金、文化等诸要素之间的协同作用。在基于能力的组合创新范式中，核心能力与组合创新是相互依赖，相互交织的。企业可以利益组合创新培育和提高企业的核心能力，并将核心能力转化为市场优势。

许庆瑞（2014）指出，企业技术创新体系构建有三个层次的问题需要讨论，一是有没有合适的环境为企业构建企业技术创新体系提供支持；二是在合适环境下，企业有没有能力构建企业技术创新体系；三是既存在合适的环境，企业也有能力构建技术创新体系，企业是否有可持续的动力不断从事技术创新体系构建，并从中赢得创新红利。在外部环境是支持企业构建技术创新体系的条件下，构建技术创新体系的关键在于企业创新动力和创新能力的构建。进行有组织创新，可以提高层次、提高质量，组织跨学科团队，长期坚持、长期积累，不断实现重大原始创新突破，有力支撑我国尽早进入创新型国家前列。可以加快战略高技术发展和关键核心技术突破，瞄准未来科技和产业发展的制高点，把科技的命脉牢牢地掌握在自己手中，保障国家发展的独立性、自主性和安全性。可以加强与行业产业部门和高校对接，提升企业核心竞争力，保障产业链、供应链安全稳定。

加强有组织自主创新理论与实践研究，制定助推政策，成立专业管理机构，形成常态化机制。有组织自主创新是基于我国企业实践的成功创新能力改进机制，是符合我国企业发展和社会经济环境的适应性模式。有组织自主创新的管理实践来源于中国中车集团调研分析，详见第六章。分析显示要点为：（1）制定战略和治理框架是制造企业服务化创新机制构建的首要问题。如中车株洲电力机车研究所有限公司，早在"十一五"时期，就提出了"同心"多元化发展战略，构建了"芯片-部件-系统-整机"的多元产业格局，从单一铁路电气化技术事业单位发展成为全球布局的多元化高科技企业集团。进一步的，企业设备战略、信息技术战略和制造流程都是优化其创新管理系统的有效抓手，而相应的人才储备是这些措施良好运行的基础保障。（2）需求牵引拉动服务创新。中车的需求管理囊括了订单需求、客户需求、市场信息、质量需求、内部需求等，使得企业将客户和用户体验置于核心位置，提供多样化服务，注重服务级别协议、流程优化服务和基于结果的服务。（3）组织形式生态化。在满足高铁装备工业基础技术能力的必要条件和自主创新原则的充分条件下，高铁系统形成了可聚可散可控且分层的有组织自主创新系统。有组织是通过系统层整合能力表征的，跨层次大系统整合式创新是驱动包括高铁系统在内所有领域技术创新和自主创新的赋能基础。（4）全产品链、全技术链创新能力构建。中车集团自主创新体现为分散子系统的基础技术能力集聚，并通过产品平台实现技术能使业务变革和价值链创新。比如，高速列车谱系化方法，基于数字化提出分层设计、模糊构建的列车设计制造新思路，极大优化了开发周期。以"列车学科"为载体实施工程化路径优化，建成振动噪声、车辆动力学、空气动力学等 8 个学科 35 个方向的高速列车学科体系。搭建基础理论研究向产品工程化应用的转化桥梁，大幅缩短从理论到产品的开发周期。打造以企业为主体，政产学研金服用深度融合的科技创新体系，加快前沿理论方法与先进技术在高速列车上落地。建设高速列车设计-制造-产品三大技术融合平台，把技术集成加工程集成作为平台内核，重塑管理体系，构建虚拟仿真加部件试验加在线试验、数据寻优的高速列车集成设计能力，搭载精益生产、全程管控的平台化制造模式。

二、组织形式优化机制

数字经济时代企业创新能力是发展生产力的重要基础和标志，是把握新一轮科技革命的战略选择，全新业态有可能从根本上改变现有的企业发展路径、产品形态、产业模式，重塑各类资源要素泛在组合流动，各类资源节点融通逾渗，重构企业组织形式，网络化产业链条，畅通国内外经济循环。组织形式是企业数字化转型的重要模式，基于组织结构重构了企业价值创造系统和运作系统，形成了企业生态系统。比如，海尔集团的链群合约植根于数字经济、社群经济和企业生态协同发展，是数字技术驱动的制造企业转型与创新的新模式，呈现了开放式、非线性、动态性和共享型的生态化经济关系，生成了典型的数字商业生态系统。Rifkin J.（2017）提出了数字经济时代分布式的、点对点对等的、基于物联网的横向规模经济组织形式。杨虎涛和胡乐明（2023）指出，新一代信息生产体系以"数据+连接"为特征，它极大地克服了经济活动中主体决策面临的不确定性，深刻地改变了经济活动的组织形式。但是，与数字经济适应的组织形式与组织效能还未在我国广大企业中充分体现。

Hanelt A. 等（2021）和 Hinings B. 等（2018）提出，企业组织变革需要全新的制度逻辑以及应对组织内外环境挑战的敏捷能力，才能实现良好的适应性变革，需要更加专业化的风险预警机制、知识管理机制、应对变化的内在弹性和自适应的数据智能系统来支持企业组织变革（陈国青等，2018）。Vial G.（2019）分析表明数字企业的组织范式已经不再是基于直线职能制的有明确边界的组织，而是表现出诸如平台化、生态化、模块化、虚拟化等新范式特征。数字企业具有海量数据、复杂场景和研发投入大的优势，是数字技术前沿技术的重要创新力量。2021 年，我国研发投入规模前三的企业都是数字企业，研发投入规模相当于央企平均水平的 3~5 倍。肖旭和戚聿东（2019）认为，数字技术革命在带来数字产业化创新和产业数字化转向的同时，也推动了产业组织的数字化重构。在数字技术驱动下，产业链、价值链、供应链、创新链等多链融合发展，形成产业链群生态体系，成为数字经济时代打造共生共赢产业生态圈的核心组织结构形式（余东华和李云汉，2021）。组织变革在制造企业服务化转型的不同阶段呈现不同的特征。不同企业需要根据自身禀赋条件择机选择。Rogelio O. 和 Kallenberg R. （2003）给出基于产品服务连续图谱（product service continuum）的制造服务化过程，如企业可以沿着产品支持性服务（Services that Support the Product，SSP）向客户支持性服务（Services that Support Customer，SSC）的路径演变，也可以在定制化服务策略设计时区分核心客户和忠诚客户需求，通过分散决策使得客户支持性服务快速发展并替代产品支持性服务，在整个企业范围优化组织结构设计。数字化技术使得制造企业在已有的产品服务中嵌入可编程的数字化服务层，数据作为服务（Data as a Service，DaaS）成为产品服务系统设计创新和数字化商业模式创新的重要基础。从服务主导逻辑（Service Dominant Logic，SDL）看，数字技术能使企业形成新的价值主张，即从传统的实物产品（physical product）＋人力服务组合转为多种数字化解决方案组合，包括数字化技术嵌入的实物产品（如智能互联网）、与实物产品互补的数字化服务（如设备远程预测性维护服务）、与人力服务互补的数字化服务（如设备远程巡检服务）、纯数字化服务（如网站或App）等。Cenamor J. et al.（2017）认为，这些基于价值主张形成的数字化体验能增进企业与用户的交互、培养用户忠诚度。从服务化转型动态过程看，由制造企业数字技术驱动的服务化转型，由智能互联产品所构成的物联网，不仅仅只是一种传递信息机制，更是能够消除智能互联产品间信息孤岛效应的数据流动机制（Michael P，2014）。产品、设备等的联网重塑了产业结构，拓展了新的行业边界和产品服务体系。Baines T. S. et al.（2015）指出，智能产品或设备通过 IoT 构建的产品服务系统将构成更为广泛的平台或产业生态系统。

2018 年，小米公司正式向港交所提交招股说明书，并提出小米要"建设全球化开放生态"。通过"投资＋孵化"模式，小米公司快速构建生态圈。目前，小米公司围绕用户需求拓展产品及业务，构建了"铁人三项"智能生态圈：手机、电视、路由器三大业务与相关生态链公司提供的产业共同构成的硬件业务；互动娱乐、云服务、互联网金融、影业和手机操作系统（MIUI）构成的互联网业务；小米商城、小米之家、小米有品构成的新零售业务。除投资于市场销售的消费类智能硬件产品领域外，小米在武汉建立了小米场景产业基金，致力于投资智能硬件价值链上游的世界一流组件及制造公司。根据不同业务组群，小米生态又进一步分为五个子生态：电商业务生态，包括自有电商平台及投资电商平台。

其中，自有电商平台小米网主要销售小米手机及配件和衍生产品，精品百货和各类众筹产品。投资电商平台包括御家汇、闪电购、口袋购物、51 订货、冻品在线等，以及雷军以天使投资人身份投资的凡客诚品、乐淘、醉品商城等。智能硬件生态包括自有业务和投资布局。其中自有业务包括手机、平板、电视、小米盒子、路由器等，投资布局包括 Ninebot、米云科技、华米科技、紫米科技、小蚁科技等。互联网内容生态包括社交产品、文化娱乐及游戏产品。自由的社交产品如米聊、小米直播、米动圈，自由文化娱乐包括多看阅读、小米小说，自由游戏包括小米游戏中心；投资社交产品如人脉通、闺蜜圈，投资文化娱乐包括迅雷、优酷土豆、荔枝 FM 等，投资的游戏包括西山居、全民奇迹等。互联网服务生态包括移动互联网、金融服务、教育服务、企业服务、本地生活、房产酒店、医疗健康、汽车交通、旅游服务、广告营销等。国际拓展指小米先后拓展了印度、欧美、西班牙、俄罗斯、墨西哥等在内的 74 个国家和地区。小米公司内部有一个既是职能部门也是业务部门的组织"生态链"。生态链部门旨在将内部各项业务、各个部门于外部的生态链公司、渠道、客户、自身及生态链公司的供应商等连接起来，推动多方彼此协作为客户提供价值。生态链作为协调部门，承担孵化器职能，为生态链公司提供服务。生态链向生态链公司输出产品定义、品质要求等方法论支持、供应商协调与供应链背书、渠道和投融资支持等势能，并推动生态链公司和小米价值观一致。生态链是一个利润中心，可对生态链公司投资及分红。小米不控制生态链公司，也不排斥生态链公司生产自有品牌产品。生态链公司独立生产自己的产品，不同生态链公司之间没有明确的产品边界，生态链内部存在适度竞争。小米与生态链公司可分享技术专利，生态链公司可以根据合作协议向小米提供代工产品，也可以通过小米渠道销售自有品牌产品。小米物联网平台（MIOT）是服务于消费类智能硬件及其开发者的物联网开放平台，旨在连接设备、开发者、生产商、客户等。该平台不仅提供联网模组、云平台、App 远程控制、数据云端存储、OTA、用户账号等软硬件服务，还提供开放设备互联互通、小米用户群体、小米 AI 控制、小米众筹/有品商城等小米特色资源。目前，MIOT 联网设备数超过 8500 万，接入设备超过 800 种，日活设备超过 1000 万台，合作伙伴超过 400 家，2000 万使用米家产品的互联网家庭，2.8 亿持续活跃的米粉支持。小米生态云平台旨在满足生态链企业的所有技术需求，帮助 MIOT 产品国际化，最终实现用户、小米、生态链企业共赢。

复星国际有限公司的生态发展理念一以贯之。从一家市场咨询公司起步，复星已发展成为拥有医药、医疗、房地产、零售、钢铁、金融、矿业、传媒、旅游、食品等多业务多元化公司。复星早期更多地关注企业经营环境所具有的生态特性，强调企业要在经营过程中积极承担社会责任，保护自然环境、居民生活环境及商业环境。2013 年起，复星国际同时将生态视角从关注企业经营环境引入企业业务战略中，开始以生态圈思维布局业务发展，同年提出了"蜂巢城市"的概念。蜂巢城市的核心思想是整合全球资源，以 PPP（Public-Private-Partnership）方式参与城市核心功能建设，提供"产城一体、产城融合、多元综合"的新型城镇化产品。在上述理念下，复星又形成了金融蜂巢、健康蜂巢、文化蜂巢、旅游蜂巢、物流蜂巢五大产品系列。复星地产在业务布局中居于中枢节点位置，把控其旗下复地集团、星浩资本、星泓资本、星健资本五大开发平台，以及外滩金融中心、浙商建业、星堡、策源等多条产品线全板块发展方向。2014 年，复星提出了"保险+产业+蜂巢 1+1+1"的产业跨界融合创新闭环。2015 年年报中提出"生·长强健 CIPC 生态系统"。即从客户需求出发，投资具备内容优势的产品和服务，最终满足客户需求，创造价值。2017 年，复星提出了"智造幸福生态圈""智造幸福生态系统"等概念。在这一框架下进行业务布局，复星首先重点布局大健康的各个细分领域，包括制药、医疗服务、医药零售分销、健康保险、养老、互联网医疗等细分领域；其次在快乐领域围绕社会中产的需求打造内容、产品和文化，注重轻资产经营和品牌输出，打造集和休闲度假、文化娱乐、时尚零售和健康饮食的全产业幸福生态圈；而富足领域主要布局保险、银行、投资、地产等领域。同时构建了生态系统组织保障，如 C2M 商业模式、One Fosun 平台等。复星大健康战略聚焦打造融合养老地产、养老保险、医疗服务、老龄化健康医疗服务、预防性健康医疗管理、财务性支持、旅游度假等养老行业全产业链，通过积极主动对接房地产、医疗保险等各界资源，深化大健康战略。围绕大健康布局，从年龄段、产业段各个领域，将整个产业布局贯通。复星金融内部融通，各个保险板块，各个保险公司之间通过产品研发、销售、投资集中、资金打通等加强融通，提升保险板块内部的协同效应。财富管理和金融服务交叉销售、协同业务，提升了整体竞争力。保险、财务与金服之间通过业务合作和业务互补完成复星金融服务闭环。

充分发挥生态型组织赋能企业创新能力组织变革是企业适应经济社会发展的必然要求。数字经济特征表明创新是数字经济时代驱动经济发展的核心生产要素，且具有数字技术极速迭代、"三二一"产业逆向渗透、范围经济创新驱动、企业生态系统协同等特征（黄丽华等，2021）。因此，数字经济时代企业组织形式创新是企业适应新经济的系统性要求，是匹配数字技术自驱动强逾渗的必然选择。可聚可散可控的组织形式是企业数字化转型的组织需求。比如，海尔集团链群合约呈现了开放式、非线性、动态性和共享性的资源节点经济关系，按"人单合一"可聚，有新需求可散，多链群海量节点协作可控构建了圈层组织形式。按照圈层结构组织数字化资源节点，链群合约使其网络结构表征了节点间交互的可持续性和价值贡献方式，桥接了价值网络不同社群价值共创行为，驱动不同应用场景嵌入企业生态系统。

经典机制设计理论是通过调整某些激励措施、强化控制反馈实现治理目标的。数字技术使得跨地域跨层级的海量规模化协作成为可能，企业所处的社会经济环境不一定存在均衡状态，维系组织形式有效的"序"不再是机械的、先验的和静态的。数字时代企业能够高效连接需求和供给从而形成高位资源，其价值共创机制是资源节点在数字经济时代超行业跨区域多交叉的共同体架构。从提升机制方面，建议继续探索结构深化机制，结构深化与企业自身结构复杂性和共生多样性机制相关，即组织结构深度与系统复杂性有关，并要满足组织共生多样性的增长要求。由组织结构特征，应用基于整合知识与能力的泛在操作系统实现企业全球创新能力提升。Burstrom et al.（2021）研究了竞争环境下生态系统中参与者对企业组织的影响，认为组织在基于人工智能进行商业模式创新时，需要考虑商业生态系统中的其他参与者，采取对应的生态系统创新。Khanagha et al.（2019）认为组织在创建新的数字化平台时，应该让新平台为现有平台没有覆盖的利基市场提供非重叠的价值，同现有平台互利共生，保持组织在现有平台生态系统中的地位的同时，让现有平台生态系统参与者逐渐承认新平台的合法性，避免和其产生正面冲突；然后再让新平台在和现有平台重叠的利基市场上同现有平台进行部分竞争，从而逐渐发展壮大。Kohtamali et al.（2019）提出企业商业模式应该与供应商、客户等利益相关者的商业模式保持一致。陈庆江等（2021）提出企业数字化转型存在"同群效应"，对于资源基础和动态能力居中的企业同群效应显著。Siachou et al.（2021）考虑企业吸收能力及其战略合作伙伴的互惠关系对称时，企业数字化转型的四种战略建议。Laifi 和 Josserand（2016）认为，客户受认知锁定影响无法理解数字化的价值。Sjodin et al.（2020）指出，企业和客户双方的管理人员、生产人员、营销人员等多方参与会给企业数字化创新带来新视角，有助于数字化创新战略规划和实施。

生态型组织形式是适宜于数字经济发展的组织形态，是推动数字经济与实体经济融合发展的基础平台。企业生态系统建构是数字思维、平台思维、生态思维和链群思维的有机结合，是商业模式、组织形式、商业关系的全面创新，是推动企业数字化转型、生态化发展和网络化协作的组织基础。生态型组织需要专业化、技能型员工进行数字化运营，如维护自动化、IT 驱动的制造流程技术人员、数据分析人员、财务规划人员、研发创新人员、物流供应链和交通运输人员、客户服务和技术支持人员、法律法规事务人员和安全专业人员、数字建模和仿真人员等，而数字经济条件下可以通过数字技术泛在连接，协同工作的人员队伍需要创新管理体系和管理人员的不断优化。通过打造企业生态系统推动产业升级，改进产业链供应链协同能力，增强产业链供应链自主可控能力，是提升企业全球创新能力、创新企业竞争优势的重要举措。同时，企业生态系统也是国内经济大循环的基础，是打通双循环的基础平台，是形成双循环新发展格局的重要支撑，也是提升产业竞争力的重要基础。

三、网络化产业链供应链

党的二十大报告在"加快构建新发展格局，着力推进高质量发展"一节中提出，建设现代化产业体系，坚持把发展经济的着力点放在实体经济上，推进新型工业化，加快建设制造强国、质量强国、航天强国、交通强国、网络强国、数字中国。逆全球化、区域性贸易快速发展环境下，全球产业链由"离岸"转向"近岸""友岸"重组，产业链供应链呈现本土化、近岸外包特征，其布局从注重效率转为注重效率和安全。世界银行报告认为，全球价值链的分布已经演化为三个相对孤立的区域价值链，包括以美国为核心的北美价值链、以德国为核心的欧洲价值链和以中国为核心的亚洲价值链。同时，数字技术深刻变革了传统生产与生活方式，数字产业化和产业数字化成为产业升级的主要方向、生产组织网络化、交易成本融合化，企业协同整合能力与经典产业分工一样，成为经济增长动能，网络化资源配置和协调能力成为创造企业价值、聚集产业价值的新模式。

服务型制造是产业链上制造与服务一体化整合的结果，是通过产业链纵向延伸和横向拓展实现制造与服务资源的整合的（王晓蕾等，2022）。总交付成本和服务水平的变化推动了产业链供应链重构，数字技术使产业链供应链更加物联化和智能化。除了制造成本外，企业还需考虑多层价值链，包括部件和材料供应、装配、包装要求及附加的运输和物流成本，推向市场速度、生产敏捷性以及为细分市场定制产品和服务的能力。数字技术使得基于网络的数据资源虚拟化集聚程度不断提高，推动了产业链供应链模式转换、深化了产业链供应链协同发展，使能产业链供应链中的企业在研发设计、生产运营、销售服务等各环节降本增效，推动产业链供应链网络化拓展。《工业互联网平台赋能产业链供应链白皮书2021》提出产业链指各个产业部门之间基于一定的技术经济关联，依据特定的逻辑关系和时空布局关系客观形成的链条式关联关系形态；供应链指围绕核心企业，从配套零件开始，制成中间产品以及最终产品，最后由销售网络把产品送到消费者手中的，将供应商、制造商、分销商直到最终用户连成一个整体的功能网链。《中共中央关于制定国民经济和社会发展第十四个五年规划和二〇三五年远景目标的建议》明确提出，要提升产业链供应链现代化水平，要求"坚持自主可控、安全高效，分行业做好供应链战略设计和精准施策，推动全产业链优化升级"。我国在全球产业链中参与程度较高，在全球产业链的地位相对弱势。

陈爱贞等（2021）认为，由于产业分工不断深化，生产活动的"功能分离"促使产业链关联程度大幅提升。张虎等（2023）指出，产业链关联既是构建以国内大循环为主体、国内国际双循环相互促进新发展格局的重要保障，也是推动经济走向高质量发展的必然选择，更是中国经济应对外部复杂环境的立足之本。产业链包含垂直分工和水平分工两种体系，垂直分工是基于企业配置方式形成的，主要生产自制产品，由企业内部生产成本所决定；水平分工是基于市场配置方式形成的，主要外购中间产品，会受到外部交易成本的影响。从价值维度来看，产业链关联特征包括关联效应和波及效应。其中，关联效应表现为对其他产业需求的拉动作用与发展的推动作用，包括生产阶段数（Fally，2012；倪红福等，2016）、需求和供给延展性（冯沛，2014）、上游度（Miller 和 Temurshoev，2017）。波及效应主要用于衡量国民经济各部门所产生的生产需求波及程度及需求感应程度，包括平均波及步数法（吴三忙和李善同，2013）、广义增加值平均传递步长（倪红福，2016）、生产最终依赖度与生产诱发系数（齐亚伟和陈洪章，2017）。Patatoukas（2012）研究发现供应链集中度有助于降低企业运营费用，提高企业资产利用效率，提升企业绩效。李万利等（2023）基于供应链关系架构，指出数字化转型能够显著提升企业与供应商及客户之间的地理距离，拓宽供应链地理分布，且该效应在地区交通更便利、行业竞争更激烈以及供应链依赖度更高的样本中表现更明显。Bernard et al.，（2019）认为数字技术的应用削弱了时空距离造成的信息障碍，有利于企业在更广的范围内汇聚更多的供应商和客户。李姝等（2021）研究认为，通过技术创新、优化服务等方式，数字技术赋予企业产品更高的性价比和顾客感知价值，由此增强了企业产品市场竞争力，帮助其树立品牌形象，有助于企业获取更广地域、更大规模的市场和客户群体。王满四等（2021）认为，技术先进与核心竞争优势不但能够获得客户认可，也能吸引更多的供应商与企业合作。

由于我国的自然资源禀赋并不突出，在农业、能源等资源品方面对美国、巴西、澳大利亚、俄罗斯、中东等自然资源丰富的国家和地区依赖度较高。我国是传统制造业终端产品的主要供应方，但是参与的领域技术含量较低，利润不高，在品牌溢价较高的奢侈品领域相对弱势。传统制造业产业链相对简单，主要行业包括纺织皮革制造、家具制造、造纸、金属冶炼、机械设备制造和交通运输设备制造等。我国是传统制造业产业链的制造中心，拥有完整的生产链条，在机电设备、纺织、造纸、机械设备、运输设备和金属冶炼等方面优势明显。而新兴制造业产业链相对较长，我国处于技术附加值较低的中下游环节，对美、德、日、韩等经济体的技术依赖度较高。以汽车、飞机制造为例，美国、西欧、日本等国家和地区处于汽车和飞机制造产业链的上游，掌握高附加值的品牌研发、发动机等核心零部件生产以及营销、售后服务，获得产品的主要附加值，组装以及非核心零部件的生产主要在中国、印度等发展中国家进行。包括半导体芯片、电子、通信、生物医药、新能源汽车、精密仪器、汽车发动机、飞机制造等在内的新兴制造业具有研发壁垒高、附加值高、产业链条复杂的特征。通过改善产业链上、下游供应链关系，整合和优化供应链中的信息流、物流、资金流，提高供应产业、制造产业、零售产业、服务产业等的业务效率，以获得产业的整体竞争优势。目前包括我国在内，越南、印度、菲律宾等新兴经济体大多处于战略性新兴产业链的中下游环节，并有向附加值高的上有攻坚的趋势。企业是产业链的主体，通过节点形式连接产业生态和供需网络，进而构建价值网络。供应链不仅涉及时间、地点，还会影响产品和服务质量、交付、成本以及客户体验，由此供应链不但注重实体资产可用性、流转和成本，而且需要关注有效管理如何绑定到解决方案中的数据、服务和产品。领先的供应链组织致力于将数据和新技术作为当前基础架构和流程的决策支持，如华为 MetaERP，实现了全栈自主可控，基于华为欧拉操作系统、GaussDB 等根技术，联合众多伙伴，采用了云原生架构、元数据多租架构、实时智能技术等先进技术，能够有效提高业务效率，提升运营质量。

数字技术是数字经济形成和发展的主动力。刘平峰和张旺（2020）解析狭义数字技术主要是指对数字进行编码、运算、加工、存储、传送、传播、还原、应用的技术；广义的数字技术包括二进制编码数字技术、5G 通信、人工智能、区块链、大数据、云计算、物联网、先进机器人、增材制造（3D 打印）、虚拟现实技术等。数字技术驱动下，企业可以从每天的交易网络和移动应用收集海量数据，实时部署新的分析、互动和移动解决方案以及与合作伙伴和客户共享信息，快速调整流程、产品和服务，缩短创新设计和上市周期，企业数字化转型成为企业创新发展的主要途径之一。余东华和李云汉（2021）指出，数字经济是在数字技术驱动下由数字产业化、产业数字化、数字化治理和数据价值化等经济活动带来的价值增值过程，其中数字产业化、产业数字化是数字经济的核心要素。邢小强等（2019）认为，在产业数字化转型过程中，需要将数字经济与实体经济相结合，利用数字技术全方位、全角度、全链条赋能传统产业，积极探索产业转型升级新方案、新模式和新路径，培育产业发展新动能。产业数字化和数字产业化是产业数字化转型的主要路径，数字技术是产业数字化转型的主要驱动力量。通过产业数字化发展，孕育诞生了电子商务、远程医疗、工业互联网、智能制造、工业机器人、车联网等一系列融合型新产业新模式新业态。如从 2014 年，阿里巴巴集团在纽约证券交易所首次公开募股，估值超过 2250 亿美元。集团及其附属公司拥有 25 个业务部门，其中包括全球最大的 B2B（1688.com）、B2C（天猫）、C2C（淘宝）、在线支付以及云计算。通过加强物流配送和云计算方面业务扩张，2015 起，阿里巴巴加速核心电商业务转型。在核心业务上，针对网上客户体验和网络安全，阿里巴巴与微软达成合作，战略投资易传媒，构建大数据营销生态圈；在物流配送方面，菜鸟网络建立超市配送中心，在北上广设立生鲜食品配送中心；在云计算建设上，阿里云发布 11 款新产品和 50 个行业解决方案并与中科院合作成立量子计算联合实验室。2016 年，阿里集团投资 Lazada 平台。2018 年，饿了么正式划入阿里巴巴生态版图，随后，基于新零售战略思路，阿里巴巴集团升级了天猫，发力了口碑，创造了零售通和村淘，孵化了盒马，投资了大润发，改造了银泰，并与苏宁、百联、居然之家、三江等达成深度战略合作。阿里巴巴旗下聚划算、天猫、淘宝、Aliexpress、阿里国际、1688 为买家和卖家之间的交易营造市场，支付宝（支付）、阿里妈妈（营销）、蚂蚁金服（金融）、阿里云（数据与新兴科技专业服务）、微博（社交媒体）、高德（LBS）、UC Browser（移动浏览器）、优酷（数字娱乐）、菜鸟网络（物流）作为生态系统主体为数字交易提供了必要的辅助职能。阿里巴巴集团依托于电商平台，通过大数据云计算、支付和金融、物流、大文娱、农村淘宝等系列布局，将业务拓展至社区化服务、互联网金融、汽车服务、云计算、无线服务、数字视频娱乐、外贸、健康领域，打造了淘宝生态圈。数字技术与生活性服务业深度融合，推动了旅游、医疗、康养、教育、影视视听、游戏、电子竞技等生活性服务业的数字化转型，改善了消费用户体验，实现了价值增值；数字技术与生产性服务业深度融合，推动了研发、设计、商务、物流、检验检测、法律咨询等生产性服务业数字化转型，促进了生产性服务业的智能化和高效化发展。

联想集团作为全球规模的智能设备制造商，通过推进供应链交付智能化、工厂智能化和物流智能化，构建高效的供应链体系。联想智能制造在国内处于领先水平。在生产运营方面，联系推进生产过程的数字化和智能化，形成生产过程自动化解决方案，数字孪生解决方案，MES 生产系统解决方案，LCD 自动检测方案，生产归因分析解决方案等，有效解决用户需求与市场变化给生产运营带来的问题。集团应用数据基础，建立了智能预测模型，可根据市场行为和业务部门反馈持续优化。该系统部署在联想自有的大数据平台上，可灵活拓展且保障数据安全。联想制作了仿真软件资源库及自带脚本语言，可以模拟各种复杂的生产系统和控制策略，开发了基于物联网硬件设备为基础以及仓储物流管理系统为工具的智能仓储和物流解决方案。联想应用工业物联网技术对主板产线进行实时联网监控，实现在线实时预警和处理设备故障，并根据生产状况进行自动补料。在台式机生产基地惠阳工厂实现柔性制造一个月，打造了自动化工艺为主的柔性线体，实现产能提升。通过数字孪生技术提高设计质量，降低新设备风险。在联宝工厂进行闭环质量管理，实现提前 24 小时精准预测货物到港信息，自动生成检验报告以及闭环联动管理，减少来料检验事件，入库效率提升 50%，检验人员缩减20%。集团自主开发智能排产系统，基于多维度绩效优化得出排产结果，将排产时间由 9 小时缩短到不到 1 小时。联想还探索了绿色制造工艺，实现了低温锡膏应用，将印刷电路板组装工艺的能耗和碳排放量减少 35%。但是，对比具有全球化创新能力的制造企业，我国服务型制造企业创新能力还需不断提升。

传统企业利用数字技术进行全方位、多角度、全链条的改造提升，数智融合、数据集成、平台赋能成为推动产业数字化的关键。2007 年 12 月 12 日，山东世纪阳光纸业集团在香港联交所上市，公司进入快速扩张期。目前，世纪阳光旗下有 20 多家分子公司，年造纸产能 150 万吨，在美国、日本、东南亚等 6 个国家和地区设立分公司，客户主要分布在快销品行业，以啤酒、乳制品、食品、饮料等生产商为主，客户包括百威啤酒、青岛啤酒、蒙牛、伊利等企业。世纪阳光的数字化转型主要经历了信息化建设起步、向数字化管理转型和探索数字化经营三个阶段。信息化建设起步阶段的工作重点是建设以 ERP 为核心的企业信息化管理系统，2011 年，世纪阳光启动了 ERP 系统优化项目，重点梳理了销售和分销、生产计划与执行、物料管理、财务成本管理、质量管理等业务环节，对流程、管理、设备接口、系统数据、运行程序进行了优化升级。2012 年启动了供应链优化项目，与产业链上下游协同优化流程、共建平台、实现数据互通。2013年启动 OA 项目、HANA 项目、部署企业私有云。2014 年上线了地磅系统，司磅管理环节效率大幅改进。2015 年新迈纸业启动上线 EWM 系统建设，作业流程实现可视化与智能化，进入"智慧仓库"管理阶段。2016 年采购管理向"互联网+"模式转变，供应商关系管理系统 SRM 一期项目上线实施，当年年底，SRM 二期供应商协同管理功能上线。2018 年以后，企业基础管理信息系统升级为 S/4HANA，世纪阳光布局基础架构平台：以 S4 为基础的业务板块、以 MES 为基础的生产智能制造板块、移动端板块、数据分析板块。同步升级客户关系管理系统 CRM，实现可视化数据分析、智能化系统支持、一体化客户管理、客户分析、交付跟进和销售支持，差异化营销、服务策略、便捷移动办公体验。上线 PM 设备管理项目，实现了公司设备备件信息管理、设备基础信息管理、设备维护处理管理、设备预防维修管理和报表统计分析管控。构建工业互联网平台，探索大数据分析与客户增值服务，在生产管理中启动智能制造研究与应用。数字技术与传统工业深度融合，推动了全产业链智能化改造和产品工艺智能化升级，重构了数字工业经济新业态，加快了传统工业转型升级和提质增效。

我国产业链供应链处于传统供应链模式到数字化模式过渡期。《工业互联网平台赋能产业链供应链白皮书》显示，我国社会化供应链成本占到 GDP 的 18% 左右，远高于欧美国家（7%~8%）。埃森哲调查显示，85% 的企业已经开始或者计划引入数字技术改造其供应链，并且投资甚大。借助数字化技术正确推动制造行业供应链协同智慧转型，增强供应链柔韧性已成为制造企业业务发展的重中之重。据调研，有效的数字化产业链供应链整体有望推动企业收入增长 10%，采购成本下降 20%，供应链成本降低 50%。然而仅 10% 的企业通过成功改造在营收增长、利润提升、成本降低等方面收获显著回报。如 2015 年 12 月，LI-NING 与京东达成合作，京东物流为 LI-NING 提供从产品到门店的整体物流解决方案，优化库存及运营效率。基于京东和阿里零售平台分析报告，LI-NING 在管理上更加注重新品占比、应收账款周转等零售指标表现，强化货物销售过程的全链条数字化管理。目前，LI-NING 建立了与材料、生产商协同管理的供应商云平台，实现了供应链一体化管理，缩短了平均库存天数。通过核心业务在线化、供应链数字化，可在 2 小时内完成 100 家门店规模的调补货，极大提升了效率，减少了其线下经销商及店铺压货或区域性供货不足的问题。通过与阿里云合作，用云码辐射 LI-NING 门店周围商圈，消费者在商圈内可共享充电宝、分众传媒广告机、自动售卖机等终端，能够接收到距离最近的门店优惠券等促销信息，可以直接进店抵扣使用，提高了顾客进店率。通过全场景数字门店解决方案，智能化的数字触点布局帮助 LI-NING 与客户建立稳定的感知连接，实现了品牌设计、营销策略等在线升级。长期以来我国劳动力成本较低，企业在装备自动化、数控化、智能化方面的投资意愿不足，使得我国生产自动化、智能化的总体水平不高，但已出现代表性企业，如海尔集团，从初始建立自己的内部供应链职能，到协同上下游客户、供应商和合作伙伴，进行供应链协同计划和作业，再到产业链供应链各方介入、共同搭建产业链供应链管理平台—卡奥斯 COSMOPlat 工业互联网平台。海尔卡奥斯首创了以大规模定制为核心、引入用户全流程参与体验的工业互联网平台，为不同行业和规模的企业提供基于场景生态的数字化转型解决方案，推动智能化生产、个性化定制、网络化协同、服务化延伸、平台化研发、数字化管理等新模式的普及，构建"大企业共建，小企业共享"的产业新生态。通过大数据、云计算、人工智能、物联网及区块链等技术，实现数据驱动、自动化管理和云端协同，通过数字化赋能、资源集群管理和调度，在生产过程中开源、节流和提效，促进上下游、产供销、大中小企业协同发展，进而实现产业链供应链数字化生态建设和企业价值提升。目前，卡奥斯已构建了 15 大行业生态，并在全国 12 大区域、全球 20 多个国家推广复制，赋能不同行业、规模的企业数字化转型。推广做强平台能力、做专模块平台、做深垂直行业、拓宽区域复制和产业集群，卡奥斯已建成跨行业跨领域的综合型工业互联网平台：共性基础平台（包括工业软件/App，标识解析、区块链、平台安全、大数据、AI、开发者平台、应用市场等），垂直行业平台（包括家电行业、模具行业、化工行业、建材行业、能源行业、应急物资、电子行业、装备行业等），特定领域平台（包括智能制造、智慧采购、智慧供应链、政企服务、跨境贸易、创业孵化、工业安全等），区域综合服务平台（包括青岛区域、长三角区域、山东区域、川渝区域、芜湖区域、粤港澳大湾区、京津冀区域）。国内外经济环境和疫情影响，国内企业从注重全球资源整合、高度分工协作转向全产业链供应链区域内循环服务生态系统，着力提升科技创新能力和进口替代力度，构建网络全链路数字化的物联网平台。

小米公司做了全球体系的供应链，强调与产业链上游商家建立紧密的合作共赢关系，将用户的需求精准地传达给上游商家，尽可能缩短供应链长度。比如，小米空气净化器的核心零部件滤芯、风机和传感器，供应商是为美国前三大品牌空气净化器生产商提供滤芯的商家。供应商生产的一体式 360 桶形滤芯，可以三层净化，其中第二层是日本东丽公司生产的高效过滤芯。电机定制的是全球最大直流电无刷电机品牌日本 Videc 的产品，功耗降低 58%，同时采用日本神荣公司的传感器进行空气质量检测，瑞士盛思锐传感器检测温湿度。除核心零部件外，螺丝一些小零部件采购自苹果供应商（小米生态链谷仓学院：《小米生态链占地笔记》，中信出版社 2017 年版）。2014 年起，小米组织一年一度的小米供应商大会。通过生态链特点，聚集生态链上所有公司一起与供应商谈采购价格，实现规模效应和成本优势。同时，小米公司通过大量、稳定的订单帮助供应商提高效率、降低风险、减少供应商的分摊费用。小米采用直销模式，减少了渠道费用，保证产品以接近成本的价格出售给消费者。同时的分销模式，带来了更多客户，拓展了全球市场。小米公司通过自己的电商网站小米商城销售小米的核心科技产品，通过有品商城销售小米生态链上的第三方产品，同时布局线下渠道——小米之家。小米之家是小米自营的连锁实体店，在城市核心商圈中的中高端商场开设，是提供产品展示、科技体验、增值服务、商品销售、社交互动的新零售实体店，也是智能科技产品平台，满足消费者对智能物联、消费升级、极客酷玩等的需求。

中商情报网认为中国企业及金融机构在供应链金融科技解决方案的支出由 2015 年的 17 亿元增加至 2019 年的 434 亿元，复合年增长率为 123.7%，并预计 2021 年中国企业及金融机构在供应链金融科技解决方案的支出将达 690 亿元。供应链金融就是商业银行将核心企业和上下游企业联系起来，提供灵活运用金融产品和服务的一种融资模式，作为将供应商流、物流、信息流与资金流紧密结合的全新产融创新模式发展迅猛。深圳发展银行（现平安银行）给出供应链金融 1.0 主要特征为：M+1+N。商业银行通过对供应链核心企业这个 "1" 信任，向它上游的 M 个供应商或下游的 N 个客户提供融资服务。供应链金融 2.0 阶段，供应链金融是基于供应链运行产生的综合性金融业务。供应链网络中的焦点企业逐渐成为主导，并由 "链" 发展到 "网"，第三方物流、监管机构等相关主体参与其中。供应链金融 3.0 阶段，焦点企业利用互联网技术打造商业生态圈。天津银行从 2007 年起从一家地方性城商行转变为跨区域经营的股份制银行，机构布局覆盖京津冀、长三角及中西部地区重要城市。2015 年天津银行泰安分行开业，标志着天津银行跨区域发展战略取得成果，金融服务范围拓展至鲁中地区。天津银行泰安分行从事中国银监会批准的各项商业银行业务，主要包括吸收公众存款，发放短期、中期和长期贷款、办理国内结算，发行金融债券，从事同业拆借，外汇存款、外汇贷款等业务。中企云链是经国务院国资委批准成立，国务院国资委重点支持、央地协同创新共同打造的互联网供应链金融服务和国家"双创"平台，于 2015 年注册成立；是由中国中车联合中国铁建、中国船舶、鞍钢集团、招商局、中国能建、中国铁物等 7 家央企，工商银行、农业银行、民生银行、中信建投等 4 家金融机构，北汽集团、上海久事、云天化、紫金矿业等 4 家地方国资，金蝶软件、智德盛、云顶资产、IDG 资本、泛海投资、赛富基金等 6 家民营企业，经国务院国资委批复，成立的一家央国企混合所有制企业。中企云链拥有行业领先的金融科技创新能力，依托全面的行业伙伴资源以及丰富的业务服务经验，打造了"N+N+N"的供应链金融平台模式，有效盘活大企业优质信用，助力产业链上企业清理三角债，解决中小企业融资难题，践行国家普惠金融政策，促进产业链实现降本增效。同时，中企云链秉承共享共通的运营理念，依托先进的科技创新能力与市场运营能力，打造了企业确权产品、资本市场产品、金融科技产品、场景金融产品以及企业服务产品等，5 大板块，18 条产品线，实现了对企业全生命周期多维金融服务需求的全覆盖。中企云链发挥平台优势，全面升级"云链模式"作为创新典型，为国务院国资委列为央企创双平台之一，也是国资委重点支持的"互联网+"和央地协同创新平台，旨在"缔造产融互联网"。2020 年，中企云链率先提出打破各个产业链条边界，从全产业链角度进行资源整合和价值链优化，降低社会生产运营成本，提高资金使用效率，实现社会资源的优化配置。天津银行泰安分行与中企云链合作为企业提供融资服务。对银行而言，这提高了天津银行的产品服务和创新能力，供应链金融的理念不仅包括纯粹理论更包括了一系列新的业务。改善了天津银行资产质量和盈利能力，供应链金融业务的特点决定了其风险系数偏小从而降低了银行的不良贷款率，改善银行资产质量。由于供应链金融大量采用票据、保函、信用证等融资工具，这类工具需要收取手续费；此外，银行为供应链企业提供理财咨询、现金管理等财务顾问业务，也产生了可观的中间业务收入；整条供应链之间产生的资金回流和存储也为银行带来额外的存款收益，极大提高了银行的盈利能力。对企业来说，供应链金融结合了现款销售和赊账销售的优点，为企业解决了账期过长、收款难等问题。供应链金融服务不仅增加了老客户的黏性，还能吸引新客户。通过供应链金融服务平台，在业务周期内借款还款手续简便、随借随还，不仅降低了中小企业融资成本，还提高了企业资金周转率，降低了经营成本。天津银行供应链金融借助核心企业信用支持，为企业提供基于"产－供－销"全产业链的综合性保理、供应链金融服务方案，满足上下游企业融资、坏账担保等多层次业务需求的同时，赋能上下游的中小客户缓解"融资难、融资贵"问题。

我国创新驱动发展战略取得重大成果，科技现代化迈上一个大台阶。我国科技发展的最大优势是拥有世界最大规模的门类齐全的综合性高素质科技队伍，我国科技工作者全口径已经达到9100万人，占全国就业人数比重的12.1%，研发人员全时当量从2012年的324.7万人上升至2021年的562.0万人，居世界首位。我国已经形成了国家战略科技力量的四路大军：即国家实验室、国家科研机构、高水平研究性大学、科技领军企业。强化创新理论实践，不断企业数字化转型势在必行，全方位全链条赋能对企业内外部流程及其生存环境影响彻底，从根本上改变了社会经济系统的技术基础、运行效率、组织模式、生产和交易方式等。线上线下一体，大规模社群化制造的生产方式，平台经济已超过规模经济成为企业的优先战略，资源节点超过企业职能部门成为企业生态基本单元。数字经济的上述特征表明创新是数字经济时代驱动经济发展的核心生产要素。整合式创新理论提供了在一个呈指数级扩张世界中认识问题和分析问题的视角，能够从国家、产业和企业不同层面统筹分析非线性组织行为及其对应的规模缩放效应，从机理分析视角拓展了创新行为粒度，进而在整体层面消除了微观行为的噪声和可能相互抵消的局部作用并形成战略引领规划，通过粗粒化组织创新行为对应的超线性或亚线性规模效应实现创新筑基。

从2010年到2021年期间，中国申请的国际专利（PCT）占世界比重从16%上升到25.1%，美国占世界比重为21.5%，中国正在改变全球技术创新的版图。但是，做中国PCT专利中核心专利数量占世界总量比重仅为5.3%，而美国占世界比重的40%左右，日本为25%。我国创新指数已跃居世界第十二位。根据世界知识产权组织发布的《2022年全球创新指数报告》，中国全球创新指数排名10年上升了23位，跃居世界第11位。2022年9月发布的《2022年全球创新指数报告》中国首次拥有与美国一样多的顶级科技集群，各为21个。这表明，中国科技实力迈上了特大台阶，与美国、欧盟成为世界三大科学技术中心。

企业是自主创新的主体，它贴近市场、了解市场需求，具备将技术优势转化为产品优势、将创新成果转化为商品、通过市场得到回报的要素组合和运行机制。产业链供应链的高度物联和泛化连接使得企业能够辨识制造运营过程中的瓶颈和质量问题，如数字技术可用于评估供应、制造和配送方案优劣并根据场景优化配置，连通价值链交易和产业链供应链状态。由此，第一，要着力培养一批有国际竞争力的"专精特新"高科技企业，积极引导优势产业链中的企业加大自主技术创新的研发投入，完善创新管理体系。第二，我国企业要积极提升创新嗅觉和创新洞察能力，把握对消费需求和产业的技术走势，从而孕育孵化面向全球的技术创新成果。第三，我国企业要进一步塑造居安思危和勇于创新的文化，要抛弃依赖延续性创新发展的惯性思维，积极部署颠覆性技术、重点领域核心关键技术的创新产品或技术，注重基础研究和原始创新能力培育，促进产业的迭代创新和转型升级。

"十四五"规划提出后的五年，我国"产业基础高级化，产业链现代化水平明显提高"，这是当前制造业高质量发展对产业基础能力、产业基础结构和产业基础发展的新要求。服务型制造企业向终端用户提供全生命周期服务，通过多元化服务，有效延伸产业链、提升价值链，降低由单一产品带来的市场需求波动风险，提高用户黏性，助力企业有效抵御市场风险，增强盈利能力，是推动我国产业结构优化升级的有效途径，是制造企业升级的主要方向。推动服务型制造，对打破要素流动壁垒、促进新的生产要素向生产效率较高的领域和环节流动、提高要素配置效率具有重要的意义，是积极加速形成服务型制造新业态、提高产业基础能力和产业链水平的有效途径，也是制造业高质量发展的客观要求。

四、畅通经济循环

国民经济循环是新发展格局的核心内涵。加快构建以国内大循环为主体、国内国际双循环相互促进的新发展格局，是党中央根据我国发展阶段、环境、条件变化审时度势做出的重大决策，也是重塑国际合作和竞争新优势的战略选择（李海舰等，2022）。从定性研究看，倪红福（2020）认为，国内大循环是指再生产活动的每一个环节，即投资、生产、分配、流通、消费有机过程的循环，满足以国内需求作为出发点和落脚点。黄群慧（2021）认为，构建新发展格局是与现代化新阶段相适应的经济现代化路径，是中国基于自身资源禀赋和发展路径而探索的、以自立自强为本质特征的、突破"依附性"、具有"替代性"的一种经济现代化模式，是一种充分利用大国经济优势、围绕着自主创新驱动经济循环畅通无阻的经济现代化战略。刘志彪（2020）提出"双循环"战略的基本逻辑为：扩大内需—虹吸全球资源—发展创新经济—以基础产业高级化、产业链现代化为目标，构建国内经济为主体的大循环格局—促进形成国内国际双循环相互促进的新发展格局。宋德勇和文泽宙（2022）研究认为，交易效率持续提高是引起—国贸易分工结构从"封闭式结构"向"以国际循环为主结构"演进，再过渡到"以国内循环为主体、国内国际双循环相互促进结构"的核心驱动力量。定量测算看，江小涓和孟丽君（2021）从中间品出口比重、外商投资企业出口比重、加工贸易出口比重和对外贸易依存度等 4 个方面定义并测度了中国经济不同发展阶段的国际循环地位。李敬和刘洋（2022）从中间品投入、中间需求和最终需求定义国外占比、省内占比和省际占比，测度国民经济的"三循环"，将国民经济循环拓展到省级区域层面。Koopman et al.（2014）提出增加值贸易核算的统一框架。黎峰（2021）研究了国内循环和国际循环内涵及边界，并在 Koopman et al. 的研究结论上给出总产出分解模型。Wang et al.（2017）在生产分解的框架下将增加值按价值链活动类型分解，将增加值分解为国内价值链活动和国际价值链活动。陈全润等（2021）利用投入产出模型从中国增加值最终到达的区位测度中国经济国内循环程度和国际循环程度。黄仁全和李村璞（2022）从依存度、关联度和感应度测度国内国际双循环。陆江源等（2022）基于 ADB 全球投入产出表和最终需求地理区位后构建了双循环的测度框架。实践应用中，"双循环"的发展重点包括促进消费、扩大内需和强调供给。例如，电商行业，基于头部电商平台综合服务能力不断改进，各大电商平台致力于探索基于互联网的新型制造服务模式。电商平台从服务端向制造端延伸，从海量终端用户需求出发，通过自有服务平台连接供给端生态伙伴，提供基于数据、设计、供应链等全产业链的共享制造和服务，助力制造企业转换产业组织和生产方式，融入新的制造和服务生态，连通供给端和需求端，实现多方共赢增长。

我国经济已经进入现代服务业为主的时代。从产业结构看，第三产业增加值占 GDP 比重从 2012 年的 45.5% 提高至 2021 年的 53.3%，同期世界这一比重仅提高了 3.5 个百分点，但还是低于世界平均比重（2020 年为 65.7%）。第二产业增加值占 GDP 比重从 45.4% 降到 39.4%，但仍高于世界平均比重（2021 年为 28.3%），第二产业加快转型升级，创新驱动持续深化。我国正在进入世界工业和制造业的舞台中心，仍具有强大的创新力、竞争力与比较优势，得益于 70 多年来我国建立起的门类齐全、独立完整的现代制造业体系，由《中国制造 2025》着力打造的更具有国际竞争力的制造业，已如期实现到 2020 年的目标，即基本实现工业化，制造业大国地位进一步巩固，制造业信息化水平大幅提升。《中国制造 2025》是以制造业创新发展为主题，强调提质增效，以新一代信息技术与制造业融合为主线，推进智能制造以满足经济社会发展和国防建设对重大技术装备的需求，强化工业基础能力，提高综合集成水平，完善多层次人才体系，促进产业转型升级，实现制造业由大变强的历史跨越。证券时报网分析《中国制造 2025》显示，我国制造企业普遍存在自主创新能力不足的问题，大中型工业企业研发经费投入远低于美日等发达国家；技术对外依存度过高，高档数控系统、芯片、高档液压件、密封件和发动机等自主化率低，科研成果转化率远低于发达国家。

掌握一批重点领域关键核心技术，优势领域竞争力进一步增强，产品质量有较大提高。制造业数字化、网络化、智能化取得明显进展。重点行业单位工业增加值能耗、物耗及污染物排放明显下降。我国制造业、第二产业第一大国的地位更巩固，制造业增加值（按美元现价）占世界比重的 30.9%，大大高于总人口占世界比重的 18.0%。制造业增加值（按美元现价）从 2012 年的 2.69 万亿美元上升至 2020 年的 3.86 万亿美元，对世界制造业增加值增长贡献率高达 75.5%。我国第二产业增加值（按 2015 年美元价格）从 2012 年的 3.69 万亿美元上升至 2020 年的 5.77 万亿美元，对世界第二产业增加值的增长贡献率高达 54.2%。

1. 国民经济循环赋能企业的产业间升级路径

按照马克思主义物质生产观，国民经济循环是具有再生产特征的，"每一个社会生产过程，从经常的联系和它不断更新来看，同时也就是再生产过程"（马克思《资本论》第 I 卷）。魏旭（2018）认为，虽然马克思没有明确提出产业升级的概念，但提出了社会解决发展的本质是伴随生产方式变革的产业升级过程，表现为产业内部或不同产业资本向着更高利润率环节与部门流动，导致产业间结构比例变动的过程。《资本论》中的劳动价值论、产业内和产业间的演进、劳动生产率及约束条件，资本有机构成变化下的资本积累、扩大再生产力量，都体现了技术进步促进产业升级的思想（任颖洁，2020）。王维平和陈雅（2021）认为，新发展格局是遵循马克思主义政治经济学总体性原则的基本原理。李海舰等（2022）认为，基于经典理论阐释新发展格局的内涵是马克思主义经济循环和社会再生产理论的最新成果。张俊山（2008）指出，国民经济循环需要一系列的科学技术和创新成果予以支持，而正是这些科技创新成果构成了物质生产主观方面的内容。物质生产活动是人类生存与发展最基本的活动，因而在国民经济循环中，一定技术基础之上的物质生产活动构成国民经济循环的主体内容。王一鸣（2020）、马建堂和赵文昌（2020）、裴长洪和刘洪愧（2020）解析了国内大循环的主体地位。在生产环节中，正是具体的、现实的直接生产过程使得在前生产环节积累的技术基础转化为现实的社会生产力（李佳和张俊山，2022）。流通环节为生产环节所创造出的产品与服务提供稳定的市场并实现商品价值。张少军和方玉文（2022）指出，新发展格局提出的必然性，符合中国经济比较优势。黄群慧和倪红福（2021）、郭克莎和田潇潇（2021）、李雪松（2022）从供给侧结构性改革、投资消费、产业链创新链、深化制度改革、高水平对外开放、收入分配等不同维度探讨构建新发展格局的路径。由此，构建新发展格局的关键在于贯通生产、分配、流通、消费各环节，推动经济活动在国内各个环节、各个产业、各个部门和各个区域之间的循环畅通与高效配置。改进供给与需求端的适配和相互促进，即市场体系完善、市场运行效率高、交易成本低，产品和服务供需匹配。要素自由流动和聚集，实体经济和现代金融协调发展，科技创新、人力资源、数据要素和产业发展相协调等。国内地域空间循环，包括国内城乡和区域间的循环，形成优势互补、协调联动的城乡区域发展体系。荣晨等（2021）研究认为，国内大循环，首先就是把发展的基点和初始动力放在国内，把满足国内需求、改善人民生活品质，不断增强人民群众的获得感、幸福感、安全感作为发展的出发点和落脚点，充分挖掘内需潜力，打造强大国内市场。其次，国内大循环需要大幅提升产业基础能力和产业链现代化水平，加快关键核心技术攻关，尽快解决一批"卡脖子"问题，在产业优势领域精耕细作，搞出更多独门绝技，增强产业链供应链自主可控能力。再次，集中精力办好自己的事，着力深化改革，打通制约国内经济发展的各种束缚和障碍，最大程度激活内生动力和内生因素，以国内发展基本趋势向好的确定性应对外部环境变化的不确定性。最后，要通过提供强大的国内市场和庞大的供给能力，释放巨大而持久的动能，推动全球经济稳步复苏和增长，支撑并带动外循环发展，本质上是"以内促外"和国内国际双循环相互促进。

2. 解析数据全要素生产率作用机制

主流经济学通过生产要素分析工业社会经济增长动力。如基础设施、生产现场、资金、土地、劳动力等是支撑传统经济增长的主要动力来源。数字经济的主要生产要素是数据，表现为数字化基础设施、智能化生产线、智能机器人、数据要素等是驱动数字经济的主要动力。随着电子商务、O2O 等模式的兴起，互联网深入渗透批发零售业、住宿餐饮业、金融业、交通物流业等，为广大消费者带来更高质量、更个性化的服务体验。以零售业为例，2015—2021 年实物商品网上零售额年复合增长率超过 20%，占社会消费品零售总额的比重持续提升。工业、农业领域的企业利用互联网加强对客户需求的认识和响应，逐步实现定制化生产和销售，数字经济与实体经济深度融合。2021 年，全球 47 个经济体第三产业、第二产业、第一产业数字经济增加值占行业增加值比重分别是 45.3%、24.3% 和 8.6%，分别较去年提升 1.3、0.8 和 0.6 个百分点。截至 2022 年 6 月，我国网络支付用户规模为 9.04 亿，较 2021 年 12 月增长 81 万。2021 年网络零售额达 13.1 万亿元，同比增长 14.1%，其中实物商品网上零售额达 10.8 万亿元，同比增长 12.0%，占社会消费品零售总额的比重为 24.5%，对社会消费品零售总额增长的贡献率为 23.6%。商务大数据监测显示，2021 年重点监测电商平台累计直播场次数量超 2400 万场，累计观看人次超 1200 亿，直播商品数量超 5000 万个。

2021 年我国完成移动支付业务 526.98 万亿元。数字人民币试点场景超过 808.5 万个，覆盖生活缴费、餐饮服务、交通出行、购物消费等。2021 年我国现有行政村实现"村村通宽带"。2022 年 4 月，工业和信息化部等五部委联合印发的《2022 年数字乡村发展工作要点》提出，到 2022 年年底，5G 网络实现重点乡村和部分重点行政村覆盖。截至 6 月，我国农村地区互联网普及率达 58.8%，农村地区网络支付用户规模 2.27 亿。物联网、大数据、人工智能、云计算等新一代信息技术与种植业、畜牧业、渔业等加深融合，2021 年全国全系统装备北斗导航设备作业面积超过 6000 万亩。全国累计创建 9 个农业物联网示范省份、建设 100 个数字农业试点项目，征集发布 426 项节本增效农业物联网应用成果和模式。2022 年 5 月，由工业和信息化部指导，我国发布了首个智能农机技术路线图，以无人农机为最终产品形态，提出整机架构、通用数字底盘等九大前沿和关键技术。2022 年上半年，农村网络零售和农产品网络零售分别增长 2.5% 和 11.2%。农村电商助力乡村振兴，成为巩固拓展脱贫攻坚的重要手段。

江小涓和孟丽君（2021）强调了国际大循环的引领作用，分析了 2012 年至 2016 年发达国家的生产活动中，复杂全球价值链活动降幅为 1.65%，发达国家的国内生产活动在满足国内需求、抑制经济下滑方面表现出众。国内大循环是高度开放的循环，能够充分吸纳、利用两种市场两种资源来壮大和发展自己，能够顺畅地融入国际市场中，具有强大的竞争力和影响力。通过供给侧结构性改革，提高国内经济的供给质量，通过挖掘消费潜力，进一步畅通国内经济循环，使得国外产业更加依赖中国的供应链和产业链，更加依赖中国的巨大消费市场，从而在提高经济自我循环能力的同时，促进更高水平的对外开放，实现国内国际双循环相互促进。

创新体系短板突出造成产业链和创新链联动受阻。从基础研究，到工程化，再到现实应用的创新机制不顺畅，甚至在一定程度上存在割裂。科研活动的管理体系、科技成果的评价体系亟待理顺。知识产权保护力度不足，有法不依、执法不力的情况时有发生。产学研合作不够深入，科技成果产业转化率低，产学研合作路径不畅通，导致很多优秀科研成果停留在纸本阶段，无法应用于规模量产，造成科技产业双向促进能力弱。部分企业重视先进技术研发，但对于多样化产品工艺研发投入不足，即使先进技术取得突破，产品量产仍然很难，导致产品生产和市场需求脱节的现象。部分科研大省科技产业竞争力不强，科技与经济两张皮较为突出。技术要素产业证券化率低，技术和数据等创新要素的产权尚不清晰，产权评估及证券化市场缺乏现象始终存在。

流通体系现代化程度不高造成物流成本居高不下。流通是连接生产和消费的桥梁和纽带，是决定经济运行效率与效益的引导性力量。据测算，社会物流总费用占 GDP 的比重每降低一个百分点，就可节约 7500 亿元。而中国 2019 年社会物流总费用占 GDP 的比重为 14.6%，明显高于西方国家 8% 左右的平均水平，因此建设现代化的流通体系是畅通国内大循环的必然要求。经过改革开放 40 余年的发展，中国依托交通网络、枢纽节点、配送终端构成的多层次流通体系基本形成，但其结构功能仍不完善，存在科技含量低、组织化程度不高、区域发展不平衡等问题。特别是 2020 年，国内外物流受阻，物流费用上升，加重了企业原本就高企的成本，造成国内大循环过程中生产和消费之间的堵点。从物流体系看，标准化程度不高，物流网络分布不均衡，各种运输方式衔接不畅、融合不够、冷链物流和冷冻仓储设施严重缺乏，尤其是航空运输能力不足、境外物流网络欠缺，物流成本仍然较高，物流效率仍有较大提升空间。从商贸体系看，实体商店等传统商贸面临巨大转型压力。从市场环境看，统一大市场尚不健全，要素自由流动存在一定程度的壁垒，商品和服务跨区域流动仍不畅通。从信用体系看，市场诚信环境有待改善，合同拖欠款纠纷常有发生，提高了交易成本，降低了流通效率。

要素市场化改革滞后阻碍要素自由流动。市场体系是由商品服务市场和要素市场构成的有机整体。改革开放以来，中国 97% 以上的商品和服务价格已由市场定价，资本、土地、劳动力、技术和数据等要素市场从无到有、从小到大，但与商品和服务市场相比，要素市场建设仍相对滞后。一方面，传统要素市场发育不完善，要素流动一定程度上仍受制于体制机制障碍。例如，由于土地、劳动力等生产要素从农村地区向城市地区的流动受阻，导致中国户籍人口城镇化率仅为

48.3%（2023 年），在产业结构变迁过程中服务业发展面临需求旺盛而劳动力供给能力不足的问题。另一方面，技术、数据等新型要素的市场规则建设滞后，要素产权不清晰，市场化交易机制不健全，数字孤岛现象较为突出，难以满足经济高质量发展需要。

国内经济循环是中国经济增长的绝对力量，面对国内外巨大的不确定性，只有畅通国内大循环才能兼顾国际循环，进而确保我国经济的平稳运行。注重有组织自主创新以全面提升产业基础能力，持续扩大高水平对外开放。我国的双循环是国内国际多元连接、良性互动的双循环，是在确保产业链供应链安全的前提下，突破产业基础能力以提高参与全球生产分工的能力，使能我国工业企业迈向价值链中高端。

第六章　中国中车集团创新形式

中国中车股份有限公司成立于 2015 年，由中国北车股份有限公司和中国南车股份有限公司合并而成。2015 年 6 月 8 日，中国中车在上海证券交易所和香港联交所成功上市。目前中国中车集团总部设立在北京，并且已经发展成为拥有 46 家全资及控股子公司、员工 17 万余人的超大型跨国企业。主要经营业务范畴包括了铁路机车车辆、动车组、城市轨道交通车辆、工程机械、各类机电设备、电子设备及零部件、电子电器及环保设备产品的研发、设计、制造、修理、销售、租赁与技术服务；信息咨询；实业投资与管理；资产管理；进出口业务等。以中国中车为基础，中国轨道交通装备制造业初步建设了相对完善的、具有一定国际竞争力的技术创新体系。中国中车拥有的高速列车系统集成国家工程实验室、动车组和机车牵引与控制国家重点实验室、国家重载快捷铁路货车工程技术研究中心、国家轨道客车系统集成工程技术研究中心等 11 个国家级研发机构和覆盖主机制造企业的 19 家国家级企业技术中心为主体的产品与技术研发体系，奠定了轨道交通装备行业国家技术与产品创新体系的基础，形成了强劲的国际竞争力。9 家海外研发中心、50 个省部级研发机构、一批专项技术研发中心充分发挥作用，在轨道交通装备核心技术突破，产品技术开发等方面取得了丰硕成果。中国中车产品技术研发体系基本涵盖了从嵌入式底层软件技术到应用级控制软件技术，从基础技术、行业共性技术到产品关键技术，从系统集成技术到产品工程化实现技术的全技术链，从芯片到板卡，从零件到模块、部件，从系统到整机整车的全产品链，基本形成了能够满足中国轨道交通装备制造行业技术产品发展需要的，包括设计分析、计算仿真、试验验证、检验测试、信息情报、创新管理等技术创新保障能力。

企业年报显示，2022 年公司实现营业收入 2229.39 亿元，世界 500 强第 385

位，中国跨国公司 100 强第 62 位。截至 2022 年 12 月末，中国中车合并资产总额 4421.40 亿元，资产负债率 56.8%。分业务情况看，铁路装备业务、城轨与城市基础设施业务、新产业业务、现代服务业务在 2022 年分别取得 831.80 亿元、557.29 亿元、771.10 亿元、69.20 亿元的营业收入。得益于储能设备、新能源汽车零部件、风电转变等，新业务营收比上年同期增长 7.36%。2022 年，中国中车全力推进业务布局和商业模式创新，"产品+""系统+"建设不断深化，以轨道交通装备为核心、以战略性新兴产业为主体的多元业务架构更加均衡，铁路装备业务优势不断巩固，城轨与城市基础设施业务持续壮大，风电装备、新材料等新业务多元拓展，满足和引领了多元化的市场需求。2022 年，新签订单约 2791 亿元，其中国际业务新签订单约 509 亿元，同比增幅达 45.43%；期末在手订单约 2501 亿元，其中国际业务在手订单约 989 亿元。2022 年，境外动车组、城轨地铁业务量带来中国中车在中国大陆之外的其他国家/地区的业务收入达 243.82 亿元，比上年增长 21.70%。2022 年在研发方面的投入达 131.30 亿元。除了继续推进国家"先进轨道交通重点专项""中车'十四五'重大专项"等科技项目，中国中车也启动了 2022 年原创技术十年培育专项立项工作，首批立项 25 项；同时推进磁浮、新材料、新能源、轻量化、健康管理等前沿领域 8 个协同创新团队项目；全力开展关键核心技术攻关，2022 年新立机车、货车、城轨车辆等轨道交通新产品，风电整机等新产业产品，关键系统和零部件研发项目 363 个。

中国中车加强轨道交通装备基础技术、核心技术、共性技术研发。围绕重要系统、关键部件产品，在高端轨道交通移动装备系统集成技术、牵引传动技术、网络控制技术、转向架关键技术、车体关键技术、制动关键技术、柴油机关键技术、齿轮传动系统关键技术、弓网受流技术、振动噪声控制技术、工程机械电气传动与控制技术、永磁电机、电力电子器件等方面取得重大突破，达到国际先进水平。在基础材料应用研究方面，轮轨关系研究、高寒高速动车组关键技术研究、车体疲劳试验研究、服役性能研究、谱系化头型、重载快捷货车核心技术基础理论研究、仿真验证技术及可靠性技术研究等取得了一批基础性应用研究成果。基于互联网的轨道交通旅客信息服务系统、电力电子变压器、永磁牵引传动系统等一批前瞻性技术研究取得了阶段性研究成果。中国轨道交通装备国际竞争力极大提升．中国中车初步建设了相对完善、覆盖技术创新工作全过程的技术创新管理体系。保障充足的资金、物质投入和满足要求的创新人才。

本章以中国高铁装备创新管理体系为研究对象，围绕中国中车创新管理实践，依据整合式创新理论解析有组织自主创新形式与我国高铁装备耦合发展过程。分析表明：（1）在满足高铁装备工业基础技术能力的必要条件和自主创新原则的充分条件下，高铁系统形成了可聚可散可控且分层的有组织自主创新系统；（2）有组织是通过系统层整合能力表征的，跨层次大系统整合式创新是驱动包括高铁系统在内所有领域技术创新和自主创新的赋能基础；（3）自主创新体现为分散子系统的基础技术能力集聚，并通过产品平台实现技术使能业务变革和价值链创新。

自主创新，就是从增强国家创新能力出发，加强原始创新、集成创新和引进消化吸收再创新（国家中长期科学和技术发展规划纲要（2006—2020 年））。中国高铁装备创新管理体系以自主创新为原则和技术进步方式，历经引进消化吸收再创新、自主提升创新、全面创新和持续性创新，营造了我国高速列车自主化产业生态，形成了国际领先的研发和制造能力。中国高铁刷新了人们对中国高端装备制造业的认知。目前已建设了世界领先的轨道交通装备产品技术平台和规模最大的制造基地，动车组保有量占全球 70% 以上；复兴号、和谐号系列产品，全面达到世界先进水平，能适应各种复杂地理环境，满足多样化市场需求（王军，2021）。

Hughes（1983）定义大型技术系统是一个经济体在技术、能源、交通、通信等方面的基础设施，其建设和运营涉及多个行动主体，包括企业、政府、非政府组织和监管机构。大型技术系统对国民经济影响是全局性的。高铁系统包括了高速列车、信号系统、供电系统、路轨和桥梁等，已形成了可聚可散可控且分层的大型技术系统：一方面，其每个子系统都执行独立任务，同时整合后能完成共同目标；另一方面，系统具有明显的层级，比如高铁是大型技术系统、高速列车是复杂产品系统、牵引系统等是原件系统和零件组等。由于组成系统的各种技术和子系统之间存在高度依赖性，不能被完全分解为模块，因此该系统需要整合的知识并高度依赖系统整合能力。

高铁系统体现了我国工业技术进步和基础设施建设能力，其形成和发展过程是深度嵌入社会经济发展的。高铁系统与公路、机场、港口及城际轨道等共同构筑了社会物流网络，而物流网络耦合产业链结构优化特征改进其流转效率，见图6.1。

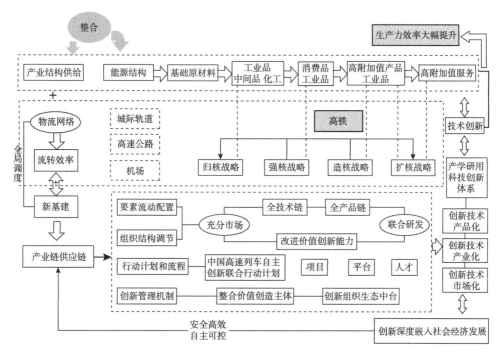

图6.1　高铁系统自主创新体系

由此可见，高铁系统的战略引领通过创新战略紧扣产业链结构优化升级表现出来，形成了归核战略（资源归集，整合重组）、强核战略（技术引进，消化吸收）、造核战略（自主创新，核心能力）和扩核战略（产业延伸，国际竞争）的演化路径。其次，作为典型的大型技术系统（贺俊等，2018；江鸿、吕铁，2019），高铁系统的技术创新是其实现产业升级的源动力，并通过技术创新与产业链深度耦合实现生产力效率大幅提升。围绕技术创新建立的政产学研用科技创新体系，通过制度赋能形式实现创新技术产品化、创新技术产业化和创新技术市场化并深度嵌入了社会经济发展过程，进而为安全高效、自主可控的产业链供应链筑基。再次，整合新基建的物流网络从实体、信息、技术和制造等关键要素环节保障了全局资源配置的可实现性。我国正在不断完善的"八纵八横"高铁网络建设，有效促进了地区之间人流、物流、资金流和信息流的交融，对于提高不同地区之间的流转效率有着积极作用。由此可见，整合是大型技术系统使能的重要战略职能。最后，作为子系统之一的创新管理体系，通过要素配置和组织结构调节适应高铁系统价值创新能力改进，并基于充分市场和联合研发，围绕全技术链和全产品链迭代价值创新能力；通过中国高速列车自主创新联合行动（项目、平台、人才）的创新行动计划和流程整合基础技术能力从而实现技术进步；围绕整合价值创造主体创新管理机制，并通过创新组织生态中台整合科技创新体系和创新管理体系。

一、创新管理体系

1. 中国高铁装备自主创新体系架构

2021 年 6 月底，我国高铁已累计安全运行 92.8 亿公里，相当于绕地球 23.2 万圈，安全运送旅客 141.2 亿人次，是世界公认最安全的高铁。我国高铁装备自主创新体系架构是围绕产品介导的有组织自主创新系统。产品是市场需求和技术能力整合并转化为生产力的表征，参见图 6.2，产品迭代就是技术创新的演化过程，也是创新管理体系架构的搭建过程。技术能力累积、新技术扩散和组织机制优化等工业技术的进步也可以由最终产品体现出来。

自熊彼特提出创新经济学理论以来，Carter（1966）从技术变革，Faulkner 和 Senker（2011）从产业研究与技术创新的关系等展开探索，关注于技术创新对经济增长和核心竞争优势的驱动作用（Crossan 和 Apaydin，2010）以及创新过程中的价值获取（Teece，1986）。用户创新（von Hippel，1986）、开放式创新（Chesbrough，2003）、颠覆式创新（Christensen，1997）、设计驱动创新（Verganti，2009）、社会创新（Nicholls 和 Murdock，2011）、公共创新（Swann，2014）、责任式创新（Owen et al.，2012）等经典理论相继出现。Linsu Kim（1997）认为发展中国家自主创新能力的形成一般需要经过引进、吸收和提高的过程，即自主创新可以是原始创新，还可以是引进和消化吸收再创新，通过技术引进在"干中学、用中学与研究开发中学"，最终实现自主创新。

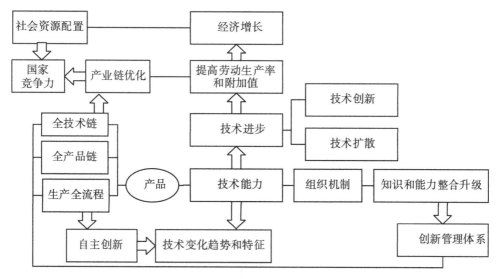

图 6.2　自主创新体系架构

铁道学报（2019）介绍了中车株洲电力机车有限公司主要科技创新成果，包括基于 160km/h 六轴交流传动客运电力机车和 200km/h 四轴客运电力机车技术的 HXD1D 交流传动快速客运机车，HXD1G 型八轴交流传动快速客运电力机车，HXD1F 型 30t 大轴重货运交流传动电力机车。铁道学报（2020）介绍中车长春轨道客车股份有限公司在 160~200km/h 动车组平台上开发的混合动力动车组、城际动车组和澳大利亚双层动车组等产品；在 200~300km/h 动车组平台上研发的 CRH5 型（A/G/E）系列动车组、CRH3A 型动车组、CR300BF 型（250km/h "复兴号"）动车组等产品；在 300~400km/h 动车组平台上，开发 CRH380 型系列动 车组 （B/BL/BG/CL）、CR400BF 型（350KM/H "复兴号"）动车组、京张高铁智能动车组等产品，其中 CRH380BG 型动车组是当时我国唯一的 350km/h 等级的高寒动车组。

传统的技术创新模式分为引进吸收再创新、集成创新及原始创新三个阶段，见图 6.3。其中，引进吸收再创新是 "跟随创新"，其核心专利技术是国外的，先进性较低；集成创新，则是指把现有的技术组合起来，或者把别的领域里的成熟技术引进到另外一个领域里，使它能够创造新的变化，先进性虽然有所提高，

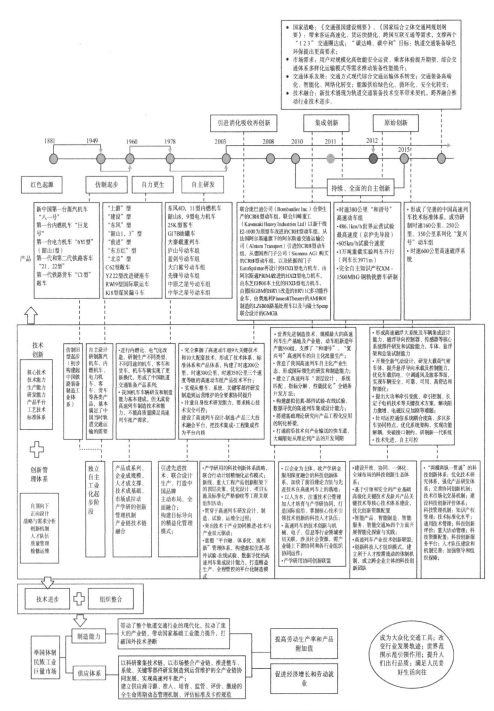

图 6.3 我国轨道交通装备创新管理时间轴

但也不是完全自主知识产权；原始创新是从一种发明开始，然后通过发明制造，再经过不断完善，成为一种新产品或者一种新技术，这类创新先进性最强，具有完全自主知识产权。对于我国高铁列车及动车组发展而言，仅仅依靠市场无法换来核心技术，要掌握主动权，最需要也最困难的是原始创新。原始创新不仅能够实现完全的自主知识产权，而且能够使我国高铁列车及动车组技术处于世界行业前列。2017年，具有自主知识产权的中国标准动车组"复兴号"通车运营，这是我国高铁列车及动车组技术原始创新的优秀成果，它创造性地实现了动车组在网络化制动、牵引、网络化控制的自主化，实现了我国高铁列车及动车组的全面自主化。

二、创新形成机理

Bell 和 Pavit（1993）认为，技术能力是产生和把握技术变化的能力。中国铁路装备工业的基础技术能力是积140年轨道交通装备发展内生的，是长期知识积累和实践探索出来的，是充分巨量市场培育出来的。而自主创新使得基础技术能力在高铁系统正向演进中发挥主导作用，见图6.4。

回顾我国轨道交通装备发展历程（中车研究院，2019），从仿制起步（新中国第一台蒸汽机车"八一号"、第一台内燃机车"巨龙号"、第一台电力机车"6Y1型"、第一代和第二代铁路客车"21，22型"以及第一代铁路货车"C1型"敞车），到自力更生（能够自主设计研制蒸汽机车、内燃机车、电力机车、客车、货车等各类产品，基本满足当时轨道交通运输需要，如"上游"型、"建设"型、"东风"型、"韶山1"型，"韶山3"型、C62型敞车等），到自主研发阶段（轨道交通装备已实现产品成系列，企业成规模，人才成支撑，技术成基础和市场成拉动的体系，经过第一至第四次铁路大提速，客运最高速度升至160km/h，120km/h 以上铁路沿线延长至 13166km，140km/h 以上铁路线达9779km，160km/h 以上铁路线达1104km），到引进消化吸收再创新阶段（"引进先进技术、联合设计生产、打造中国品牌"的路线，第五次和第六次铁路大提速，时速350公里"和谐号"动车组在京津城际铁路投入运营），再到持续、全面的自主创新（时速380公里"和谐号"高速动车组诞生，486.1km/h 世界运营

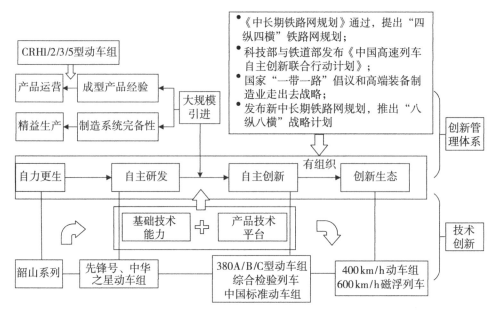

图 6.4 中国中车有组织自主创新过程

试验最高速度，605km/h 试验台速度，3 万吨重载试验列车开行和完全自主知识产权 XM-1500MBG 钢轨铣磨车展开研制）。可以看出，我国工业体系独立自主的本质特征贯穿始终，从自力更生到自主研发再到自主创新，装备工业基础技术能力始终是我国轨道交通系统的核心基础。在系列型谱化形式的产品和不间断的技术创新迭代过程中实现了基础技术能力与产品技术平台整合并培植了技术创新生态。目前铁路装备业务年产能达到了高速动车组 600 组、城轨地铁 13300 辆、机车 2000 台、客车 3000 辆及货车 5.5 万辆，系列新产品层出不穷，如标准动车组"复兴号"、自主研制的磁浮列车和 600 公里高速磁浮试验养车等；基础技术能力呈现研发、设计、制造、试验和服务一体化模式，如电力机车专业制造系统、动车组专业制造系统和城轨车辆专业制造系统等（数据源自中车研究院，2019.12）。充分市场促进了技术进步，截至 2019 年年底，我国铁路总运营里程达 13.9 万公里，其中，高铁运营里程达到 3.8 万公里，占世界高速铁路总里程的 60% 以上，占全国铁路总里程的 26%（数据源自《中国中车科技创新模式研究报告》，2021）。践行"一带一路"倡议，如中国中车产品服务已遍及世界 100

多个国家和地区。美国波士顿生产基地成功下线首批新型橙线地铁列车，标志着中国高端装备在发达国家"制造+技术+服务"全方位合作实现新突破（中车研究院，2019.12）。中国标准动车组也以出口为突破口，带动工务工程、牵引供电、通信信号、运营管理、维修服务等成套技术走出去。在充分市场，有组织的创新模式保障、技术持续改进和连续创新机会中，中国高铁装备企业技术学习过程及其改进方向始终坚持自主并形塑了自适应的创新管理体系及其机制。

引进消化吸收再创新阶段，总体要求是"引进先进技术、联合设计生产、打造中国品牌"。该阶段首先锁定国际先进、成熟、可靠技术，有高起点；其次以掌握核心技术为目标，实现技术引进与转让，利用市场优势，联合国内企业，实现低成本引进；再次坚持原始创新、集成创新和引进消化吸收再创新相结合，用3~5年实现装备水平快速提升和运力快速扩充。该阶段有组织体现为实施顶层规划，确定实施路径和方法，明确创新发展方向和目标；自主创新表现为同步布局研发体系：坚持自主品牌，联合技术实施方案，设计国产化路径、产业化路径和再创新路径，构建"产学研用"相结合的技术创新体系。2003年开始，轨道交通装备制造业开启了以发展高速铁路为代表的历程，2004年开始的大规模引进高速列车技术主要内容是从国外购买车型及相应的技术转让，包括联合庞巴迪公司（Bombardier Inc.）合资生产的CRH1型动车组，联合川崎重工（Kawasaki Heavy Industries Ltd.）以新干线E2-1000为原型车改进的CRH2型动车组，从法国阿尔斯通旗下的阿尔斯通交通运输公司（Alstom Transport）引进的CRH5型动车组，从德国西门子公司（Siemens AG）购买的CRH3型动车组，以及依据西门子EuroSprinter再设计的HXD1型电力机车，由阿尔斯通PRIMA改进的HXD2型电力机车，由东芝EH500本土化的HXD3型电力机车，由德国GBM的BR711改造的BR711C多功能作业车，由奥地利Plasser&Theurer的AMH800制造的LZC-800路基处理车以及与瑞士Spenp联合设计的GMC-B。与此同时，中国南车布局了其整个研发体系，如分工上，像青岛四方、株机电力、戚墅堰内燃等优势企业联合研发，分工重点攻克系统性的高铁动车技术难题。作为对关键技术的攻关和关键技术能力的获取，南车进一步联合铁道部的科学研究院、清华大学、北京航空航天大学、西南交通大学、同济大学、浙江大学等，成立了一个以主机厂为主体、产学研用相结合的一体化研发设计体系，以各方力量共同建构的开放平台实现对技术的引进消化吸收再创新。此外，南车还于 2007 年底成立南车股份，通过上市融资 200 多亿，投入到企业的研发与技术工程项目之中。中国北车也在同期完成了两次高铁引进的招投标，包括北车长客公司与法国阿尔斯通联合招标的的总计 3 个包 60 列和谐号动车组 CRH5 型（速度等级 200km/h），以及北车唐车公司与德国西门子联合中标的总计 3 个包 60 列和谐号动车组 CRH3C 型（速度等级 300km/h）（《中国中车科技创新模式研究报告》，2021）。由此可见，通过大规模引进，理顺了制造系统运作流程（精益生产），带来了成型产品经验。南北车在集团层面的整合创新能力是其能够迅速消化吸收的主要原因，同时，坚持筑基自身基础技术能力既是引进吸收的前提，也是其随后开展技术使能业务变革和创新价值链的基础。在整合知识和高度系统整合能力基础上，高铁装备工业在编组型式、动力配置、网络控制系统、减振降噪及旅客界面等方面进行创新。基于基础技术能力迅速形成新知识新技能新经验，从而能够开发拥有自主知识产权的新产品，是我国高铁装备自主创新管理体系的根基。

在自主提升创新阶段，研制时速 350 公里京津城际动车组，对牵引、制动、转向架和车体等进行优化设计，对列车平稳性、速度、舒适性进行优化提升，开展 200 余项、2000 多个工况的试验研究为后续产品研发积累了丰富数据，并为面向体系集成的学科体系建设奠定了基础。针对武广线复杂运营条件，开展几百项上千个场景的型式试验和科学研究，获得了大量试验数据。此阶段，初步搭建技术创新体系，建立自主研发的产品平台和能力，为动车组全面创新提供保障。在全面创新阶段，2008 年，科技部和原铁道部联合开展了《中国高速列车自主创新联合行动计划合作协议》，通过顶层技术指标分解，研制 CRH380 系列动车组，形成了以政府为主导、以企业为主体、以市场为导向、以项目合作为驱动的重大工程技术创新。项目涉及 25 所国内一流重点高校、11 家一流科研院所、51 家国家级研究实验室、68 位院士、200 名研究院、500 余位教授以及上万名工程技术人员，形成了以企业为主体，政产学研金服用深度融合的科技创新体系，助推了前沿理论方法与先进技术在高速列车上的落地，完全自主产权的确定，推动了"中国标准体系"的制定。经由高速动车的自主创新示范性工程 CRH380A，南车集团建立了高速列车"顶层设计、系统匹配、指标分解、性能优化"的全链条开发方法。CRH380A 进行了 450 多项仿真、1050 多项地面试验和两年 2800 多项线路试验,构建了虚拟仿真-部件试验-在线试验,提高数据寻优的高速列车集成设计能力(王军,2021)。四方集团实现了动车组头型、车体、转向架、牵引、制动和减振降噪等十大技术方向的全面创新。全面建立中国高速动车组自主创新体系。该阶段基于京沪高速铁路特定需求,速度、运能、安全、舒适、节能环保实现五大顶层指标,并在产品工程化过程中实现。其中,运营速度指标是持续运营时速 350 公里,最高运行时速 380 公里,最高试验时速 400 公里以上,满足隧道交会时速 350 公里;舒适性指标指车内压力波动小于 200Pa/s,客室噪声小于 68dBA,舒适度指标小于 2.0;节能环保指标是人均能耗小于 80kWh,轴重 15.5t,零排放;安全性指标是临界速度大于 550km/h,脱轨系数和轮重减载率小于 0.8,350km/h 紧急制动距离小于 6500m,故障导向安全。

在交通成和阶段,采用"全面自主创新"战略,是全面创新的充分体现。通过深度地自主化来实现共性技术、核心技术、关键技术、配套技术、整体与结构可靠性设计的完全自主化,最终形成系统成套技术和中国高铁标准体系,并建立时速 350 公里及以上等级高铁领域的世界级技术标准主导权,从而实现动车组在技术设计、服务功能、运用维护上的高度统一,进而提高设计和运行效率、降低运行和维护成本。同时,我国广袤的地理空间,复杂的自然环境,高铁装备系统在长编组,多体连接,地面高速运行,与轨道及设施激扰剧烈,振动、冲击与气动效应复杂的作用关系下,面向复杂地理气候条件,需要适应客专、提速及城际线路等复杂运用工况,任务繁重,年均运营里程超过 60 万公里,且交路长(京昆 2760 公里)、隧道多(武广 226 座)、海拔差异大,使得任何面向基础设施的引进技术都需要进行适应性改造,例如中车的自主创新方法就包括基于共性技术,对高原、高湿、荒漠、高温、紫外线、高寒等适应性技术创新。由此根据我国高铁线路特点的技术改进本身就是新技术的来源。例如 2012 年 12 月,哈尔滨至大连的高速高速铁路(哈大高铁)建成运营,这是世界上第一条穿越高寒季节性冻土地区的高铁线路,总长 921 公里,设计时速 350 公里;同月,全长 2240

公里的京广高铁全线开通，成为世界上运营里程最长的高速铁路。

基础技术能力在大型技术系统中具有杠杆作用。技术路线是构建培育技术能力的基础，而技术路线来自有组织的战略规划。有组织的战略引领作用是通过整合不同层次的自主创新形成技术突破和产业升级的可见路径的。而跨系统层次整合更多不是技术问题，而是战略和体系问题，是有组织自主创新管理体系的机制设计。跨层次大系统整合自主创新模式，往往需要根据诸如地缘政治、产业间地区发展不平衡及创新技术扩散渠道等异构决策信息，与国内经济社会发展和产业转型升级需求融合，从而高铁系统不再仅仅是互联互通的基础设施，而是被整合了系统架构并嵌入经济社会的要素配置系统。

综上本案例研究结论如下：创新管理系统的整合能力表征为战略职能和管理机制构建，能够持续将各个相关领域新技术整合于大系统，甚至通过整合感知技术创新态势进而引导技术发展方向；成型的最终产品能够表征大型技术系统由技术进步对社会经济发展的贡献，可以测度自主创新的效用；基础技术能力是持续性累积过程，分散的多主体多路径基础技术能力提升有利于加速技术进步；有组织自主创新管理体系各个分散子系统功能互补，具有不同的知识管理系统、技术能力和经验，以及在各自专业化方向上的长期积累，通过战略规划、组织保障和设定技术路线构造了技术创新网络。高铁装备创新管理系统中，企业创新行为异质、随机和产业层面创新行为相似、有效是有组织自主创新管理系统设计和抽象创新理论的逻辑基础，在向下分解显示差异和向上整合显示归类均呈无限的基本假设下，创新行为过程分析为剖析创新管理体系与技术创新耦合效应提供了可解释路径，也为复杂大系统分析提供了可回溯节点，并由此赋能了创新生态系统架构设计。

三、创新数字化转型

为落实中车智造2025，中国中车提出"13354"数字化转型战略，即以创建世界一流示范企业为核心，以创新、变革、提质为动力，着力发挥新一代信息化技术的催化剂、赋能机和孵化器作用，向数字经济、平台生态、高端绿色、精细精益、准时柔性转型，构建智能产品体系、智能制造体系、智能服务体系和智能交通体系。通过标准化、精益化、数字化、网络化和智能化实现"1+4"两化融合，即技术融合，IT/IOT与产品融合推动产品的数字化、智能化，推进制造+服务模式，助推产业向中高端转型；制造融合，现代信息技术与制造技术深度融合，以智能生产为主攻方向，依托精益制造工程和智能制造试点示范项目，建设"数字产线""数字车间"，提升柔性化、准时化制造能力，持续提升产品质量；管理融合，即量化融合管理体系贯标，推进企业组织变革、流程优化、数据贯通、业务集成，打造数字化精益企业，持续提升企业效能；服务融合，依托工业互联网平台，推进"互联网+服务"，数据驱动产业链上限由实现精准协同发展，实现产业链高质量发展。

总体而言，中车集团推进两化深度融合总体工作思路是标准引领、能力规划、以融促实、以评促建和以学促优。其中，标准引领本质是贯彻量化管理体系要求，周期开展量化融合评估；融合中车精益制造管理体系，基于两化融合体系，结合中车精益管理经验，制定中车数字企业建设评估规范；创新数字企业评估与数字产线、数字工厂建设标准，基于数字车间、智能工厂等智能制造项目建设成效，逐步制定数字产线、车间和工厂标准。能力规划是以两化融合管理体系贯标为抓手，规划信息时代企业必备的信息发展能力体系。中车提出五大新型能力，包括无纸化数字孪生协同研制能力、流程驱动的端到端全价值链精细管理能力、基于基础物理系统的准时柔性生产能力、数据驱动的客户全生命周期精准服务能力和基于大数据分析的科学决策能力。以融促实是以两化融合、智能制造项目为载体，以企业效能提升为目标，以打造新型时代企业新型能力为主线，确保"1+4"两化深度融合落在实处。以融促实包括推进敬意研发工程，提升数字化研制能力；推进精益管理工程，提高企业数字化运营能力；推进数字化精益产线和车间建设，打造企业数字化制造能力。以评促建依托两化融合工作平台开展自评估、自诊断、自服务，是通过持续开展两化融合评估、跟踪贯标评定，明确瓶颈短板，促进开展本质贯标。以学促优是指开展与国内优秀企业对标，结合中车自身实际，学习先进理念、先进经验、先进方法，找差距、补短板，持续改善。

中国中车两化融合总体成效明显，与机械行业平均水平对比结果参见图
6.5。

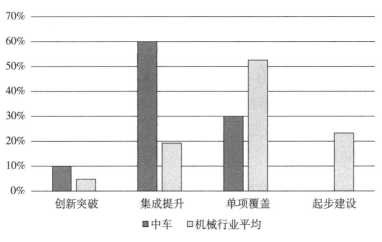

图 6.5 两化融合总体成效

第七章　海尔集团生态型组织形式

海尔集团创立于 1984 年，是全球领先的美好生活和数字化转型解决方案服务商。集团始终以用户为中心，在全球设立了 10 大研发中心、71 个研究院、35 个工业园、138 个制造中心和 23 万个销售网络，连续 4 年作为全球唯一物联网生态品牌蝉联 "BrandZ 最具价值全球品牌 100 强"，连续 14 年稳居 "欧睿国际全球大型家电零售量" 第一名，2022 年全球营业收入达 3506 亿元，品牌价值达 4739.65 亿元。集团旗下有 4 家上市公司，子公司海尔智家位列《财富》世界 500 强和《财富》全球最受赞赏公司。该集团拥有海尔、卡萨帝、Leader、GE Appliances、Fisher & Paykel、AQUA、Candy 等七大全球化高端品牌和全球首个智慧家庭场景品牌三翼鸟，构建了全球引领的工业互联网平台卡奥斯 COSMOPlat 和大健康生态品牌盈康一生，旗下创业加速平台海创汇已孵化 7 家独角兽企业、102 家瞪羚企业和 120 家专精特新 "小巨人"。海尔作为实体经济的代表，持续聚焦实业，布局智慧住居和产业互联网两大主赛道，建设高端品牌、场景品牌与生态品牌，以科技创新为全球用户定制个性化智慧生活，助推企业实现数字化转型，助力经济社会高质量发展、可持续发展。

海尔集团通过名牌战略、多元化战略、国际化战略、全球化战略、网络化战略有效实施了跨越式发展。数字化转型与管理不仅是数字时代企业管理学的重大研究领域，也是企业顺应发展潮流所必须采取的战略选择。链群合约是企业数字化转型的重要模式，从根本上重构了企业价值创造系统和运作系统，形成了圈层结构的组织生态。链群合约植根于数字经济、社群经济和企业生态协同发展，是数字技术驱动的制造企业转型与创新的新模式，呈现了开放式、非线性、动态性和共享型的生态化经济关系，生成了典型的数字商业生态系统。

从组织形式看，链群合约一定程度上投射了费孝通先生 "差序格局" 对应的圈层结构。费孝通（1948）提出"差序格局"的概念解释我国传统社会结构，认为社会结构格局差别引起了不同的道德观念，差序格局是由以个人为中心向外扩散的无数社会关系，它是动态伸缩的，所以在对一件事或人的态度上会根据它的背景、关系者、亲密度作出不同反应。由此维持中国乡土社会秩序的不是"法"而是"礼治秩序"。因此，具有圈层结构的链群合约建构从组织形式上解释了链群是怎样组成的，合约是怎样建构的。

链群中的小微组织及其合作方的关系是相互依赖的，在处理链群合约时，链群是根据其中节点相互连接的可能性、可靠性和应用场景作为决策情境，在不同情境中采取不同的流程和处理方案的。链群的差异化构成对应不同需求者和不同应用场景，那么"合与礼就是这些行为合乎该社会的行为准则"，协同共生的同时，除了"合约"，链群节点行为更多可能是基于不同圈层协作的隐性知识和默契，可能是基于文化和协作传统认同产生的信任、依赖和克己复礼。阎云翔（2006）认为，费孝通所讲的差序格局是个立体的结构，包含纵向的刚性的等级化的"序"，也包含横向的弹性的以自我为中心的"差"。具有圈层特征的链群可大可小、可近可远，且符合 Rifkin J.（2017）提出的布式的、点对点对等的、基于物联网的横向规模经济组织形式，由此匹配不同决策情境的链群节点间连接（短程、中程或长程）经由交叉网络效应具备了横向动态伸缩性，以"人单合一"为中心生成了"差"。链群合约的"合约"则以"序的再生产"形式，通过数字平台治理进行行为规范、资源配置、激励设置等以维系圈层组织形式。

数字平台治理可被视为平台方在协调多方能力的过程中为解决市场摩擦建立的规则、约束和奖励。平台设计指平台方为实现治理目标构建并实施的特定工具和设计特征。平台治理与平台设计决定了价值创造活动的类型、参与实体、参与形式、自主程度以及共享愿景，对于价值创造和价值获取至关重要。海尔卡奥斯COSMOPlat 是具有中国自主知识产权、引入用户全流程参与体验的工业互联网平台。平台以共同进化、增值分享为宗旨，通过大规模定制的模式创新、信息技术与制造技术相融合的技术创新，以及跨行业、跨领域的小微创业机制创新，成为一个多边交互、增值分享的赋能平台，新物种不断涌现的孵化平台，以及各类创客创业创新的双创平台。通过做强平台能力、做专模块平台、做深垂直行业、拓宽区域复制和产业集群，构建"大企业共建、小企业共享"的产业新生态。在国内国外赋能不同行业、规模的企业数字化转型：（1）在国内，卡奥斯通过与各地区共建公共服务平台，打造区域转型样板、产业示范园区，带动产业集聚，促进区域经济高质量发展。（2）在海外，卡奥斯在海尔自有工厂进行复制，逐步对海外本土企业进行推广和赋能，共建数据框架与标准，推动全球产业变革。由此可知，卡奥斯是数据技术与工业系统全方位深度融合所形成的应用生态，具备工业智能化发展的关键综合信息基础设施特征。本质上，机器、原材料、控制系统、信息系统、产品及产销者之间的交叉互联，通过对需求的全面深度感知、数据实时交互、轻量计算处理和智能建模分析，实现智能运作和生产组织变革，形成基于数字平台的工业应用链群圈层。链群中的资源按照圈层结构的模式配置生成合约从而共同维系了整个 COSMOPlat 应用生态的共生秩序。

一、链群合约组织形式

链群合约数字平台支持链群节点低成本海量协作连接，以人单合一为中心的链群节点可以多态集聚，当节点达到一定规模，数字平台支持响应泛在需求且智能调度有效时，链群生态系统具备了复杂网络特征。链群合约中的节点高度异质，从举单开始，抢入的体验链群和创单链群就是面向引领目标的差异化功能节点集聚。人单合一的产品内嵌于整个服务过程，当数字平台能够支持超网络模式的链群业务时，链群合约具备了规模服务的条件。

1. 响应泛在需求的小世界业务

链群合约的小世界业务模式是指面向人单合一产生的链群生态系统高聚集性和链群节点间协作有效性并存的模式。Watts J. D. 和 Strogatz S.（1998）提出了著名的"小世界网络"模型，该模型基础的点阵图结构产生了局部集聚的网络，而随机的重连规则大大减少了平均节点间的距离。

在具有一定规模节点的链群生态系统中，泛在需求的随机性使得链群节点间重连概率 p 大于 0 小于 1，以人单合一为中心的链群聚集系数则远大于零，则小世界业务模式即链群节点存在长程连接使得网络特征路径长度急剧变小，即链群节点间可以有效协作。链群合约数字平台需要能够响应泛在需求，即链群节点达到一定规模，响应泛在需求生成的重连概率 p 在一定取值范围内，链群网络具有高集聚系数和小世界性质；否则，当链群节点间重连概率 p 趋近于零时，节点间有效协作的形成对特征路径长度会产生很强的非线性影响，除了需要协作的链群节点会受影响，其他周边节点也会受到影响。

小世界业务的链群关注两个要素：一是以人单合一为中心形成的链群的集聚系数，高的链群集聚系数反映了某个"人单合一"能否有效完成；二是以网络特征路径长度表征的节点间协作关系，即使链群节点距离很远，甚至之前不存在连接，链群合约数字平台支持响应泛在需求的任何长程协作。在链群的小世界业务模式中，几乎任意链群间都存在连接子网络，大多数链群节点间存在协作捷径（即平均最短路径）。Cohen R. 和 Havlin 研究认为，存在白噪声的小世界网络中，会出现随机同步，即白噪声有助于链群生态系统对中等噪声强度进行更好的同步。

2. 支持规模创新的无标度业务模式

某位创客发现一个商机可以提出。论单人要明确商业模式、盈利模式等内容，且单要符合集团的战略方向。如智家构建美好生活、智慧生活的战略方向下，单的商业模式可不可行？差异化在哪里？盈利模式能否让各方都受益？基于此再研究这个单应该有多大的市场规模、现在市场里有多大规模、要做到一个什么样的规模等问题。从举单开始，所有节点都可以被抢入，创单链群对应从企划到设计再到供应链等节点，体验链群需要从区域到物流到服务等和用户体验相关的节点。链群通过平衡风险和利润贡献生成。从论单到举单到生成链群，优先连接规则贯穿其中。如智家可行商业模式需要哪些要素，是否根据这些要素按重要性排序生成连接；差异化存在哪些方面，正向影响要素同样可以按影响大小连接；盈利模式的受益方有没有序，是否按这个序建立连接；创单链群和体验链群的每个抢入节点都考虑功能、风险和盈利能力等，根据实际决策情境抢入节点并根据需要建立多重多态连接并生成链群。人单合一决定了链群节点的高度异质性，具有相同功能的同质节点只增加成本。因此，以人单合一为中心的链群可以通过优先连接规则生成高度异质性网络，当节点规模足够，链群生态系统趋向于无标度网络。

链群合约的无标度业务模式是指链群生态系统中具有集群连通性和异构联通性的链群呈现出的涌现行为和相变特征。Barabasi A.（1999）提出无标度网络，指出无标度网络中其各节点之间的连接状况具有严重的不均匀分布性，即网络中少数称之为 Hub 点的节点拥有极其多的连接，而大多数节点只有很少的连接。少数 Hub 点对无标度网络运行起着主导的作用。例如，海尔食联网"一件烤鸭"原始链群，拥有 27 个节点和 47 条连接，网络密度 0.134，平均路径长度 2.476，平均聚类系数 0.502，其中主厨和具有网器作用的"智慧冰箱"节点度值分别是 7 和 12，介数中心性分别是 28.8504 和 123.5433，网络还包括 13 个介数中心性为 0 的节点。无标度业务模式意味着链群合约的圈层结构有底层的 Hub 点和外层的辅助节点。虽然具体的人单合一链群节点是按照满足需求形成的功能节点集聚，但从组织形式上，Hub 点影响了链群结构的完整性，Hub 点的损失更可能带来网络巨连通分支的规模塌缩。同时，无标度业务也具有鲁棒性的特征，即随机需求或突发状况影响不大。

链群合约的无标度业务支持规模创新。优先连接规则使得对应链群节点具备累积优势，在动态可生长的网络组织形式下，从统计上这些节点具有创新孕育创新的能力。因此，考虑无标度业务模式的规模创新能力，数字平台需要具有调优治理功能，即有能够修正链群节点的累积优势机制。

二、组织形式创新治理

具有圈层结构的链群合约"序的再生产"通过数字平台治理实现。不同于现有应用经典机制设计理论，通过激励和控制的数字平台治理研究，链群合约既是一种行为规范，又是适应情境的共享默契与协作模式，链群合约的数字平台治理机制旨在自以为非、持续进化。"序的再生产"是形而下的，基于人单合一的实践，面向链群合约的情境，且具有充分的实践性和操作性。有学者指出基于人单合一模式的物联网时代组织管理新范式，更深一步地触达"大规模定制"的难题，即如何实现以消费需求驱动大规模制造，本质涉及"产销协同"的核心，即利用物联网等技术架构层面的连接，精准识别、辨析、转化用户的定制化需求，并在用户的体验"场景"中实现定制化需求的创造与适配，完成供应链和用户需求的价值传递与价值共创。以人单合一为中心的链群合约在不断迭代组合中找到"序的再生产"的收益递增状态，整合随波逐浪、月印万川的框架体系，上善若水、大制不割的管理哲学和执一不失、能君万物的商业模式（胡国栋，2021），从而在收益递增过程中以"序的再生产"表征"涌现秩序"，并通过组织形式助力实现"人的价值最大化"。汪丁丁（2013）认为，复杂性的本质是"涌现秩序"，而"涌现"的本质是怀特海在《思维方式》里阐述的"过程"。Kauffman S. A. 指出网络结构变得足够复杂，复杂和"自组织"行为就会涌现出来。Hayek 应用了扩展秩序而不是自发秩序表述"我们文明由以发生并赖以生存的东西精确地说只能够被描述为人类合作的扩展秩序"。链群合约"序的再生产"是实现 Hayek "扩展秩序"的一种具体方式。从理论上看，"序的再生产"是链群生态系统的"自发秩序"并且适应"人单合一"变化，秩序能够"不断扩展"。从应用上看，"序的再生产"的主线可以描述为在变化中保持的协同性，有组织的复杂性以及目标导向性。

"序的再生产"之于链群合约数字平台建构就是治理机制能由复杂性提取目的性有序，有序的增加表现为目的性结构的链群生态系统维系圈层组织形式韧性。"共生多样性的增加"是 Arthur W. B.（1999）给出的复杂性随进化增加的第一个机制。由人单合一生成的链群初始时，节点更迭多是取代不完备功能或缺乏竞争力的先前存在的节点，共生多样性的增加不明显。随着时间的推移，当链群节点开始提供生态位，且生态位使得新的节点接入链群时，共生多样性就进入了链群生态系统的正反馈通道，即多样性本身促进了进一步链群合约可能的多样性。链群的规模与功能取决于人单合一的要求。链群生态系统中的链群数量不断地增加能够突破系统性能限制，扩展其运行范围或处理异常状况。但是，如果新链群对旧链群的功能替换发生在圈层结构的基底附近，那么系统复杂性塌缩的概率就较高（Arthur W. B., 1999），即在一个共生进化系统中，多元化是扩展还是塌缩，很大程度上取决于链群的圈层结构。

"结构深化"是 Arthur W. B.（1999）给出的复杂性随进化增加的第二个机制，即复杂性可以通过结构复杂性增加而增加。结构深化可以是链群内结构越来越复杂，也可以是链群节点的策略越来越复杂。通过结构深化，链群具备更多功能、适应更广范围、服务运行更流畅且可靠性更高。在链群内部存在节点组织化过程，链群内部随时可能由新的"单"或创新要素增加催生一个或多个子链群。例如，海尔食联网"一键烤鸭"链群根据用户需求迭代出了减脂版烤鸭、风味烤鸭以及片制烤鸭等。通过循环迭代推进，原来的链群就被更深层次的功能和子功能所涵盖，从而扩宽了链群的适应范围，对应链群结构也就变得更加复杂了。

"捕获软件"机制是 Arthur W. B.（1999）给出的复杂性随进化增加的第三个机制。可以解释为链群不断接入新节点产生新连接，改进互动规则，拓展协作范围以实现人单合一，不同链群相互作用、共生进化使得链群以自展方式，在自我引导下从简单到复杂。Maturana H. 和 Varela F.（1980）用自我建构表示自我维持的过程，即系统作为一个整体运转，不断产生出系统本身的构成组分。新链群是由创单链群和体验链群集聚而成的，新链群又会作为创单链群或体验链群生成更进一步的新链群，生成的新链群选择有效的协作形式满足新的需求，这个过程中链群是自组织、自学习和自适应的。

因此，链群合约数字平台建构从治理机制方面有如下考虑：一是在共生多样性过程中通过影响圈层结构形成发挥作用，如开辟新的生态位并规划局域圈层结构，布局诸如网器这类靠近圈层基底的资源节点，识别圈层稳态网络。周光召（2002）认为，开辟新的生态位是实现系统内协同进化的好策略。非线性相互作用，使得某些过程对环境条件非常敏感，自动反馈和调控的机制对增加系统的适应性和保持系统结构的相对稳定是非常关键的。理论生态学的 May's 理论指出，高度多样化的生态系统一定减少了复杂性。许多生物谱系在很长时期内复杂性没有明显增加，如蟑螂和马蹄蟹，而寄生虫谱系则在进化中明显出现形态复杂性的减少。即共生多样性机制是双向机制，节点数量相同的链群，节点相互作用的复杂性可能差别很大。各种类型的链群的底层网络有可能相似，但是状态不同。Mayfield E. J.（2018）认为，许多复杂网络都有大量的稳定状态，每种状态体现了网络的一种特定稳态。即稳态越多，底层的网络从而链群就越复杂。二是结构深化机制。结构深化与链群自身结构复杂性和共生多样性机制相关，即链群结构深度与系统复杂性有关，并要满足链群共生多样性的增长要求。Simon H.（1962）在《复杂性的结构》一文中指出，复杂系统最重要的共性就是层次性和不可分解性。于景元（2016）认为，通过组织、改变、调整系统组成部分或组成部分之间、层次结构之间以及系统环境之间的关联关系，使它们相互协调与协同，也就是把整体和部分辩证统一起来，从而在系统整体上涌现出我们希望的和最好的功能，就是系统管理的基本科学问题。具体操作时，工业工程领域通过工具、流程、方法等强化正向设计（李乐飞），可以在"系统上涌现出我们希望的和最好的功能"。链群节点策略复杂性也影响了结构深化机制。协同共生环境下，链群节点的成功策略将迅速被复制繁衍，不断进化的策略创造了新策略可以利用的生态位，策略多样性不断增加，策略的结构深度也随之增长。Arthur W. B. 认为，与第一个"共生多样性的增加"机制一样，链群结构深化也是双向机制。Lindgren K.（1991）设计了策略进化试验，通过重复囚徒困境博弈展现了策略共存、生成新策略、自发出现共生、系统崩塌、静止状态和不稳定状态交替等，说明了新的、结构更深的策略可以破坏旧的系统多样性，也可以在新的，更深的策略中引发新一轮的复杂性增长。Koza J.（1992）通过遗传编程算法表明算法表达式的结构深度与搜索代数之间的存在间歇性反转。Holland J.（1992）和他的学生们通过实验说明进化算法可以被设计成既能增加复杂性也能减少复杂性。

实际操作中，平台方大多是通过数字化工具来实现预期的治理结果，如阿里巴巴和京东运用即时通信技术使得互补方能够及时获取顾客信息，并且能够及时回应顾客的请求；滴滴和 Lyft 运用加密技术从而限制互补方的不当行为；Android 部署了一个模块化结构，允许互补方自主进行价值创造活动。由链群圈层结构特征，应用 Rendanheyi-OS 来实现链群合约数字平台治理。

链群共赢进化生态（张瑞敏，2019）是典型的数字经济时代企业组织形式，是"人单合一"模式下的新范式。链群（张瑞敏，2019）是小微组织及其合作方共同创造用户体验迭代的一种生态链。链群生态就是由创单链群和体验链群以及增值分享驱动机制构成的生态系统。创单链群与体验链群就像两个相互协同又相互制约的维度，它们的目的是打通一切中间流程，让创单与体验一体化（张瑞敏，2021）。链群是自组织、自驱动、自增值和自进化的，现有链群节点通过增值分享提升用户体验，企业间按比例分享增值收益，实现自增值，即为链群合约。区别于现有平台，基于链群合约的人单合一数字化平台需求特征如下：（1）人单合一的"人"，要求数字化平台支持不确定复杂交互和随机动态按需定制；（2）人单合一的"单"，要求海量且轻量的各类计算、传感设备以及对应的复杂管理调度与知识整合。同时物联网的多场景产生了低延迟更可靠的刚需，而应用的多场景对链群合约数字化平台提出了新的实时共性需求。

　　具有场景特征的操作系统已经大量出现，这些系统多是从实时嵌入式系统（RTOS）发展而来，通常内核小巧，多运行在资源受限的微控制单元（MCU）或单片机上，常见处理器为 ARM Cortex-M 系列。如阿里巴巴公司推出以驱动万物智能为目标的移动操作系 AliOS，目前在智慧家庭、智能工业、智慧农业等行业有了广泛的应用，真正做到了"JS/Python 也能轻松开发智能硬件"。Huawei LiteOS 是华为公司推出的轻量级物联网操作系统，它目前已经适配了众多的通用MCU 以及 NB-IoT 集成开发套件。Huawei LiteOS 具备轻量级、低功耗、互联互通、组件丰富、快速开发等关键能力，基于物联网领域业务特征打造领域性技术栈，为开发者提供"一站式"完整软件平台，有效降低开发门槛、缩短开发周期，可广泛应用于可穿戴设备、智能家居、车联网、LPWA 等领域。还有物联网节点操作系统，如 FreeRTO 是市场领先的微控制器和小型微处理器实时操作系统（RTOS）。FreeRTOS 的构建强调可靠性和易用性。FreeRTOS 在 2016 年被 Amazon公司正式收购，Amazon 将自己的 AWS 服务内嵌到 FreeRTOS 系统中，并于 2017年推出了集成无线连接、安全、OTA 等功能的物联网操作系统。Amazon FreeRTOS 版本提供了跟 AWS 相关的软件库，方便用户将物联网功能集成到设备中去，其提供的软件库还支持 TLS V1.2 协议，可以帮助设备安全地连接到云。此外，Amazon FreeRTOS 设备可以直接连接到 AWS IoT Core 等云服务，也可以连接到 AWS Greengrass 等本地边缘服务。RIOT 是一个由草根社区开发的免费、开源的操作系统，聚集了公司、学术界和爱好者，分布在世界各地。RIOT 旨在实施所有相关的开放标准，支持连接、安全、耐用和隐私友好的物联网。Zephyr 是开源和中立治理，支持多种硬件架构，占用空间小。μC/OS 是功能齐全的嵌入式操作系统，包括网络、通信和文件系统，能够移植到 50 多种架构。RT-Thread通过在线的软件包管理工具，配合系统配置工具实现直观快速的模块化裁剪，并且可以无缝地导入丰富的软件功能包，实现更加复杂的功能。Linux 在服务器、桌面操作系统、嵌入式、云计算和大数据等领域占据了广阔的市场。RT Linux 和 uClinux 是两个比较有代表性的基于 Linux 的物联网操作系统：RT Linux 将 Linux 本身的任务以及 Linux 内核作为优先级很低的任务，而将负责物联网应用的实时任务作为优先级最高的任务来执行。uClinux（Micro Control Linux）

是从 Linux2.0/2.4 内核派生而来，是专门针对没有 MMU（内存管理单元）的 CPU，并且为嵌入式系统做了许多小型化的工作。具有体积小、稳定、良好的移植性、优秀的网络功能、完备的对各种文件系统的支持以及丰富的 API 函数等优点。

我国梅宏院士领导开发的 XiUOS 矽璘工业物联操作系统，是面向工业物联网场景的泛在操作系统，支持工业物联网应用，帮助解决在车间内实施智能化生产面临的"全面感知、泛在互联、智能分析、精准调控"等问题，促进工业领域人机物的深度互联和融合计算，使能智能制造。XiUOS 是一种工业物联网操作系统，目标是通过工业物联网的部署和应用，促进工业领域人、机、物的深度互联，促进工厂的数字化转型升级，使能智能化工业生产新体系。泛在操作系统（Ubiquitous Operating Systems，UOS）是面向人机融合泛在计算场景的一类新型操作系统。UOS 支持新型泛在计算资源的管理和调度，以及泛在应用的开发运行。

Rendanheyi-OS 是基于场景数据且具备知识整合能力和多维认知能力的，对应人单合一能够泛化计算场景，感知环境变化并实现多功能多圈层链群协同。由此，Rendanheyi-OS 要求能够无缝融入应用场景且具有泛在交互、持续集成、轻量计算、迭代认知、多路反馈等新特征新形态。泛在计算操作系统（梅宏，2018）一定程度上满足了 Rendanheyi-OS。Weiser M.（1991）提出，泛在计算是指计算无缝融入物理环境，无处不在、无迹可寻。泛在计算的环境多变、需求多样、场景复杂，要求硬件资源、数据资源、软件平台、应用软件具有柔性灵活的软件定义能力、动态适配能力、泛在互联能力和自然交互能力。梅宏等指出泛在操作系统是对人机物融合场景与计算环境各种实现感知、运算、通信、执行、服务等能力的异构资源进行合理有效抽象，需要领域特定的程序设计模型，以更好适应从硬件等"有形"资源虚拟化向数据、知识等"无形"资源虚拟化延伸；并且，通过软件定义途径满足跨组织域的资源管控与配置需求，支持泛在应用的构造。

区别于现有 UOS，Rendanheyi-OS 支持参与者共创共享场景的体验迭代，反映参与者的场景行为特征。由此，Rendanheyi-OS 存在面向场景的行为感知预分析层，见图 7.1，物联层包括节点层和网络层，系统层主要完成面向节点的系统管理功能，例如内存管理、调度管理及设备管理等，其中的 Rendanheyi-OS 根据应用需求差异定制化其内核。行为感知层对应人单合一中的"人",根据实时需求、应用场景和经验信息等,识别参与者可能的场景行为分布并进行参数估计。通过行为感知识别与应用场景配置,生成对应的链群结构。而不同的行为特征和应用场景配置可以生成具有圈层结构的一般链群组织形式。

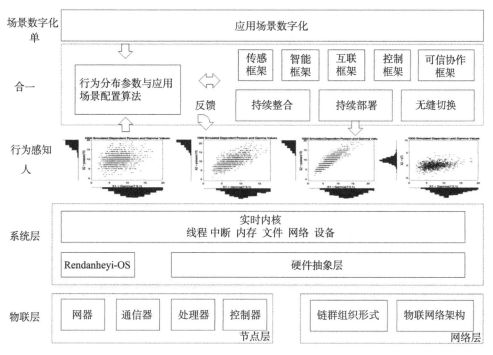

图 7.1 面向人单合一的 Rendanheyi-OS

三、服务型制造模式创新

数据作为经济资源和战略资源的重要性不断增加(UNCTAD,2021)。有效拉通数据、应用数据、治理数据不仅是企业数字化的现实问题,也是重组经济资源和战略资源的重要途径。数字平台是目前解决上述问题的主要途径之一。Fabo et al. (2017)指出数字平台是一种快速演化的商业模式。Parker et al. (2016)定义数字平台是旨在实现外部生产者和消费者之间价值创造互动的开放性、参与性的基础设施及其治理规则。本质上，数字平台是参与者共同治理模式基于数字技术的一种表现形式，数字平台具有工具性和一定限制性特征，即一方面平台支撑了企业数字经济活动，另一方面平台之间的壁垒和平台惯性限制了企业经济资源和战略资源的持续重整和优化。参与者共同治理模式泛指基于可聚、可散、可控的组织形式建构的具有"序的再生产"的生态模式，且不同数字平台间可拉通、多模态支持平台可泛化、去某平台不影响企业生态。

链群合约作为"人单合一"组织形式具有基本的参与者共同治理模式。链群合约高效连接了需求和供给进而形成高位资源，其价值共创机制是资源节点在数字经济时代超行业跨区域多交叉性的共同体架构，其增值分享机制是解析链群参与者互动机理行为规律的创新引擎。张瑞敏（2021）认为，链群共赢进化生态是典型的数字经济时代企业组织形式，是"人单合一"模式下的新范式。链群合约重构了价值创造系统，变革了价值运行系统，对抽象数字化管理理论研究具有重要意义。链群合约组织形式与数字经济、社群经济和企业生态系统研究相互交叉，参见图7.2。在数字技术创新应用和中国情境的企业数字化转型的实践背景下，链群合约通过数字社群和数字生态促进企业组织形式变革，进而引起创新模式和参与者共同治理体系全面重构，已经积累了代表性实践成果（如海尔集团）。对进一步凝练数字共同体治理框架，抽象我国特色的现代管理技术与方法具有重要的实践价值。

1. 价值共创与参与者共同治理

参与者共同治理模式旨在改进价值共创，参与者之间通过互动/协作互为主观性参照从而持续性重构资源配置、优化价值贡献，桥接增值共创行为并生态化多应用场景。张瑞敏（2021）提出的生态品牌就是把原来单打独斗的企业整合为一个生态的有机联合体，构建以增值分享为核心机制和共同进化的商业生态系统。邢小强等（2021）研究认为，如果平台企业在履行社会责任的同时还能为自身带来新的商业或经济价值，就实现了共享价值创造，这也代表了未来企业应对复杂经济社会问题的新方向。Sammarra 和 Biggiero（2010）分析了如何将异质性资源整合的内生性和外生性相结合，并有序、动态地逐步构建能力资源集合体来创造更多价值是面向资源约束条件下获取竞争优势的关键。刘键等（2021）通过

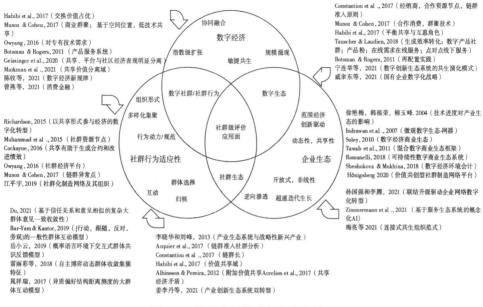

Habibi et al., 2017（交换价值占优）
Munoz & Cohen, 2017（商业群聚；基于空间位置，低技术共享）
Owyang, 2016（对专有技术需求）
Botsman & Rogers, 2011（产品服务系统）
Geissinger et al., 2020（共享、平台与社区经济表现明显分离）
Markman et al., 2021（共享价值分离域）
陈收等, 2021（数字经济新规律）
曾燕等, 2021（消费金融）

Richardson, 2015（以共享形式参与经济的数字化转型）
Muhammad et al., 2015（社群资源节点）
Cockayne, 2016（共享有助于生成合约和改进绩效）
Owyang, 2016（社群经济平台）
Munoz & Cohen, 2017（链群异常点）
江平宇, 2019（社群化制造网络及其组织）

Du, 2021（基于信任关系和意见相似的复杂大群体意见一致收敛性）
Bar-Yam & Kantor, 2019（行动、跟随，反对，旁观）的一般性群体互动模型）
岳小云, 2019（概率语言环境下交互式群体共识反馈模型）
雷丽彩等, 2018（自主博弈动态群体收敛集簇特征）
晁祥瑞, 2017（异质偏好结构距离测度的大群体互动模型）

Constantiou et al., 2017（经销商，合作资源节点，链群准入原则）
Munoz & Cohen, 2017（合作消费，群聚技术）
Habibi et al., 2017（平衡共享与互惠角色）
Tauscher & Laudien, 2018（生成效率转化；数字产品社群；产品粉；在线需求在线服务；点对点线下服务）
Botsman & Rogers, 2011（再配置实践）
宁连举等, 2021（数字创新生态系统的共生演化模式）
戚聿东等, 2021（国有企业数字战略）

徐艳梅, 韩福荣, 柳玉峰, 2004（技术进度对产业生态的影响）
Indrawan et al., 2007（微观数字生态-网器）
Soley, 2010（数字经济商业生态）
Tawab et al., 2011（混合数字商业生态框架）
Romanelli, 2018（可持续性数字商业生态系统）
Sheshukova & Mukhina, 2018（数字经济环境会计）
Hönigsberg 2020（价值共创型社群制造网络平台）

孙国强和李腾, 2021（联结升级驱动企业网络数字化转型）
Zimmermann et al., 2021（基于服务生态系统的概念化AI）
梅亮等 2021（连接式共生组织范式）

李晓华和刘峰, 2013（产业生态系统与战略性新兴产业）
Acquier et al., 2017（链群准入社群分析）
Constantiou et al., 2017（链群长）
Habibi et al., 2017（价值共享域）
Albinsson & Pereira, 2012（附加价值共享 Acrelien et al., 2017（共享经济矛盾）
姜李丹等, 2021（产业创新生态系统双转型）

图 7.2　链群合约关联研究内容关系

服务经济中价值共创研究，揭示了服务共创价值中各参与者的角色以及资源智能配置方式。Corsaro（2019）指出价值共创管理需要考虑与其他价值过程的复杂相互联系模式，揭示价值分配对价值共创的中心作用，以及价值表述对协调各种想法和发现未来价值共创机会的重要性。Hansen（2019）分析工业互联网共同生产和使用价值的结合。车培荣和王范琪（2019）通过小米公司阐述了价值链到价值网的价值创造路径中，企业核心盈利能力和建立开放式价值网是价值网构建成功的重要保证。陈茜（2019）认为，海尔的生态组织形态中，链群将海尔平台上的小微、创客、资源方各个利益主体，与用户紧密地连接、交互，从而为企业创造终身用户，是典型的"增才组织"，是属于未来的泛组织革命。链群建构的商业生态系统是共生、互生和重生的。其中，共生就是所有利益相关者一起共创用户体验。

现有参与者共同治理大多是由数字平台治理实现的。Cennamo（2019），Constantinides、Henfridsson 和 Parker（2018），Gawer 和 Cusumano（2014），

McIntyre 和 Srinivasan（2017）以及 Thomas、Autio 和 Gann（2014）解释数字平台是促进通信、互动和创新以支持经济交易和社会活动的数字系统。理论上对数字平台的分类研究主要考虑业务运作的基本要素，例如 Oxera（2015）基于在线属性考虑了价值链流程分类；Ardolino et al.（2016）聚焦了平台主要功能分类；Srnicek（2017）着眼于业务类型和收入模式的分类；UNCTAD（2018b）主要考虑了中介交易的目的和性质。实证方面主要是基于数字平台和二级数据来源的治理规则对数字平台进行分类研究，如 JP Morgan（2016）区分了不同平台方及其对平台收益的依赖程度；Evans & Gawer（2016）按地理位置和主要经济活动部门分类数字平台；Täuscher（2016）基于商业模式的系统框架将数字平台分为 6 类并分析了对公司绩效的影响。UNCTAD 2019 从底层操作将数字平台分为两类：交易平台和创新平台（Gawer，2014；Koskinen et al.，2018；Parker et al.，2016）。其中，交易平台（双/多边平台或双/多边市场）是支持多方（在线）交易的基础设施，是 Amazon、Alibaba、Facebook 和 eBay 等数字公司以及支持数字化行业的企业，如 Uber，滴滴出行及 Airbnb 的核心模式。创新平台是公司、行业或部门使用在一系列产品中共享的组件和子系统资产的方式（Krishnan and Gupta，2001）。例如，操作系统中的 Android 或 Linux，技术标准 MPEG video 等。Sturgeon（2017）指出，交易平台和创新平台在相互叠加，比如 Google 在 Android 操作系统方面的领先催生了交叉创新平台（Android，核心智能手机设计）和交易平台（Google Play Store，Google Search）。数字平台重新定义了商业模式，颠覆了既有行业，帮助推出新产品和服务，并为社会创造了巨大价值（Cusumano，Gawer & Yoffie，2019；Evans & Schmalensee，2010；Van Alstyne，Parker & Choudary，2016）。随着数字平台逐渐占据主导地位，平台方积累了巨大的权力和影响力，他们经常在领导关键利益相关方为其平台生态系统创造价值方面发挥重要作用（Boudreau，2010；Reischauer & Mair，2018；Rietveld, Schilling & Bellavitis，2019；Wareham, Fox & CanGiner，2014）。根据机制设计理论，有效的治理结构应该利用个体激励和信息空间来实现设计的结果（Hurwicz，2008；Maskin，2008；Mookherjee，2006；Myerson，2008）。为激励个体，治理结构应确保平台方和参与方可以通过数字平台实现各自的目标和利益（Hurwicz，1973；Hurwicz & Reiter，2006）。为了利用信息空间，治理结构应设法利用多阶可用信息来实现有效的治理过程和结果（Hurwicz，1973；Hurwicz & Reiter，2006）。从产业组织视角，数字平台被视为在互补方和客户之间进行交易和互动的双边或多边市场（Rietveld & Schilling，2021），治理研究聚焦多方依赖关系、网络效应和平台竞争（McIntyre & Srinivasan，2017；McIntyre & Subramaniam，2009）。Kretschmer 等（2020）用组织研究经典理论解释数字平台如何降低与互补方合作的成本并保障合作收益，认为具有混合型组织特征的数字平台，平台上的不同实体间存在互补关系且平台方和互补方共同决策、共享收益，其治理研究沿袭经典组织研究的激励和控制策略。此外，Gawer（2014），Kretschmer、Leiponen、Schilling 和 Vasudeva（2020），McIntyre、Srinivasan、Afuah、Gawer 和 Kretschmer（2020）将数字平台组织形式定义为"元组织（meta-organization）"，治理研究关注平台方如何管理与互补方的关系，以及互补方和各合作方的集体行动如何影响平台（Chen，Yi，Li 和 Tong，2022）。Chen L.、Tong W. T.、Tang S. Q. 和 Han N. C.（2021）通过组织治理的激励维度和控制维度研究，发现数字平台的设计特征能够反映治理授权，并且由治理授权所塑造。目前数字平台治理研究大多基于经典机制设计理论。从技术工具视角考察数字平台，有助于从系统结构方面解析参与者共同治理模式对数字平台的建构需求。

参与者共同治理模式是数字经济环境企业组织形式创新的系统性变革，是数字技术支撑的企业开放性和过程性的结构泛化，是创新导致的内生重组可利用系统，使得企业组织形式分析可容纳基本不确定性和微扰动，治理方式不再限于经典的效率改进，凸显企业生态系统特征。

2. 海尔集团的参与者治理分析

Marshall 和 Rossmang（2014）认为，单案例研究方法适合解释还未被充分理解的现象，Lee（1989）指出单案例通过情境和生动描述有助于理解对研究对象有重要意义的情况。海尔链群合约经过多年的实践已经积累了一定的实证资料，但抽象的管理理论与方法研究仍处于探索阶段。链群合约的参与者共同治理模式需要通过决策情境分析解释组织形式作用机理，结合过程描述表征模式核心特征，因此单案例研究方法适用于本探索性研究。通过海尔链群合约，本书对数字经济环境的参与者共同治理模式进行初步探索，主要目标在于通过过程性分析和开放性组织形式提炼链群参与者多样化协作行为和策略，发展系统性过程评价方法以支撑群体性价值共创行为正向演化。

链群合约是海尔集团数字商业生态的典型应用，目前应用场景实践丰富，理论探索也已展开。链群（张瑞敏，2019）是小微组织及其合作方共同创造用户体验迭代的一种生态链。链群生态就是由创单链群和体验链群以及增值分享驱动机制构成的生态系统。创单链群与体验链群就像两个相互协同又相互制约的维度，它们的目的是打通一切中间流程，让创单与体验一体化。链群是自组织、自驱动、自增值和自进化的，现有链群节点通过增值分享提升用户体验，企业间按比例分享增值收益，实现自增值。增值分享是链群中资源节点获得利润的关键，是链群自组织、自驱动和自进化动力源。链群中的小微组织及其合作方的关系是相互依赖的，在处理链群合约时，链群是根据其中节点相互连接的可能性、可靠性和应用场景作为决策情境，在不同情境中采取不同的流程和处理方案的。围绕"人单合一"的链群节点可以抽象为功能节点，即为了满足需求实现不同功能的集聚。链群构成单元为功能节点，不同功能节点后有对应的小微群体或团队支持其功能实现。

3. 链群合约一般性过程分析

一般地，链群合约一般性过程包括举单、抢单、链群契约和并联协同四步，在链群合约工作台中操作，所有链群的一般性功能支持来自三自平台，参见图7.3。从链群合约实践看，链群主在整个过程中具有特殊重要性。从举单开始，谁愿意举更高的单，谁就可以抢成链群主的角色。随着功能节点抢入，链群主对内需要搭建基本组织——创单链群和体验链群；对外需要评估市场规模、盈利能力及利润贡献等，从而确定链群目标并拆分至各个功能节点。海尔链群的目标是抢出来的。如果抢单目标是底线目标，那么链群是没有增值分享空间的。没有增值分享，这个单对节点就没有吸引力，举单发布后也不会有节点抢入。当链群功能节点缺失时，三自平台的人力平台会发布需求以促成链群形成。在举单和抢单之间，存在论单评价。抢单环节，若出现多人抢单情况，链群主或链群内部会有评估。实践中，多以链群内部互动打分或公议方式进行。从理论看，多人抢单意味着出现了功能节点博弈化，在价值共创主旨下，未考虑功能节点参与动机、节点能力和触发策略条件下，实践中的链群准入机制略显粗糙。面向新业务新生态，抢单完成后会形成对赌契约，跟投的创业团队与海尔集团按比例共享利润共担风险。链群契约环节需要考虑竞争力目标、链群组织和链群机制，其中链群机制包括分享机制和人才开放机制，链群合约增值分享即通过分享机制实现。实践中，功能节点分享比例是链群主确定的。并联协同阶段主要包括链群任务评价和功能节点评价。

从链群合约一般性过程看，链群依托的小微组织及其合作方的关系是相互依赖的，响应"人单合一"的链群构建时，是由功能节点相互连接的可能性、可靠性和应用场景作为决策情境，在不同情境中采取不同的组织结构和流程的。那么，决策情境与链群组织结构是适配的，同时，即使是同一问题、同一应用场景，其链群组织形式也可能是不同的。如海尔智慧烹饪链群"一键烤鸭"场景为例，初始状态，该场景由智慧烹饪链群、大厨和养鸭场等共创，抽象该网络资源功能节点数 27 个，即抢入链群可能是单一节点，但该功能节点所承担的工作项目是由其后整个小微团队完成的。比如"一键烤鸭"中的智慧烤箱，在抢单环节是一功能节点，而在链群契约——增值分享环节，需考虑智慧烤箱后面的技术、研发、维护等团队成员共同参与分享。从而链群组织形式是基于决策情境的适应性组织架构。链群合约的参与者共同治理模式初具形态，主要在抢单环节，链群内部互动打分或公议方式。相对而言，链群主的重要性已经超过了链群中其他功能节点。按照链群合约一般过程，参与者共同治理需互动协调的议题不单单在抢单环节，而优化的共同治理机制有助于进一步拓展链群增值分享空间，优化链群生态系统。

4. 链群合约两部分共同治理模式

链群功能节点的差异化构成对应不同需求和不同应用场景，海量节点协同运

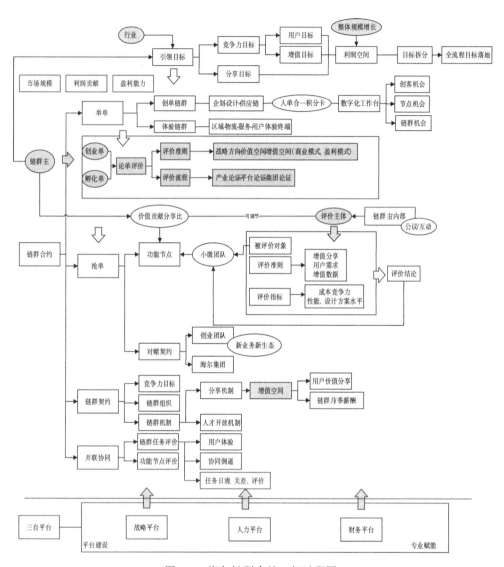

图 7.3 海尔链群合约一般过程图

作的同时，除了"合约"，链群节点行为更多可能是基于不同协作需求的隐性知识和默契，可能是基于企业文化和协作传统认同产生的信任、依赖和克己复礼。仅从链群合约组织形式类比费孝通先生"差序格局"的圈层结构。具有圈层特征的链群可大可小、可近可远，且符合 J. Rifkin（2017）提出的布式的、点对点对等的、基于物联网的横向规模经济组织形式，由此匹配不同决策情境的链群节点间连接（短程、中程或长程）经由交叉网络效应具备了横向动态伸缩性，以"人单合一"为中心生成了"差"。链群合约的"合约"则以"序的再生产"形式，通过数字平台治理进行行为规范、资源配置、激励设置等以维系圈层组织形式。

链群合约参与者共同治理模式是拉通多平台构建共同治理基础设施的，与链群合约一般过程紧密耦合，分为共同治理互动机制、共同治理选择机制两个主要部分。并且共同治理互动议题经由链群主发布在互动环节部署至功能节点，在选择机制环节反馈从而保证持续性优化治理。

在共同治理互动机制环节，链群主和功能节点的高效协同是核心环节。该环节改进措施除了已有促进功能整合，还可以通过新增随机连接、考虑链群结构信息、链群资源不同配置条件重组等测算功能节点的意见/建议是否改进，链群组织形式如何变化以及对链群契约的影响等。

在共同治理选择机制环节，通过比较测算分析上一环节的互动机制效用，对共生治理机制进行调节，有效改进机制可以通过共同治理基础设施生成"序"，其他意见和建议也可以进入共同治理基础设施辅助筛选"序"。从而多平台拉通的链群合约治理机制形成了具有"序的再生产"的生态模式。

5. 链群合约参与者共同治理模式分析

通过对海尔链群合约案例分析，本书从多参与者与链群治理策略协同及其对链群合约结构改进方向角度出发，设计旨在优化价值共创的评价模式。如图 7.4 所示，通过设计链群治理策略进行策略及组合策略测算，解析不同策略下链群结构、共生治理机制及其组织形式，其中，链群策略设计来源于链群生态系统分析，如更多的生态位，链群治理策略测算需要与应用场景适应从而具有多样性，链群共生治理机制和组织形式通过改进数字平台治理维护链群生态系统正向发展，并实现链群共创价值。

目前海尔链群合约参与者共同治理模式属于功能集结型，即以"人单合一"

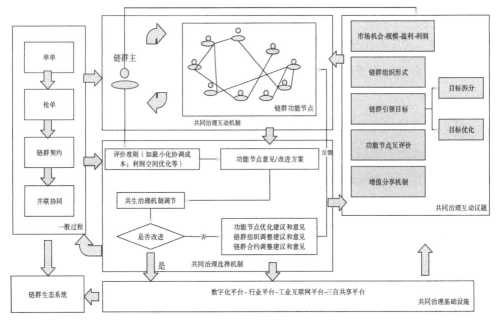

图 7.4　链群参与者共同治理模式

为中心，按项目任务工作要求的功能节点集聚，如表 7.1 所示。从举单开始，链群主综合分析市场规模和环境，根据链群任务要求确定什么样的人可以进入链群。链群主进行组织设计和初始利润空间评估，并根据功能要求设定初始的利润配置方案；当人招进链群后，该链群对如何增值分享比例进行互动协商，由价值大小分配每个人的利益；链群及小微对于项目的进度以及目标拥有决策权。三自平台主要提供专业支持并进行平台建设，如发布人员需求信息，财务指标测算等。海尔链群联合体属于联邦型治理模式。海尔集团创业 37 周年纪念会暨链群合约研究中心成立仪式上，周云杰首次提出"链群联合体"的组织新格局。链群联合体（又称链群联盟，Ecosystem Micro-community Union），由链群发展而成，是各链群以用户为中心实现自驱动、自进化，链群之间形成有机的协同，共同为用户创造更高的体验。数字平台支持多链群协同互动。随着多平台数据拉通，海量功能节点基于平台生态可以实现多模态多维度协同，同时数字平台支持响应泛在需求且智能调度有效时，形成了基于泛在需求的随机关联型治理模式。当链群节点达到一定规模，随着时间的推移，链群节点开始提供生态位，且生态位使得新的节点接入链群时，共生多样性就进入了链群生态系统的正反馈通道，即多样性本身促进了进一步链群合约可能的多样性。链群的规模与功能取决于人单合一的要求。链群生态系统中的链群数量不断地增加能够突破系统性能限制，扩展其运行范围或处理异常状况，此时形成了参与者多重关联型治理模式。具有复杂系统特征的生态型参与者共同治理模式是具有一般性的数字经济企业生态模式，呈现了开放式、非线性、动态性和共享性的功能节点经济关系，按"人单合一"可聚，有新需求可散，多链群海量节点协作可控构建了组织形式。并且，生态型共同治理模式中，链群可以自由探索其组织形态，分析具有收益递增的经济行为，解析异质性功能节点间如何平滑资源配置以实现链群共创价值。

表 7.1 　　　　　　　　　　链群参与者共同治理模式

	共同治理模式				
决策权 用人权 薪酬权	功能集结型	联邦型（复合系统）	随机关联型	多重关联型	生态型（复杂系统）
	链群/小微	链群主群	链群主群	节点协商	链群/小微
	链群主	链群主群	链群主群	链群主群	链群/小微
	功能节点群	链群/小微	功能节点群	链群协商一致	链群/小微
数字平台	业务支持机制	交易和竞争机制	平台竞争生态	平台共生生态	生态基础架构

链群合约参与制共同治理模式研究，在管理理论上是商业生态系统机理及其参与者治理网络研究，在组织形式上是生态多边多向泛在式共同体结构分析，是范围经济敏捷共生和商业生态治理体系的理论抽象，具有基础性的管理研究价值和意义。海尔集团是本土企业数字化的典型，海尔链群合约研究是面向我国数字经济与实体经济深度融合的发展战略需求，企业实践和国家战略需求，是中国情境的数字化转型与管理理论与方法体系研究，也是重构企业组织形式、价值创新

机理与模式系统性研究。

　　研究主要研究结论如下：链群合约作为"人单合一"组织形式具有基本的参与者共同治理模式。链群合约参与者共同治理模式是拉通多平台构建共同治理基础设施的，可分为共同治理互动机制、共同治理选择机制两个主要部分，并且共同治理互动议题经由链群主发布在互动环节部署至功能节点，在选择机制环节反馈从而保证持续性优化治理。链群合约参与者共同治理模式是功能集结型、联邦型链群联合体、随机关联型、多重关联型及生态型模式。本书基于我国社会学理论分析本土企业在数字经济时代对新型商业模式做出的探索和贡献，进一步凝练数字共同体治理框架，建构我国特色的现代管理技术与方法具有重要的实践价值。

第八章 华为数字化系统工程

Hess T. 等（2016）认为，数字化转型是指数字技术给企业带来商业模式转变，从而导致在产品、组织结构、流程自动化等方面的变革。它是企业与数字技术全面融合，进而提升效率的经济转型过程。崔森等（2014）指出，企业数字化转型具有数字化技术因素、组织内部因素、组织结构、宏观行业背景和微观行业环境五大影响因素。

华为数字化转型的关键不仅是数字技术与业务的匹配，技术与业务的无缝结合，更重要的是利益相关者通过企业战略对数字化达成的共识。华为所处的行业是信息与通信技术产业（Information and Communications Technology，ICT），是全球领先的 ICT（信息与通信）基础设施和智能终端提供商。据 2020 年华为公司数据显示，公司管理着 18 万个项目，全球交付数百万站点，大型项目数量仍在增长。目前华为约有 19.5 万员工，业务遍及 170 多个国家和地区，服务全球 30 多亿人口，并且公司坚持持续创新、敏捷运营，连续多年保持销售收入两位数的增长。华为在研究与创新领域不断加大投资，努力探索科学技术的无尽前沿，识别产业需求并攻克世界级的难题，以愿景和假设为牵引，与全球学术界开放合作，持续探索新理论、新架构、新技术，支撑产业长期可持续发展。持续加强基础研究，广泛探索通信、计算、AI 等领域中的基础理论问题；强压投入，推动创新升级与产业快速发展。经过 30 多年的发展，华为已经由 1987 年的通信设备销售商转变为在国际 5G 技术具有相当话语权的公司。中美贸易摩擦发生以来，华为等一批中国企业被列入美国"实体清单"，但华为海思的备份策略使华为尽可能避免了损失，这表明华为已经成为一家具有全球化能力的公司，是实现创新能力跃迁的典型代表。

2022 年公司年度报告显示，华为坚持聚焦战略，致力于打造领先的行业数字化、智能化、低碳化解决方案及工业互联网平台，见图8.1。坚持为客户创造价值，提升消费者体验，同伙伴一起发展，改善经营质量，全年实现收入人民币642338百万元，同比增长0.9%。其中，运营商业务283978百万元，企业业务133151百万元，终端业务214463百万元，其他10746百万元。从产业视角看，业务状况如图8.2所示。其中，ICT基础设施业务聚焦信息的分发、交互、传送、处理和存储，打造创新的产品与解决方案。ICT技术是数字经济的基础核心，是产业升级和推动企业发展的重要基石。在运营商市场，截至2022年年底，全球5G已进入快速发展阶段，有超过10亿5G用户，中国、韩国、瑞士、芬兰、科威特等国的领先运营商，5G用户渗透率已超过30%，5G网络承载超过30%的流量。全球超过40%的5G运营商提供了5G创新应用。2022年，华为和全球多家领先的运营商启动了5.5G及F5.5G的技术验证和网络部署；华为与产业伙伴协作，共同推进5G-Advanced的商业应用。

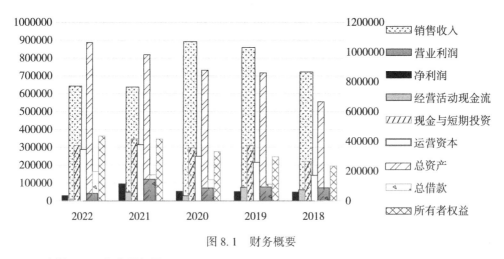

图8.1 财务概要

来源：2022年公司年报

由《华为投资控股有限公司2021年可持续发展报告》，通过TECH4ALL倡议，全球400多所学校、逾11万名师生及待业青年接入互联网，培育数字技能和提升科技素养；25个国家的32个保护地提升生物多样性保护效率；每月有超过440万视障用户使用华为终端无障碍功能；RuralStar系列解决方案为全球70

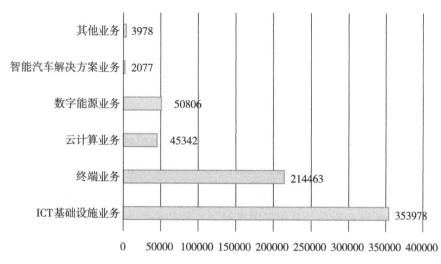

图 8.2　2022 年产业视角公司业务　单位：人民币百万元

多个国家 6000 万偏远区域人口提供联接。全球员工保障投入 150 多亿元人民币，2021 年研发费用支出 1427 亿元人民币，约占全年收入的 22.4%，对 1600 多家主力供应商开展了可持续发展绩效评估。公司年度报告（2021）显示，2021 年关键业务进展体现在推动联接，包括助力 5G 创新业务从技术验证走向商业应用，打造无处不在的智能 IP 连接，推出端到端智能云网解决方案，布局全球数据中心和网络，HarmonyOS 设备数超过 2.2 亿，HarmonyOS Connect 已有超过 1900 家生态合作伙伴，鸿蒙智联认证产品种类超过 4500 个，2021 年新增产品发货量突破 1.15 亿台；使能智能，包括昇腾 AI 助力以 AI 计算中心为代表的新型信息基础设施建设，欧拉成为面向数字基础设施的开源操作系统，发布华为云盘古系列预训练大模型、天筹 AI 求解器等技术，发布 HarmonyOS 智能座舱、4D 成像雷达、MDC810、华为八爪鱼自动驾驶开放平台和智能热关联系统；促进体验，包括以 HarmonyOS 和 HMS 生态为核心驱动和服务能力的五大应用场景，全场景智慧生活体验，发布 HMS Core 6；数字平台，包括构建全球超 700 多个城市、267 家世界 500 强企业为数字化转型伙伴，市场合作伙伴超过 30000 家的企业数字生态，上线 220 多个云服务、210 多个解决方案，全球合作伙伴超 3 万家，260 万开发者，云市场上架应用超 6100 个，aPaaS 提供全流程、一站式开放平台，使能行业场景化创新，助力行业数字化转型。

华为公司成立于 1987 年，以代理香港交换机产品为最初的业务。1989 年，国家进口政策缩紧、代理市场竞争激烈。为了摆脱被动竞争的局面，在对市场及技术预测的基础上，1990 年起，任正非开始购买设备、引入研发人员等，并决定自行组装交换机，以华为的品牌进入市场。通过这些举措，华为顺利完成了从代理商到生产商的角色转变，进入生产制造领域，自行开发交换机。1993 年，郑宝用成立了数字机组，对研发体系进行变革。在组织技术基础较差的情况下，华为通过对技术研发的绝对投入，不断扩大研发规模，引进高校人才，倡导"发展核心技术，研发自有品牌"。实现创新的主要途径是技术人员在对购买来的样机进行不断的拆解和模仿，且仍局限在对"程控代码的改编"以及对现有成熟技术的重组，属于对技术轨道的扩散。技术范式演化呈现以模仿为主的跟随式线性演进。为了避免研发浪费，华为一开始就提倡内部成果共享制，降低研发成本。除此之外，由于员工数量的迅速增长，华为原有的管理制度体系受到挑战，1996 年，华为基本法的制定工作启动，激励制度随之变革。1993 年起，华为加大对移动通信技术系统的研发，1997 年推出全套 GSM 系统和 QuidwayS2430 因特网交换机。

业务领域包括运营商业务、企业级业务、消费者业务、华为云业务。在通信设备与 5G 通信领域，华为已经位居全球第一；在企业网络设备和智能解决方案领域，华为已经做到了全球第二，仅次于思科；消费者业务领域华为已经做到了世界第三，仅次于苹果和三星。2019 年 6 月 6 日，作为全球唯一能够提供端到端 5G 商用解决方案的通信企业，华为获得了中国工信部 5G 商用牌照。

一、数字化转型系统构建过程

华为数字化转型起点始于 IT（IT Strategy and Planning, IT S&P）战略规划项目的启动。从美国访问学习回国后，任正非对 IBM 的产品研发流程化管理能力印象深刻。考虑 IBM 与华为没有直接竞争关系，华为决定与 IBM 深度合作，系统性向 IBM 学习西方管理体系。自 1993 年，华为成功推出核心产品 C&C08 程控交换机，具备了一定的市场优势，但是产品尚存在明显短板。华为向 IBM 学习的初衷是借鉴 IBM 成功的产品管理经验。IT S&P 项目是华为第一次以业务战略为基础，推出管理变革和数字化战略。基于 IT S&P 项目对数字化组织的定位即 IBM 顾问的支持，华为建立了 BT&IT（Business Transformation and Information Technology）管理体系，见图 8.3。BT&IT 管理体系是业务与 IT 融合的管理框架，是用以支持变革、流程和 IT 有效运作的管理支持系统，包括了对公司变革、流程、IT 的业务目标、管理需求、业务愿景、管理政策、管控团队、绩效管理等要素，通过匹配公司战略目标，将管理、流程与 IT 和组织有效整合，形成一体化变革路标。

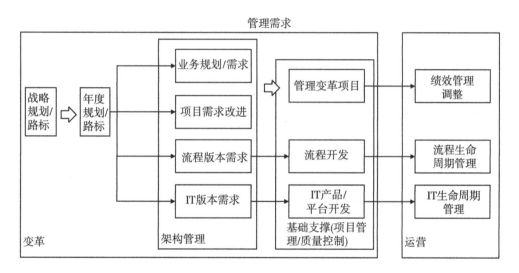

图 8.3　华为 BT&IT 管理体系

1998 年，华为启动管理变革和数字化转型。在华为 ISC 变革项目的数字化方案阶段，IBM 顾问最先提出重新搭建数字化平台，所有系统一次性替换，重点是用新的 ERP 系统替换变革前就已从美国甲骨文公司引进的 Oracle ERP 系统。在郭平和 IBM 顾问主管的反复沟通、分析、论证后，大家达成全面共识。新方案在甲骨文公司顾问的参与下快速满足了 ISC 业务流程需求，是全球 ERP 的推行至少提前了 1~2 年。新方案通过构架设计，让"主干简洁、末端灵活"的架构理念在 ISC 领域得以落实，使用全球统一的"ERP+高级生产计划与调度系统

（Advanced Planning & Scheduling，APS）"取代了之前零散的 IT 系统，实现了"主干简洁"。由统一合同执行平台（Customer Contract Plan，CCP）等执行层面的工具实现集中服务共享的末端灵活，使公司在供应的质量、成本、柔性和客户响应速度上都取得了重大改善，极大推动了全球供应链体系的高效管理。数字化组织是具备掌控核心能力和规模化作战能力的数字化中心，具备强大的执行力和运营能力，能够将转型规划编程企业的数字化现实。1998 年，IBM 给华为做的 IT 战略规划是 IT 部门是支撑公司战略和数字化转型的使能组织，是公司的核心竞争力之一。伴随数字化趋势，IT 部门升级为数字化组织，已追求公司业务的持续增长为目标。由此，华为将数字化组织升级为公司一级部门，其 CIO 进入公司董事会；每年的管理变革和数字化投资预算提升至公司上一年度销售收入的 2%；将公司级管理变革纳入公司战略投入，不占用产品线和市场区域的预算。全面重构的华为数字化组织，组建了面向业务的流程数字化解决方案团队、变革规划与变革项目管理团队、数字化产品管理团队、数据智能管理团队等能力组织，流程 IT 部组织规模近 3000 人（2021 年华为员工 19.5 万人，服务比约 1.5%）。清晰的价值定位、面向业务场景服务与能力中心双轮驱动的组织形态、强压式的资源投入，保障了华为数字化转型稳步进行。1999 年，根据 IT S&P 项目报告建议，华为成立了公司变革与信息技术指导委员会 ESC（Enterprise BT & IT Steering Committee）。在研发体系、市场、供应链、技术服务、职能部门、采购、子公司开展了培训，公司高管牵头完成全员骨干人员培训；同时，华为分层分级组织推广小组，推广培训工程师和不同岗位员工。IT 应用系统上线和新流程是数字化变革前半程，而推行才是变革的重要环节。在推行阶段，华为目前组织任命，由前期参与项目的相关业务领域流程责任人牵头进行变革方案推广，同时保障推行中业务资源及时到位。几年后，任正非提议 ESC 更名为 RSC（Requirement Steering Committee），强调以客户为中心，变革目标要对准客户需求；委员会对变革结构和投入产出比负担主要责任，将变革工作落实；变革需要全局视角，不能投入大量精力实现一个没有价值的需求。华为变革决策是分层级的委员会决策，除了 RSC，还有各级数字化变革管理团队（Business Transformation and IT Management

Team，3T)。各级决策团队由业务领域的核心管理者和流程与 IT 组织的相关主管组成"业务与数字化一体化团队"，共同决策。具体地，多层级群决策主体 RSC 决策内容包括审议变革总体策略、中长期变革规划，审批变革年度规划和预算；审批变革规则、重大流程规则及流程责任机制；审批公司高阶流程架构、数据架构、应用架构，裁决重大架构问题；审视公司级变革进展，决策跨领域重大冲突。公司数字化变革管理团队决策内容包括确保变革战略和规划落地；公司级数字化变革项目业务决策；变革项目群管理和跨项目问题解决；企业架构冲突管理和评估变革绩效。领域数字化变革管理团队决策内容包括确保公司变革策略和规划在所属范围的落地，对该领域数字化转型负责；所辖范围的变革需求评审立项和决策；本领域的变革效果评估。流程/数据责任人的决策内容是负责主干流程/数据贯通优化；负责流程效率/数据质量。其中，跨层群决策在流程/数据责任人和公司数字化变革管理团队之间的决策内容主要是评审、批准 L2/L3 流程架构；依照授权向 GPO 发布 L3 以下流程；负责解决跨 GPO 流程运作问题。跨层群决策在公司数字化变革管理团队和领域数字化变革管理团队之间，决策内容主要是领域数字化进展述职；跨领域协调支持。跨层群决策在流程/数据责任人和领域数字化变革管理团队之间，决策内容主要是流程/数据责任人寻求领域内流程/数据问题的协同支持。

1999 年是华为流程驱动数字化转型元年。流程驱动数字化转型是指流程重构（业务流程化）和业务在线（流程数字化）。从业务需求出发，融合流程与 IT 实践，再造业务流程、优化组织、建设 IT。从 IPD（研发体系的集成产品研发）开始，除了结构化流程、产品开发团队等矩阵式开发模式、注重研发决策管理体系等外，数字化平台和支撑体系也是 IPD 变革的关键点。IPD 变革的数字化工作包括研发 IT 管理治理模式、规范产品数据管理、应用研发产品数据管理主平台和标准化研发 IT 工具。其中，研发 IT 管理治理模式在早期 IT S&P 项目中是指集中管理。处于 ICT 行业的华为，研发工作需要诸多专用设备。华为在 IPD 流程数字化应用组织中成立了系统集成中心，负责研发端到端流程的数字化能力建设，包括 IPD IT 架构设计与集成、IPD 主干平台建设、业务变革项目实施等。同期在研发体系中还成立了研发 IT 工具管理部，负责研发工具建设、标准化和工具使用技能培训等。产品数据是企业数据化运营的基础，是 IPD 数字化的基石，产品结构、产品编码、产品配置等基础性、全局性的数据治理，是华为进一步供应链变革、营销体系变革、基础财经服务变革、数据治理体系建设等诸多数字化工厂的前提和基础。初始 ERP 在华为应用时，产品数据准确率很不理想，生产计划需要依靠人工调整，库存占用损耗严重，及时准确交付难以实现。IPD 变革涉及多 IT 平台和 IT 工具，包括如 PDM（研发主数字化）平台、需求管理平台、项目管理平台、需求分析工具、软件配置管理工具、共用基础模块管理工具、异步开发文档传输工具、知识管理平台等，其前提之一是要求产品数据参数化、标准化。因此，华为首先重建了产品数据管理流程，在产品开发团队设立产品数据管理职能，明确管理责任，从源头保障产品数据的准确性、完整性和规范性。其次推动"在设计中构筑成本质量优势"的大质量理念，产品模块化、设计标准化、物料归一化，极大改善了部件和物料的复用率，产品部件数量减少 30%，产品成本大幅降低。PDM 系统是 IPD 数字化的重要标志，是 IPD 核心流程和其他使能流程的主要支撑系统，核心是产品数据共享、研发人员协同、产品开发管理在线、与 CAD/CAE 等专业工具集成等，目的是解决数据共享程度低，软硬件开发脱节、产品版本缺乏管控、产品变更没有跟踪流程控制、未实现以部件为中心的产品数据架构等业务流程问题。IPD 变革现状分析后，华为基于 PDM 选型结果，业务流程与 IT 协同进行设计开发和实施。2001 年实现文档管理，2002 年下半年 BOM 上马，实现与 ERP 集成，2003 年四季度整个 PDM 系统完成。PDM 规范了产品设计，确保产品开发数据的准确性和完整性，很好地集成产品生命周期中的设计、评审、变更和发布等流程，实现了全流程研发协同与数据共享。建设主数据管理平台支持的产品数据管理。主数据是指在业务运作过程中作为主体存在、变化相对较小但使用频率高、跨多个业务和多个 IT 应用使用的数据实体。华为识别的主数据包括客户、产品、供应商、组织、财经编码会计科目表等。以华为集成财经变革子项目——客户采购订单 PO（Purchase Order）为例，针对合同信息打通、客户采购订单处理效率和财经开票效率问题，IFS 打通了业务流和数据流。如"采购订单打通项目组"支撑 IFS 全球推行落地任务,汇聚变革、流程、IT、供应链、市场、财经等各方力量,对业务流端到端重构,从产品配置维度、组织维度、数据管理维度、IT 应用维度等全方位梳理,提出围绕合同信息的一点三要素整体解决方案。

二、企业架构及其治理

企业架构提供统一、整体的框架,关联了管理业务与 IT,桥接了业务战略到数字化实施。企业架构就是对企业整体业务和数字化的建模,分别从业务流、数据流、IT 应用系统和基础软硬件技术实现四个角度,用结构化的方法描述企业的业务及数字化基础关系。由此,企业架构是由业务架构(多为业务流程架构)、应用架构、数据架构和技术架构组成。业务架构以企业战略为导向,刻画企业满足用户需求、进行市场竞争所需的内部价值创造过程以及内外部的合作模式;而 IT 架构(包括应用架构、数据架构和技术架构)上承业务架构目标,下启应用系统边界和价值,定义了数据和业务之间的逻辑关系。IBM 公司研究现实,IT 架构与业务架构相互促进,循环支持,单独的 IT 架构优化可以带了近 2% 的业务增长,单独的业务架构优化可以使业务增长 8% 左右,而业务架构和 IT 架构整合实现的整体改进,可以使得业务增长 20% 以上。

周良军和邓斌(2021)认为,华为企业架构的发展历程是:起源于 IT 战略规划,成长于流程变革,成熟于数据治理。华为的架构概念源于 IT S&P 项目,以 IT 架构(含应用架构、数据架构、技术架构)为主,通过规划制定 IT 架构蓝图和建设路径,经由 IT 标准化规范 IT 架构落地。ISC 项目(即华为集成供应链服务变革项目),是华为应用企业架构对供应链变革过程进行总体管控,把供应链流程架构与应用架构、数据架构连通。供应链业务高度依赖数字化程度,华为在供应链应用架构上采用"主干平台+执行应用+辅助工具"的应用分层架构方式,协同 ERP、高级生产计划与调度系统、供应商集成平台、客户集成平台等主干应用,在执行层拉通共性业务平台,构建以作业场景为中心的业务共享服务应用,与主干有效集成。IFS 项目(华为集成财经服务)显著改善了华为数据架构治理能力,实现了从流程驱动的数字化转型到数据驱动的转型,企业引进 EIM

（Enterprise Information Management）架构，完善数据治理体系，统一了数据架构与数据标准，强化了业务流程、IT 应用、数据间的拉通集成，企业架构管理治理机制日渐成熟。至此，华为成立了统一的企业架构管理组织，从组织上把业务架构与 IT 架构统一管理，企业架构实现常态化运营和维护。

任正非在华为首届"蓝血十杰"表彰会上指出，华为长期以来都在扎扎实实、兢兢业业地把管理体系当成一个一个的数字化工程来建设，赋权管理工程部，对管理体系的建设常抓不懈，不求最好，但求更好。这应该是华为长期保持竞争力的核心因素之一，也是华为管理工程部在华为存在的最大价值。华为技术有限公司赵博（2023）分析了华为变革的四个阶段：本土化、国际化、全球化、数字化转型。华为在前三个阶段完成了流程化与信息化建设，提出卓越运营的目标，实现业务操作电子化，业务流程信息化，用 IT 固化流程，落地 IPD、市场管理、MRP、供应链等变革项目，和 IT 流程、网络基础设施、企业数据模型等 IT 项目。2016 年起，公司正式启动数字化转型工作，提出数字化转型是业务和技术双轮驱动、深度融合的系统性变革，需要对生产力与生产关系进行重新定义，强调以用户为中心、体验优先；以技术驱动创新、敏捷开发；实现作业即记录、记录即数据，完整实时反映业务；实现应用服务化、云化平台、统一数据底座；实现数据驱动、实时感知、决策透明。赵博总结了华为数字化转型框架、转型"七步走"方法和转型落地要点。华为数字化转型框架是以客户满意、效率提升、业务持续增长为目标，构建数字能力、支撑业务重构、实现企业战略。首先，一把手及管理团队要树立战略决心，围绕产品研发、生产运营、经营管理、客户服务、产业协同等场景推进数字化转型，实现客户体验、作业模式、业务模式、产品形态的重构。同时，为了支撑业务重构，需要建立应用、数据、AI、资源和连接、安全与隐私等数字化能力；为了保障转型的成功，要成立数字化转型运营组织，基于变革管理方法，建立 IT 治理、数据治理体系，积累数字化人才。在框架的指引下，通过转型的"七步走"方法—确立数字转型愿景、确立数字化转型组织、评估数字化现状、启动数字化顶层规划、建设数字化平台、开展数字化变革项目、持续数字化运营，有节奏地推进数字化转型。华为前信息官周良军（2021）认为，数字化转型是业务价值链的全面数字化，必须回归企业经营的根本；业务全面数字化的目标是全面使能"以客户为中心"的管理变革和企业的长期有效增长。企业必须抓住核心业务当下及未来的客户关键需求，围绕业务收入增长、经营效率提升、客户体验优化等方面，进行系统性的业务重塑、全价值链的重塑。华为在经营管理上的长期主义价值主张，决定了华为在数字化转型上的战略选择也必然是长期主义。基于华为经验和业界实践，周良军和邓斌将数字化转型战略共识总结为三点：对数字化转型紧迫性和本质的共识，管理层应意识到数字化转型的本质是技术使能的业务变革和价值链创新，转型需从数字化整体规划入手，以流程为维度，快速见效与系统拉通相结合，持续进行管理改进和数字化落地；对数字化转型"行动三问"的共识，包括企业客观评估自身现有的数字化水平，了解行业的数字化发展脉络以及统一的数字化转型愿景和战略目标；对数字化转型艰巨性、长期性和复杂性的共识。

三、企业全生态产业链

Moore 提出商业生态概念，认为商业生态系统是由资本、客户兴趣和创新所产生的人才的原始旋涡凝聚而成的，就像成功的物种源自阳光、水和土壤养分等自然资源一样。从表面上看，商业生态系统之间的竞争是一场争夺市场份额的战斗。但在表面之下，这些新的竞争是关于谁将领导未来的斗争。商业生态系统除具有生物生态系统的基本特征，即具有大量的松散参与者、参与者之间相互依赖、各物种的繁衍生息取决于生态系统的健康，以及存在核心物种的特征外，还具有创新功能、成员的流动性，以及智能等特征。商业生态系统包括网络核心型企业、支配主宰型企业和缝隙型企业。生态系统健康与否关系到生态系统的稳定性、持久性和生产力。生态系统越具有多样性，缝隙市场就越多，也就越能够吸引更多的缝隙型企业加入。

面向 5G 和云时代千行百业的数字化转型，华为云持续践行"一切皆服务"战略，通过基础设施即服务、技术即服务和经验即服务，帮助客户加速释放数字生产力。2022 年，华为云已上线 240 多个服务，云服务能力不断提升，全球市场取得快速增长。10 月，华为云入选 Gartner 2022 年云基础设施和平台服务（CIPS）魔力象限，参见图 8.4。华为智能云网充分发挥云和网的互补优势，使能运营商的网络资源价值最大化，加速行业数字化、网络化和智能化转型。华为

DevCloud 作为一站式、安全可信、全流程敏捷的 DevOps 云平台，已上线 13 项端到端子服务，服务于 220 万开发者，应用于 10 多个行业，覆盖开发全场景，全面领跑 DevOps 云服务市场。根据公开信息显示，华为已布局建设超 140 个产业云创新中心、产业集群攻关基地，业务覆盖软件、汽车、石化、钢铁、五金等 15 个产业集群和"研产供销服" 5 大类制造场景；阿里已在全国 34 个城市部署落地约 60 个阿里云创新中心孵化基地；京东在全国已建立了 50 多个城市服务基地；腾讯云启产业基地已在长沙、南京、珠海、沈阳、宁波等多个城市落地。从布局来看，产业云发展呈现出东强西弱、南强北弱的不均衡格局，这些产业云本地服务机构主要分布在长三角、珠三角、成渝等经济发达地区，青海、西藏、内蒙古、宁夏等西部地区建设相对薄弱。

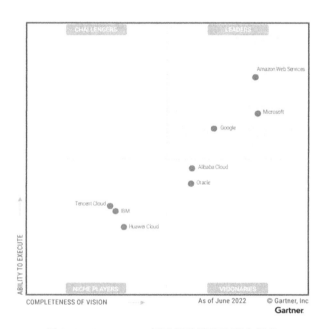

图 8.4　Gartner2022 年云基础设施和平台服务

公司年报显示，华为 ICT 基础设施业务主要服务运营商、政府合企业市场。2022 年，华为以客户为中心，与全球运营商、合作伙伴一起，携手探索，打造 ICT 基础设施，加速数字化转型，助力 5G 时代的商业成功。截至 2022 年年底，全球 5G 已进入快速发展阶段，有超过 10 亿 5G 用户，中国、韩国、瑞士、芬兰、科威特等国的领先运营商，5G 用户渗透率已超过 30%，5G 网络承载超过 30% 的流量。全球超过 40% 的 5G 运营商提供了 5G 创新应用。最新的 Ookla 5G 城市体验报告显示，在全球有代表性的 40 大城市中，5G 速率排名前十的重点城市均有华为参与承建。其中 10 个城市的运营商之间的 5G 性能对比，华为承建的 5G 网络体验最优。2022 年，华为持续打造 1 套绿色指标体系和 3 层架构（绿色站点、绿色网络、绿色运营）的系统性创新解决方案，助力运营商全方位提升网络能效。华为积极参与网络碳排放强度指标（NCIe）体系，NCIe 在 2022 年 10 月获批成为 ITU-T L. 1333 标准，助力业界更加明晰、准确地评估网络业务耗能状况。2022 年，华为和全球多家领先的运营商启动了 5.5G 及 F5.5G 的技术验证和网络部署；华为与产业伙伴协作，共同推进 5G-Advanced 的商业应用。2022 年，泛在千兆正从城市到乡村、从室外到室内、从客厅到房间，实现无处不在、无所不及的极致体验。华为通过领先的 5G/F5G 等技术与解决方案持续助力运营商构建泛在千兆网络。2022 年，华为联合运营商，在无线、核心网、光传输、光接入、IP 等领域共 13 大场景进行自动化、智能化网络实践，孵化出近百个应用解决方案，助力全球运营商数字化转型；结合自身及与客户的转型成功实践，推出运营数字化转型 2.0 方案，并联合行业组织发布 DOTF 数字化运营成熟度模型（Digital Operations Transformation Framework），进一步释放数字化转型商业价值；在企业上云、5G+边缘计算等业务领域开展广泛的联合创新，助力运营商构建面向行业数字化的差异竞争力；推出新一代面向多云、系统级安全可靠、绿色节能的 OneStorage 解决方案，打造运营商数据基础设施底座。华为 MEC to X 解决方案支持局域、广域和双域专网，助力运营商使能教育、医疗、制造、煤矿、电力等全业务场景，全面赋能产业数字化转型，实现收入新增长。鸿蒙生态在飞速发展。鸿蒙生态技术品牌鸿蒙智联已有超过 2300 家合作伙伴，新增更多产品品类，2022 年新增生态产品发货量突破 1.81 亿台，覆盖了智能家居的方方面面；截至 2022 年年底，运行在 HarmonyOS 设备上的元服务数量已超过五万。秉持"平台+生态"的战略，开放智能汽车数字平台、智能驾驶计算平台和 HarmonyOS 智能座舱平台，为智能汽车提供数字底座和开发工具，已累计发展超过 300 家产业链上下游合作伙伴。通过华为云合作伙伴能力计划、鲲鹏展翅伙伴计划、欧拉扬帆伙伴计划等促进伙伴差异化创新，累计发展生态伙伴超过 43000 个，开发云市场商品超过 10000 个，认证鲲鹏应用软件方案超过 12000 个，昇腾创新解决方案超过 2000 个，服务于政府、金融、能源、交通、制造、医疗、教育等核心行业。华为已经形成由 ICT 基础设施、终端、华为云、数字能源和智能汽车解决方案等面向客户的产业组合，以及由 2012 实验室、海思作为后盾的技术支撑平台。海思定位于面向智能终端、家电、汽车电子等行业提供板级芯片和模组解决方案，为终端的数字化、网络化、智能化、低碳化提供感知、联接、计算、显示等端到端的技术能力，以芯片和器件基础能力赋能万物互联的智能终端，使能产业创新，助力客户商业成功。

中国信通院《产业云发展研究报告（2021 年）》显示，2019 年至今，产业云作为产业转型升级基础底座，生态伙伴融合赋能和跨行业协同创新成为此阶段发展的关键，华为、阿里、腾讯等产业云头部企业持续推进生态伙伴培育，携手行业顶尖企业，以做强生态圈、扩大生态影响为核心构建产业云能力，以跨行业协同创新加速数字技术与行业知识充分结合，深挖产业转型升级潜力，努力将产业云打造成为推动城市产数融合、产业创新升级、重塑产业新格局的新型基础设施。为提升产业竞争力，促进产业可持续发展，华为积极开展与 GCC、UWA、WAA、GIIC、星闪、DISA、NDIA、WBBA、IMT-2030 等产业组织深入合作，协同产业链伙伴，共同推进产业共识、制定产业标准、开展测试认证、培养人才，提升多样性计算、视频、WLAN、短距通信、工业软件、固定网络、6G 等产业竞争力，促进产业可持续发展。华为累计投入 2000 多名开发者支持 OpenHarmony 社区发展，贡献超过 30 个核心子系统，1000 余万行核心代码。携手共建单位，积极推进 OpenHarmony 的繁荣和发展，截至 2022 年年底，OpenHarmony 位居 Gitee 指数第 1 名，已有超过 5000 名社区代码贡献者，共计 220 多款软硬件产品通过社区兼容性测评，是当前码云平台上代码和社区最活跃的开源项目。openEuler 社区吸引超过 1.2 万名开发者，企业成员已达 770 余家，合作伙伴基于 openEuler 社区版推出近 20 个商业发行版本，累计商用超过 300 万套。截至目前，华为产业云已联合 300 多家生态伙伴，为约 2 万家制造企业提供数字化转型服务；华为智能汽车数字平台生态圈已有 100 多家生态伙伴加入，并完成与 20 个厂家 40 款设备的预集成与测试；70 多家生态伙伴加入智能驾驶计算平台生态圈，联合推进乘用车、港口、矿卡、园区等智能驾驶场景的试点与商用；智能座舱平台已经与 150 多家软硬件伙伴建立合作。面向云原生、自动化和智能化等领域，华为先后开源了 KubeEdge、MindSpore、Volcano、openEuler、openGauss、OpenHarmony、Karmada、Kurator、openGemini 等多个平台级基础软件开源项目，获得众多厂商、开发者、研究机构和高校投入。这些项目被全球开发者广泛接受，有数百家企业加入项目社区。其中 openEuler、OpenHarmony 开源项目已贡献给开放原子开源基金会，KubeEdge、Volcano、Karmada 开源项目已贡献给 CNCF 基金会，以更加开放的模式汇聚全球参与者的贡献，加速软件创新和共享生态繁荣。

华为产业链生态体系的标准化建设，是华为不断优化自身业务流程、提高管理水平和营业效益的一次创新尝试。它不仅在核心技术、协同创新、客户体验等领域具有显著优势，同时也在生态环保、社会责任等方面发挥了重要作用。华为产业链生态是指华为在线思想、组织机制、制度建设、创新型合作中，形成的个人、企业、包括业务相关的各方面全量全要素连接的生态系统。早期华为生产线的 ERP、MES、PLM 等管理系统数据是不通的，不同生产线的工艺控制软件也不一样。2023 年 4 月，华为宣布实现自主可控 MetaERP 研发，完成了对旧 ERP 系统的替换。自 1996 年引入 MRP Ⅱ、并持续迭代升级 ERP 版本，ERP 作为华为企业经营最核心的系统，支撑了华为 20 多年的快速发展，每年数千亿产值的业务，以及全球 170 多个国家业务的高效经营。2019 年，华为启动对旧有 ERP 系统替换。截至目前，MetaERP 已经覆盖了华为公司 100% 的业务场景和 80% 的业务量，经历了月结、季结和年结的考验，实现了零故障、零延时、零调账。数字化带来的效率提升正在成为企业竞争力的核心。IPD 流程作为华为公司二十多个一级流程中的核心流程，是从研发到规模化量产的管理工具。这个流程从项目提议到产品概念，再到计划、开发、验证、发布，和最后的生命周期管理，一共 7个阶段，每个阶段有各种层级不一、数量不一的子流程。简单来说，华为产业链生态是由多方参与者、在多个维度上，活跃在一个生态系统的主体、公司、技术、产品及设备等组成。华为产业链生态使得企业能调动、采集、打通更多数据，重构交易模式、提升用户体验。这个生态系统不仅具有增加各方价值、共同推进市场发展等作用，同时也在节能环保、消除冲突、提高供应链管理效率等方面产生积极影响。

2012 年，华为进入了光伏行业的逆变器领域。到 2016 年，华为已成为该领域的全球第一。电站的光伏组件发完电，需要有部件调整电流的电压、频率。这个工作的部件就是逆变器，它是光伏并网的核心部件。在华为进入之前，行业的主流产品是集中式逆变器，即多个光伏电池板的电集中在一起，用一个大规模的逆变器统一处理。集中式逆变器需要工作电压 500V 以上才能工作。如果有光伏电池板出现故障，或者被遮挡，都会影响电压，进而使得连接在一起的所有光伏电池板的发电都受影响。和集中式相对的是组串式逆变器，就是把每个电池板，都和一个逆变器连接起来，即单个电池板出现故障不会影响其他电池板工作，发电站整体的发电率显著提高。由于运维成本差异巨大，当时选择组串式逆变器的企业很少。华为将逆变器定义为智能控制器，通过芯片、通信技术等，让每个逆变器都能自己收集电压、电流数据，出故障的逆变器自己报错、远程智能诊断，发掘组串式逆变器的多路 MPPT 功能，对光伏电池板的管理精度相对于传统方案提升了约 100 倍，高精度的 MPPT 管理，大幅消除了不同组串间的阴影遮挡、电压失配等各种影响，大幅提升发电量，同时大幅提升电站智能化，从而降低光伏电站整体生命周期度电成本。除交直流转换发电外，逆变器还可以进行光伏电池板故障检测、跟踪系统控制、支撑电网等功能。2020 年以来，新能源配套储能成为行业关注焦点，储能之于光伏等新能源的重要性不言而喻。华为延续光伏理念，于 2021 年 4 月推出智能组串式储能解决方案。"通过一包一优化，一簇一管理"精细化管理模式，一个管理单元仅管理 16 个电芯，充分释放电芯的充放电潜力，提升放电量 15% 以上。这种模块化设计让后期运维管理更容易，使能分期补电，支持初始配置降低 30%；让储能系统的寿命更长久，最终提升了储能系统在整个生命周期的投资收益，降低 LOCS20% 以上。

第九章　总结与评述

数字经济时代企业创新能力是发展生产力的重要基础和标志，是把握新一轮科技革命的战略选择，全新业态有可能从根本上改变现有的企业发展路径、产品形态、产业模式，重塑各类资源要素泛在组合流动，各类资源节点融通逾渗，重构企业组织形式，网络化产业链条，畅通国内外经济循环。

数字技术加剧了社会经济系统复杂性。先进制造业与现代服务业有效融合重构了产业链价值链、重整了多元异构资源和要素，囊括了生产关系、经济关系和社会关系，是基于生产技术导致的生产力、生产关系、基础设施、资源配置等多要素的社会技术变迁。企业对数字资源的整合涉及企业内外诸多因素，需要从成本控制和组织结构角度分析企业数字资源循环迭代周期，研判系统状态，能够不断重新设置系统"初始条件"，拓展和落地旨在实现更多成员在更大范围内的协作与资源配置，优化交易成本。同时调整企业组织形式，使其能够实时根据应用需求进行场景化重构，满足我国服务型制造企业改进创新能力需要。数字技术使得制造企业聚焦于提升其核心能力而将其他业务或服务剥离，交易成本中连接成本、创新成本和信息成本相较于传统企业组织形式有了巨大变化。企业不再是经济主体协同合作的基本单位，任何能够提供一定资源、完成必要功能的节点都可以成为数字经济时代的价值主体。社会经济系统复杂性不仅从外部渗透进入企业组织，企业内部多种逻辑矛盾也在加剧复杂性。社会经济系统复杂性通过经济建构的实践、观念、价值、规则、制度、运作逻辑等渗透进入企业组织，企业组织需要在自身承载能力和外部社会经济环境适应性的均衡状态循环迭代。具有生态属性的网链组织形式是服务型制造企业组织的一种结构性机制，是适应数字经济的可行选项之一，其本质是通过结构机制与能力机制耦合，优化存量、调整增量实现企业组织变革，是依据生产要素在生产过程的上下游关系和空间布局形成的关联网链。从数字化转型实践可知，实施数字化转型的企业内部面临生产模式、商业模式、流程再造模式、规则设计、企业基础能力和动能转换以及产品和服务智能化等方面的变化，外部面临资源配置结构、产业链供应链网络组织、价值创造模式、产业技术和数字技术创新模式、价值链融合效应和制度复杂性等的影响。加快推动企业数字化转型，夯实数字基础设施建设，有助于发挥数据要素的创新驱动作用，培育服务型制造企业、创造新需求和发展空间，实现数字技术对经济社会发展的放大、叠加、倍增作用。

已有研究显示，现有制造和服务的融合模式主要有以制造业企业为主导融入更多服务要素，即服务型制造；现代服务业向制造端延伸，如反向制造；制造服务双向融合，构建产业生态系统，如服务制造平台和制造服务平台。从治理视角看，以全局视角发展服务型制造行业，通过大企业优势实现产能裂变。如东北地区的重点产业装备制造业拥有一批具有先进技术和产能的企业，在区域经济顶层设计过程中，可以考虑将该类优势产能剥离，裂变服务于同产业中小企业，既能带动地方区域经济繁荣，使能中小企业繁荣发展，又能使重点企业降低经营风险，拓展收益渠道，加强核心技术能力，重塑传统产业优势。三产联动的服务型制造模式创新，以放大比较优势思路创新发展路径。如基于"黑土地"的智慧农业如何在设计阶段融入区域产业发展布局。从企业视角看，组织形式优化、创新能力提升和前瞻性战略布局具有重要意义。如典型的生态型组织链群合约，通过海尔食联网、衣联网等众多场景应用展现了强大的态势感知、趋势把握和组织变革重构的能力，全面更新了企业业务流程、运营效率和客户体验，展现了数字赋能产业和生态的丰富实践场景。而链群合约数字平台建构基于组织形式支持了每个小微组织、每个资源节点甚至每个人都能泛在连接以产生更大价值。

一、构建可聚可散可控的企业组织形式

组织变革是企业适应经济社会发展的必然要求。数字经济特征表明创新是数字经济时代驱动经济发展的核心生产要素，且具有数字技术极速迭代、"三二一"产业逆向渗透、范围经济创新驱动、企业生态系统协同等特征。因此，数字经济时代企业组织形式创新是企业适应新经济的系统性要求，是匹配数字技术自驱动强逾渗的必然选择。可聚可散可控的组织形式是企业数字化转型的组织需求。链群合约呈现了开放式、非线性、动态性和共享性的资源节点经济关系，按"人单合一"可聚，有新需求可散，多链群海量节点协作可控构建了圈层组织形式。按照圈层结构组织数字化资源节点，链群合约使其网络结构表征了节点间交互的可持续性和价值贡献方式，桥接了价值网络不同社群价值共创行为，驱动不同应用场景嵌入企业生态系统。

二、数字平台治理是维系组织形式有效的手段

经典机制设计理论是通过调整某些激励措施、强化控制反馈实现治理目标的。数字技术使得跨地域跨层级的海量规模化协作成为可能，企业所处的社会经济环境不一定存在均衡状态，维系组织形式有效的"序"不再是机械的、先验的和静态的。链群合约高效连接了需求和供给从而形成高位资源，其价值共创机制是资源节点在数字经济时代超行业跨区域多交叉的共同体架构。链群是自主组织、自驱动、自增值和自进化的，"活而不乱，高度协同"的链群可以通过数字平台治理，以复杂系统正向设计支撑组织有效运行。从治理机制方面，服务型制造企业数字平台建构可考虑：在共生多样性过程中通过影响圈层结构形成发挥作用；结构深化机制，结构深化与网络组织自身结构复杂性和共生多样性机制相关，即网络结构深度与系统复杂性有关，并要满足网络价值主体共生多样性的增长要求。

三、整合式创新理论是企业数字化转型的重要理论支撑

企业数字化转型势在必行，全方位全链条赋能对企业内外部流程及其生存环境影响彻底，从根本上改变了社会经济系统的技术基础、运行效率、组织模式、生产和交易方式等。线上线下一体，大规模社群化制造的生产方式，平台经济已超过规模经济成为企业的优先战略，资源节点超过企业职能部门成为企业生态基本单元。数字经济的上述特征表明创新是数字经济时代驱动经济发展的核心生产要素。整合式创新理论提供了在一个呈指数级扩张世界中认识问题和分析问题的

视角，能够从国家、产业和企业不同层面统筹分析非线性组织行为及其对应的规模缩放效应，从机理分析视角拓展了创新行为粒度，进而在整体层面消除了微观行为的噪声和可能相互抵消的局部作用并形成战略引领规划，通过粗粒化组织创新行为对应的超线性或亚线性规模效应实现创新筑基。

参 考 文 献

［1］ Chen Yubo and Wang Liantao（Tarry）. Commentary：Marketing and the Sharing Economy：Digital Economy and Emerging Market Challenges ［J］. Journal of Marketing, 2019, 83 （5）：28-31.

［2］ O'Connell L A, Hofmann H A. Evolution of a Vertebrate Social Decision-Making Network ［J］. Science, 2012, 336 （6085）：1154-1157.

［3］ Roach J P, Churchland A K, Engel T A. Choice selective inhibition drives stability and competition in decision circuits ［J］. Nature Communications, 2023 （14）：147.

［4］ Fa C, Zhang Ch, Yahjab A. Disaster City Digital Twin：A vision for integrating artificial and human intelligence for disaster management ［J］. International Journal of Information Management, 2021 （56）：102049.

［5］ Contisciani M, Battiston F, Bacco C. Inference of hyperedges and overlapping communities in hypergraphs ［J］. Nature Communications, 2022 （13）：7229.

［6］ Wang SY, Wan J F, Zhang D Q, et al. Towards smart factory for industry 4. 0：a self-organized multi-agent system with big data based feedback and coordination ［J］. Computer Networks, 2016 （101）：158-168.

［7］ Gupta S, Chen H Z, Hazen T B, et al. Circular economy and big data analytics：A stakeholder perspective ［J］. Technological Forecasting and Social Change, 2019 （144）：466-474.

［8］ Shirado H, Christakis A N. Locally noisy autonomous agents improve global human coordination in network experiments ［J］. Nature, 2017, 545 （7654）：370-374.

[9] 杨善林，胡小建. 复杂评价任务的建模与求解方法 ［M］. 北京：科学出版社，2007.

[10] Herrera-Viedma E, García-Lapresta, J L, Kacprzyk, J, et al. Consensual processes ［M］. Berlin Heidelberg：Springer-Verlag，2011.

[11] Du Z J, Yu S M, Luo H Y. Consensus convergence in large-group social network environment：coordination between trust relationship and opinion similarity ［J］. Knowledge-Based Systems, 2021（217）：106828.

[12] Dong Y C, Xu J P. Consensus building in group decision making ［M］. Singapore：Springer，2016.

[13] Helbing D. Managing complexity：insights, concepts, application ［M］. Berlin Heidelberg：Springer，2008.

[14] Wu J, Herrera-Viedma E. A visual interaction consensus model for social network group decision making with trust propagation ［J］. Knowledge-Based Systems, 2017（122）：39-50.

[15] Tian Z H, Dong G G, Du R J, et al. Non-consensus opinion model with a neutral view on complex networks ［J］. Physica A, 2016（450）：601-608.

[16] Xu Z S. Hesitant fuzzy methods for multiple criteria decision analysis ［M］. Switzerland：Springer International Publishing，2017.

[17] Sgurev V, Yager r, Kacprzyk J, et al. Recent contributions in intelligent systems ［M］. Switzerland：Springer International Publishing，2017.

[18] Lv Q G, Li H Q, Xia D W. Distributed optimization of first-order discrete-time multi-agent systems with event-triggered communication ［J］. Neurocomputing, 2017（235）：255-263.

[19] Johann A, Kruse H P, Rupp F, et al. Recent trends in dynamical systems ［M］. Basel：Springer，2013.

[20] Zakaria N. Emergent patterns of switching behaviors and intercultural communication styles of global virtual teams during distributed decision making ［J］. Journal of International Management, 2017, 23（4）：350-366.

[21] Liu Y T, Sun P B, Wang C Y. Group decision support system for backbone-

network reconfiguration〔J〕. International Journal of Electrical Power & Energy Systems, 2015（7）: 391-402.

〔22〕 Riolo M A, Cantwell G T, Newman M E J. Efficient method for estimating the number of communities in a network〔J〕. Physical Review E, 2017, 96（3）: 032310.

〔23〕 Fortunato S. Community detection in graphs〔J〕. Physics Reports, 2010, 486 （3-5）: 75-174.

〔24〕 Mossel E, Neeman J, Sly A. Reconstruction and estimation in the planted partition model〔J〕. Probability Theory and Related Fields, 2015（162）: 431-461.

〔25〕 Newman M E J. Network structure from rich but noisy data〔J〕. Nature Physics, 2018, 14（6）: 542-545.

〔26〕 Kim M, Leskovec J. Nonparametric multi-group membership model for dynamic networks〔J〕. In Advances in Neural Information Processing Systems, 2013 （5）: 1385-1393.

〔27〕 Ghasemian A, Zhang P, Clauset A. et al. Detectability thresholds and optimal algorithms for community structure in dynamic networks〔J〕. Physical Review X 2016（6）: 031005.

〔28〕 Tilman M. Davies, Adrian Baddeley. Fast computation of spatially adaptive kernel estimates〔J〕. Statistics and Computing, 2018, 28（4）: 937-956.

〔29〕 Mohamed R A, Shields T, Siddiquie B, et al. Deep multimodal fusion: A hybrid approach〔J〕. International Journal of Computer Vision, 2018, 126（2-4）: 440-456.

〔30〕 Lia C D, Zhang Q, Yi J Q, et al. A fast-learning method for data-driven design of interval type-2 fuzzy logic system〔J〕. Journal of Intelligent & Fuzzy Systems, 2017, 32（3）: 2705-2715.

〔31〕 Wang T, Gao H, Qiu J. A combined fault-tolerant and predictive control for network-based industrial processes〔J〕. IEEE Transactions on Industrial Electronics, 2016, 63（4）: 2529-2536.

［32］ Varadarajan J, Subramanian R, Bulò S R. Joint estimation of human pose and conversational groups from social sciences ［J］. International Journal of Computer Vision, 2018, 126 （2-4）: 410-429.

［33］ Sofia S A, Ganesh-Kumar P. Multi-objective task scheduling to minimize energy consumption and makespan of cloud computing using NSGA-II ［J］. Journal of Network and Systems Management, 2018, 26 （2）: 436-485.

［34］ Ogino N, Kitahara T, Arakawa S, et al. Lightweight boolean network tomography based on partition of managed networks ［J］. Journal of Network and Systems Management, 2018, 26 （2）: 284-313.

［35］ Liu X, Montes R, Ding R-X et al. Alternative ranking-based clustering and reliability index-based consensus reaching process for hesitant fuzzy large scale group decision making ［J］. IEEE Transactions on Fuzzy System, 2019, 27 （1）: 159-171.

［36］ 曹静, 徐选华, 陈晓红. 极端偏好影响的大群体应急决策风险演化模型 ［J］. 系统工程理论与实践, 2019, 39 （3）: 596-614.

［37］ Zhang H J, Zhao S H, Kou G, et al. An overview on feedback mechanisms withminimum adjustment or cost in consensus reaching in group decision making: research paradigms and challenges ［J］. Information Fusion, 2020 （60）: 65-79.

［38］ 曾大军, 李一军, 唐立新等. 决策智能理论与方法研究 ［J］. 管理科学学报, 2021, 24 （8）: 18-24.

［39］ 丁玉龙. 数字经济的本源、内涵与测算: 一个文献综述 ［J］. 社会科学动态, 2021 （8）: 57-63.

［40］ 呙小明, 郑锲, 黄森. 中国省域数字经济内涵及水平测度研究 ［J］. 科技和产业, 2022, 22 （6）: 1-5.

［41］ 佟家栋, 张千. 数字经济内涵及其对未来经济发展的超常贡献 ［J］. 南开学报 （哲学社会科学对策版）, 2022 （3）: 19-33.

［42］ 谢伏瞻. 引领区域经济合作新实践深入构建周边命运共同体 ［J］. 当代世界, 2022 （4）: 4-9.

［43］ 逄健，朱欣民．国外数字经济发展趋势与数字经济国家发展战略［J］．科技与进步，2013，30（8）：124-128．

［44］ 张艳萍，凌丹，刘慧岭．数字经济是否促进中国制造业全球价值链升级？［J］．科学学研究，2022，40（1）：57-68．

［45］ 许宪春．数字经济、数字化技术和数据资产在经济社会发展中的作用［J］．经济研究参考，2020（24）：96-99．

［46］ 李晓钟，杜添豪．数字经济对区域经济增长及其收敛性的影响［J］．统计与决策，2022，38（21）：19-24．

［47］ 温珺，阎志军，程愚．数字经济与区域创新能力的提升［J］．经济问题探索，2019（11）：112-124．

［48］ 尹西明，陈劲．产业数字化动态能力：源起、内涵与理论框架［J］．社会科学辑刊，2022（2）：114-123．

［49］ 陈劲，张学文．中国创新驱动发展与科技体制改革（2012—2017）［J］．科学学研究，2018，36（12）：2116-2121．

［50］ 王君，张于喆，张义博等．人工智能等新技术进步影响就业的机理与对策［J］．宏观经济研究，2017（10）：169-181．

［51］ 夏炎，王会娟，张凤等．数字经济对中国经济增长和非农就业影响研究——基于投入占用产出模型［J］．中国科学院院刊，2018，33（7）：707-716．

［52］ 陈劲．新技术与领导力［J］．清华管理评论，2018（6）：1-1．

［53］ 郭爱芳，陈劲．科学学习和经验学习：概念、特征及理论意义［J］．技术经济，2012，31（6）：16-20+49．

［54］ XL Fu，J Zhang. Technology transfer, indigenous innovation and leapfrogging in green technology：the solar-PV industry in China and India［J］. Journal of Chinese Economic and Business Studies，2011，9（4）：329-347．

［55］ 翁春颖，韩明华．全球价值链驱动、知识转移与我国制造业升级［J］．管理学报，2015，12（4）：517-521．

［56］ 卓越，张珉．全球价值链中的收益分配与"悲惨增长"——基于中国纺织服装业的分析［J］．中国工业经济，2008（7）：131-140．

[57] 周济．互联网信息安全问题及对策［J］．电脑知识与技术，2019，15（36）：38-39．

[58] 刘淑春，周青，陈畴镛等．数字经济背景下的浙江制造标准化及政策供给［DB］．杭州电子科技大学，2019．

[59] Carlota Perez. Technological revolutions and techno-economic paradigms［J］．Cambridge Journal of Economics, 2010, 34（1）：185-202.

[60] 陈劲．整合式创新［M］．北京：科学出版社，2023．

[61] 张路娜，胡贝贝，王胜光．数字经济演进机理及特征研究［J］．科学学研究，2021，39（3）：406-414．

[62] 杰里米里夫金．零边际成本社会［M］．赛迪研究院专家组，译．北京：人民出版社，2008．

[63] 贺俊，吕铁，黄阳华等．技术赶超的激励结构与能力积累：中国高铁经验及其政策启示［J］．管理世界，2018，34（10）：191-207．

[64] 江鸿，吕铁．政企能力共演化与复杂产品系统集成能力提升——中国高速列车产业技术追赶的纵向案例研究［J］．管理世界，2019，35（5）：106-125+199．

[65] 黄丽华，朱海林，刘伟华等．企业数字化转型和管理：研究框架与展望［J］．管理科学学报，2021，24（8）：26-35．

[66] 王军．倾情助力中国高速动车组的发展——记西南交通大学牵引动力国家重点实验室动力学与强度研究团队［J］．科学中国人，2021，（16）：26-29+66．

[67] Michael Hobday and Andrew Davies and Andrea Prencipe. System integration：a core capability of the modern corporation［J］．Industrial and Corporate Change, 2005, 14（6）：1109-1143.

[68] 费孝通．乡土中国［M］．北京：人民出版社，2008．

[69] 阎云翔．差序格局与中国文化的等级观［J］．社会学研究，2006（4）：201-213+245-246．

[70] Chen L, Tong T W, Tang S Q, et al. Governance and Design of Digital Platforms：A Review and Future Research Directions on a Meta-Organization

［J］. Journal of Management, 2022, 48（1）：147-184.

［71］ Watts D J, Strogatz S H. Collective Dy-namics of 'Small-World' Networks ［J］. Nature, 1998, 393（6684）：440-442.

［72］ Barabasi A L, Albert R. Emergence of Scaling in Random Networks ［J］. Science, 1999, 286（5439）：509-512.

［73］ 胡国栋. 海尔制 ［M］. 北京：北京联合出版社, 2021.

［74］ 汪丁丁. 复杂秩序涌现与现代世界诞生 ［J］. 读书, 2013（11）：46-52.

［75］ Kauffman S A. Evolution Beyond Entailing Law：The Roles of Embodied Information and Self Organization ［J］. Biological Information, 2013：513-532.

［76］ 布莱恩阿瑟. 复杂经济学 ［M］. 贾拥民, 译. 杭州：浙江人民出版社, 2018.

［77］ Maturana H R, Varela F J. Autopoiesis and Cognition：The Realization of the Living ［M］. Dordrecht：D. Reidel, 1980.

［78］ 周光召. 复杂适应系统和社会发展 ［R］. 北京, 2002. 郭雷. 系统科学进展 ［M］. 北京：科学出版社, 2017.

［79］ 约翰梅菲尔德. 复杂的引擎 ［M］. 唐璐, 译. 长沙：湖南科学技术出版社, 2018.

［80］ 于景元. 从系统思想到系统实践的创新——钱学森系统研究的成就和贡献 ［J］. 系统工程理论与实践, 2016（12）：2993-3002.

［81］ Lindgren K. Evolutionary phenomena in simple dynamics ［J］. Artificial Life II, 1991（X）：295-312.

［82］ Koza J. Genetic Programming ［M］. Cambridge：The MIT Press, 1992.

［83］ Holland J. H. Adaptation in Natural and Artificial Systems ［M］. Cambridge：the MIT Press, 1992.

［84］ 张瑞敏. 链群共赢, 千条江河归大海 ［J］. 中外管理, 2019（10）：66-73.

［85］ 张瑞敏. 生态品牌：第四次工业革命中再生的新范式 ［J］. 清华管理评论, 2021（9）：16-28.

［86］ 本刊记者. 矽瓐工业物联操作系统开源发布 ［J］. 信息网络安全, 2021, 21（6）：100-100.

［87］梅宏．操作系统变迁的 20 年周期律与泛在计算［J］．中国工业和信息化，2021（1）：54-57.

［88］梅宏，曹东刚，谢涛．泛在操作系统：面向人机物融合在计算的新蓝海［J］．中国科学院院刊，2022，37（1）：30-37.

［89］Weiser M. The computer for the 21st Century［J］. Scientific American，1991，265（3）：94-104.

［90］Fabo B，Beblvy M，Kilhoffer Z，et al. An overview of European Platforms：Scope and business models［R］. Luxembourg：JRC Science for Policy Report. European Commission，2017.

［91］Parker G G，Alstyne M V，Choudary S P. Platform Revolution：How Networked Markets are Transforming the Economy-And How to Make Them Work for You［M］. New York：W. W. Norton & Company，2016.

［92］Rietveld J，Schilling，Melissa A. Platform Competition：A Systematic and Interdisciplinary Review of the Literature［J］. Journal of Management，2020，47（6）：1528-1563.

［93］Mcintyre D P，Subrananiam M. Strategy in network industries：a review and research agenda［J］. Journal of Management，2009，35（6）：1494-1517.

［94］敖翔．管理会计报告框架变革驱动组织生态共赢——海尔共赢增值表的设计与应用探索［J］．管理会计研究，2021，4（6）：48-55.

［95］Coase R. H. The nature of the firm［J］. Economica N. S，1937（4）：386-405.

［96］Stigler G. The Theory of Price［M］. Basingstoke：Macmillan，1987.

［97］张云亭．科斯理论与交易成本思维［J］．经济导刊，2013（12）：53-57.

［98］吴建斌．科斯理论中的界权成本及其现实意义［J］．南大法学，2020（2）：36-56.

［99］艾佳慧．法律界权视野下的科斯定理：厘定、推进与不足［J］．财经法学，2018（6）：129-145.

［100］罗君丽．罗纳德·科斯的经济学方法论：起源与发展［D］．杭州：浙江大学，2017.

［101］罗必良．科斯定理：反思与拓展——兼论中国农地流转制度改革与选择

[J]. 经济研究, 2017, 52（11）: 178-193.

[102] 简资修. 不法治的代价: 何为科斯的经济学 [J]. 人大法律评论, 2015（2）: 453-468.

[103] 张连成. 交易成本的结构与内涵分析 [D]. 杭州: 浙江工商大学, 2011.

[104] 岳文. 新能源产业发展困境的法经济学研究——科斯定理的交易成本理论分析 [J]. 内蒙古师范大学学报（哲学社会科学版）, 2017, 46（4）: 72-76.

[105] 曾德彬, 卢海霞. 农村电子商务提高农民收入和消费的原理研究——基于科斯的"交易成本"视角 [J]. 商业经济研究, 2020（13）: 138-141.

[106] 乔洪武, 李新鹏. 权利界定、人性自利与交易成本约束——科斯的经济伦理思想新探 [J]. 天津社会科学, 2015（1）: 82-91+127.

[107] 陈俊龙. 交易成本、科斯定理与混合所有制经济发展 [J]. 学术交流, 2014（4）: 93-97.

[108] Holcombe RG. The Coase Theorem, Applied to Markets and Government [J]. The Independent Review, 2018, 23（2）: 249-266.

[109] Galiani S, Torrens G, Yanguas L M. The Political Coase Theorem: Experimental evidence [J]. Journal of Economic Behavior and Organization, 2014（103）: 17-38.

[110] 赵亚杰. 论法经济学分析范式的传承与分野——科斯分析范式与波斯纳分析范式之比较 [J]. 行政与法, 2010（12）: 102-105.

[111] 崔莎娜. 基于交易成本理论的铁路企业组织模式分析 [D]. 北京: 北京交通大学, 2017.

[112] 杨磊, 叶晓东. 机会交易成本概念运用初探——基于科斯理论的逻辑性研究 [J]. 市场周刊（理论研究）, 2013（1）: 65-66.

[113] 凌斌. 界权成本问题: 科斯定理及其推论的澄清与反思 [J]. 中外法学, 2010, 22（1）: 104-121.

[114] 王志明, 顾海英. 家族企业治理的经济学分析——从科斯的交易成本理论说起 [J]. 价格理论与实践, 2003（9）: 60-61.

[115] 张瑞敏. 生态品牌: 第四次工业革命中再生的新范式 [J]. 清华管理评论,

2021（9）：16-28.

[116] 邢小强，汤新慧，王珏等．数字平台履责与共享价值创造［J］．管理世界，2021，37（12）：152-176.

[117] Sammarra A, Biggiero L. Heterogeneity and Specificity of Inter-Firm Knowledge Flows in Innovation Networks［J］. Journal of Management Studies, 2010, 45（4）：800-829.

[118] 刘键；邹锋，杨早立等．基于价值共创的群智能服务设计模型及实证分析［J］．管理世界，2021，37（6）：202-213+13.

[119] Corsaro D. Capturing the Broader Picture of Value Co-creation Management［J］. European Management Journal, 2019, 37：99-116.

[120] Hansen A V. Value Co-creation in Service Marketing：A Critical Review［J］. International Journal of Innovation Studies, 2019, 3（4）：73-83.

[121] 车培荣，王范琪．互联网企业价值创造新路径：从价值链到价值网——以小米公司为例［J］．北京邮电大学学报（社会科学版），2019，21（4）：63-73.

[122] 陈茜．海尔：从人单合一到链群合约的进化之路［J］．商学院，2019（10）：83-85.

[123] Cennamo C. Competing in Digital Markets：A Platform-Based Perspective［J］. Academy of Management Perspectives, 2019（7）：325-346.

[124] Constantinides P, Henfridsson O, Parker G G. Introduction platforms and infrastructures in the digital age［J］. Information Systems Research, 2018, 29（2）：381-400.

[125] Gawer A. Digital platforms' boundaries：the interplay of firm scope, platform sides, and digital interfaces［J］. Long Range Planning, 2021, 54（5）：102045.

[126] Mcintyre D P, Srinivasan A. Networks, Platforms, and Strategy：Emerging Views and Next Steps［J］. Strategic Management Journal, 2017（38）：141-160.

[127] Thomas D W, Autio E, Gann D M. Architectural leverage. Putting platforms in

context [J]. Academy of Management Journal, 2014, 28 (2). doi: 10.5465/amp. 2011.0105.

[128] Srnicek N. Platform Capitalism [M]. Cambridge, Malden: Polity Press, 2016.

[129] UNCTAD. Fostering development gains from e-commerce and digital platforms [R]. TD/B/EDE/2/2. Geneva: UNCTAD, 2018.

[130] MORGAN J P. Paychecks, paydays, and the online platform economy [R]. New York: JP Morgan Chase & Co. Institute, 2016.

[131] Evans P, Gawer A. The rise of the platform enterprise: A global survey, The Emerging Platform Economy Series [R]. New York: The Centre for Global Enterprise, 2016.

[132] Gawer A. Bridging differing perspectives on technological platforms: Toward an integrative framework [J]. Research Policy, 2014, 43 (7): 1239-1249.

[133] Koskinen K, Bonina C, Eaton B. Digital Platforms in the Global South: Foundations and Research Agenda [A]. P. Nielsen and H. C. Kimaro. ICT4D, IFIP AICT [C]. Switzerland: Springer, 2019, 551: 319-330.

[134] Krishnan V, Gupta S. Appropriateness and impact of platform-based product development [J]. Management Science, 2001, 47 (1): 52-68.

[135] Sturgeon T. The 'new' digital economy and development [R]. TN/UNCTAD/ICT4D/08. Padova: UNCTAD, 2017.

[136] Cusumano M A, Gawer A, Yoffie D B. The Business of Platforms: Strategy in the Age of Digital Competition, Innovation, and Power [M]. New York: Harper Business, 2019.

[137] Evans D S, Schmalensee R. Failure to launch: Critical mass in platform businesses [J]. Review of Network Economics, 2010, 9 (4): 1-8.

[138] Van Alstyne, Parker G G, Choudary S P. Pipelines, platforms, and the new rules of strategy [J]. Harvard Business Review, 2016, 94 (4): 54-62.

[139] Bouderau K. Open platform strategies and innovation: Granting access vs. devolving control [J]. Management Science, 2010, 56 (10): 1849-1872.

[140] Reischauer M. Platform Organizing in the New Digital Economy: Revisiting

Online Communities and Strategic Responses〔J〕. Research in the Sociology of Organizations, 2018, 57: 113-135.

［141］ Wareham J, Fox P B, Canpginer J L. Technology ecosystem governance〔J〕. Organization Science, 2017, 25（4）: 11-95.

［142］ Hurwicz L. But Who Will Guard the Guardians?〔J〕. American Economic Review, 2008, 98（3）: 577-585.

［143］ Myerson B R. Perspectives on Mechanism Design in Economic Theory〔J〕. American Economic Review, 2008, 98（3）: 586-603.

［144］ Hurwicz L, Reiter S. On the Boundedness of the Feasible Set Without Convexity Assumptions〔J〕. International Economic Review, 1973, 14（3）: 580-586.

［145］ 中华人民共和国国家统计局. 中国统计年鉴〔M〕. 北京: 中国统计出版社, 2022.

［146］ 中国信通院. 2021 年全球数字经济白皮书〔R〕. 北京, 2021.

［147］ 中国信通院. 产业云发展研究报告（2021）〔R〕. 北京, 2021.

［148］ 中国网信网. 中国数字经济发展报告（2022）〔R〕. 北京, 2022.

［149］ 中国网信网. 2022 年数字乡村发展工作要点〔J〕. 农业工程技术, 2022, 42（12）: 7-10.

［150］ 国家统计局. 数字经济及其核心产业统计分类〔EB/OL〕.〔2021-05-14〕. http: //www. stats. gov. cn /sj/ tjbz/ gjtjbz/ 202302/t20230213 _ 1902784. html.

［151］ 中国政府网. 中共中央、国务院关于构建更加完善的要素市场化配置体制机制的意见〔EB/OL〕.〔2020-03-30〕. http:// www. mofcom. gov. cn/article/ b/g/202005/20200502967296. shtml.

［152］ X. Zhang. Multiple Creators of Knowledge-Intensive Service Networks: A Case Study of the Pearl River Delta City-Region〔J〕. Urban Studies, 2018, 55（9）: 2000-2019.

［153］ 中国机械工程学会. 制造业"国家队"！国家先进制造业集群决赛优胜名单公示〔EB/OL〕.〔2021-03-29〕. https://mp. weixin. qq. com/s/Tftz5 CNeg SSayEW_AGLWAg.

[154] 高晓雨．2020 年我国企业数字化转型进程报告［R］．北京：国家工业信息安全发展研究中心，2021.

[155] 工业与信息化部．优质中小企业梯度培育管理暂行办法［EB/OL］．［2022-06-01］．http：//www. gov. cn/zhengce/zhengceku/2022-06/02/content_ 5693548. htm.

[156] 工业和信息化部办公厅．关于开展"一起益企"中小企业服务行动的通知［EB/OL］．［2022-03-24］．http：// www. gov. cn /zhengce/zhengceku/2022-03/26/content_5681601. htm.

[157] 中信百信银行股份有限公司等．数字筑机，创变为先——产业数字金融研究报告［R］．北京．中国互联网金融协会互联网银行专委会，2021.

[158] 中国信息通信研究院和华为云计算技术有限公司．产业云发展研究报告［R］．北京，2021.